U0726431

胡舒立　张剑荆／主编

中国2014
改革升挡
CHINA 2014
Gearing Up for Reform

中国国家智库改革建言

吴敬琏　柳传志　秦　晖　葛剑雄
胡德平　胡祖六　刘胜军　华　生

民主与建设出版社

序 言

2014 年改革要过难关

胡舒立

2014 年，是全面深化改革的起步之年。改革既已重启，如何迈出第一步，世界瞩目。

过去的 2013 年风云变幻，大开大合。在最高领导层完成新老交替的背景下，"改革"与"预期"成为两大关键词。十多年来，改革进入深水区、攻坚期，步履维艰。新领导集体上任之初，争论依旧难息。几乎整整一年，公众忐忑难安而又心怀期待。到 11 月，中共十八届三中全会落幕，《中共中央关于全面深化改革若干重大问题的决定》（下称《决定》）全文公布，普遍的评价是"超乎预期"。至此，全面深化改革已成社会基本共识，改革新征程已有顶层设计。

"改革"和"预期"的主题延至 2014 年，已经变成全面改革的承诺。能否在开局之年兑现此承诺，在难度较高的重大改革上有所突破，公众期待甚殷。

当前，全面深化改革在大的概念上共识已成，然而，具体到改革的各个领域、层次、板块，具体到改革的策略与方法，则在许多情境下争议犹存，凝聚共识将是动态过程。这并非纯粹的认知之争，也涉及坚硬的既得利益。倒退已无可能，但如何前进则很可能争议再起，改革全面突破并不容易。此时，应继续解放思想、保持热议改革的舆论空气，即使在个别争议较大、复杂度较高的改革问题上，具体主事官员也应避免以"权威身份"出偏颇之言，挫伤民意。当然，更重要的是各级主事者均应坚持问题导向，强力推进改革，特别是尽快启动一些共识已成、难度较高的重大改革，让公众看到改革进展。《决定》已经形成，必须趁热打铁，关键时刻的犹豫会造成长久的延宕，错失宝贵的改革良机。

20年前，十四届三中全会出台了《中共中央关于建立社会主义市场经济体制若干问题的决定》，1994年1月1日迅即推出了两项改革——人民币汇率并轨和分税制。随后，金融机构和宏观调控重大改革措施也陆续推出。正是这些改革，坚定了外界对中国推进市场化改革的信心。十年之后，十六届三中全会再出《中共中央关于完善社会主义市场经济体制若干问题的决定》，也曾令公众欢欣鼓舞。但令人遗憾的是，其中不少突破性理念至今未能落实。前例在前，全社会深知，徒有顶层设计不足以自行，贯彻实施才是关键，尤其是开局之年。

当前的新一轮改革涉及面极广，趋势难挡。《决定》之后，一些领域的具体改革政策已经出台，比如2013年11月30日，中国证监会启动新股发行体制改革；2013年12月4日的国务院常务会议决定，从2014年1月1日起，将铁路运输和邮政服务业纳入营改增试点；2013年12月8日，中国人民银行发布《同业存单管理暂行办法》，存款利率市场化再跨一步；2013年12月14日全国中小企业股份转让系统（新三板）的试点推向全国范围等。改革信号明确，可视作未来大规模行动的前奏。

不过，鉴于既往改革路阻且长，当前坚冰难破，业界在改革起始之年既有急切期待，也有明显担忧，决策层的改革执行力正面临考验。

近期结束的中央经济工作会议，对改革日程做出了分门别类的策略性安排。据此，我们认为，始于2014年年初，经济领域最大的改革看点，应在财税、金融和地方国企领域产生，进一步对外开放也须再现成果；而在政治领域，最重要的应是强化权力运行制约和监督体系，其中包括通过推行地方各级政府及其工作部门权力清单制度实现公开，健全民主监督、法律监督、舆论监督机制，等等。

这些都属于方向明、见效快，完全可以由地方和部门操作的改革，能否取得明显进展，应成为对相关主管官员政绩考核的标尺。

按目前部署，2014 年间，需要中央决策的全局性改革将有方案出台在前，并"适时推进"，我们以为这里的"适时"宜早不宜迟。其中，难度最大，因而标志意义重大的经济改革，就是土地制度改革以及针对中央级特大国有企业的改革，包括资本授权经营体制改革、划拨国资充实社保以及放开民营准入的反垄断改革。而在政治与法治层面，3 月间的全国"两会"当有新期待，《决定》第九章有关宪法与法治的论述需要一一落在实处，而年内是否能有"建立与行政区划适当分离的司法管辖制度"之试点安排出台，最为值得关注。

这些改革能否尽早起步，关系未来七年的改革时间表能否实现，也关系民众的改革信心和热情能否维系。

全面深化改革的各项任务在《决定》中已经明确，执行时仍会相对地有易有难。不过，中国在改革深水区徘徊，已经耗去了太多的时间和机会，这一回大力重启，已经不太可能先易后难，甚至择易避难。一些重大而困难的关键性改革如继续拖延，则既得利益会更多更硬，其自我保护的能力会越来越强，未来改革就可能根本无法推进。

新一年是中国传统的马年，中国改革须策马扬鞭，不停步、不降温、不打折扣，以万马奔腾之势冲破难关。

目录

第一章

全会前后：论道改革新蓝图

"中国特色的改革"，
还是通过改革改掉某些"中国特色"？

清华大学历史系教授　秦晖

这"福利"不是那福利，这"市场"不是那市场

近日有专家指出不要对在中国推行福利性医疗保障有幻想，文章题目甚是抢眼——"如果中国搞免费医疗，结果是弱势群体看不上病"。该专家在指出免费医疗据说通常都有的三大弊病——高税收、过度医疗、医疗单位无竞争之后，还特别提醒人们注意一个"中国特色"的问题："英国搞免费医疗的结果是排队，你是部长首相也得排队。但要是在中国搞免费医疗，那结果就是没关系没权力的人得排队，排十几年的队，而有关系或者有权力的人就不排队。在我们国家，哪怕你就是个小乡长，也可以不用排队。"

此文在网上引起热议，议者似乎是批评居多，但最有分量的批评我觉得是下面这个：

"不错，在中国搞公费医疗确实是老百姓排长队，官员就不排队。但是这些年来中国搞市场化医疗的结果又如何？不就是老百姓看病掏大钱，官员看病照样不掏钱吗？"

这个问题首先给人的启示是：的确，"福利化"与"市场化"可能各有利弊，但在中国一般性地谈"福利"与"市场"可能是隔靴搔痒。关键在于：我们的"福利"不是别人的那种福利，我们的"市场"也不是别人的那种市场！别人搞福利，可能官员和百姓都得排队，但咱们只是老百姓要排长队；别人搞市场，可能官员和百姓都得花钱，但咱们只是老百姓要花大钱。

不但如此，更要命的是我们的评价和决策体系往往只能听到那些既不花钱又不排队者的声音，这种声音不断拿排队和花钱来轮番吓唬老百姓：高收费看不起病你怕不怕？可见市场化是要不得的，我还是应该有垄断的权力。排十几年队你怕不怕？可见福利化是要不得的，你别给我施加这些责任。

其实市场化与福利化各自的弊病不是不能中和的，在先进国家这方面的成功实践已经有不少。例如政府在对弱势者的医疗承担保障责任的同时，放弃医疗供应的垄断权，对民营医院开放医疗市场，尤其是高端和特需医疗市场——不愿排队或对医疗服务有更高要求的富人可以掏大钱去看高级私人医院，但低收入的穷人看病可以向政府问责，要求有免费的公立医院可看。当然，排队之弊也许难免，但是富人分流到高端医疗市场后就不至于那么拥挤。总之，怕排队的人可以选择花钱，怕花钱的人也可以选择排队，市场化和福利化各得其所。尽管不是尽善尽美，但总不至于无权无势者既花大钱又排长队，有权有势者既不花钱又不排队吧！

可是我们这里却相反：国家财政提供的医疗资源高度集中于极少数特殊高端医院，改革前它们很多是不对公众开放的高干医院，改革后也对公众开放了，但收费高昂。而民营医院受垄断排斥很难进入高端医疗市场，大都只能为没有保障的弱势百姓提供收费的低端服务。百姓要么没钱进不了好医院，如果花得起钱也必须挤到那极少的国营高端医院排长队，恰恰造成了"无权无势者既花大钱又排长队，有权有势者既不花钱又不排队"之弊。

又如一些先进国家把福利保障责任理解为支付费用的责任，而不是直接提供服务的责任。提供医疗服务可以靠民营医院（以及民营药店等）形成竞争性市场，但是穷人看不起病，政府有责任提供支付手段。给钱怕你乱花了，可以提供医疗券专用于医疗支付，就像其他福利领域的教育券、租房券等安排一样。病人持医疗券可以在市场上选择医院，民营医院可以竞争改善服务、降低收费以吸引病人，收入的医疗券由政府负责兑付成钱。这虽然不能避免福利制度的财政负担，却可以免除官办医院缺乏竞争、服务不良、效率不佳之弊。

再如，在英国式的全民免费医疗和中国式的官员、职工免费医疗之外，不是还有美国式的穷人、老人免费医疗么？都说美国的低福利导致有些人看不起病，所以奥巴马要搞医改，可是很少人问在美国是什么人看不起病，奥巴马的医改在美国民主制度下何以不易推行？实际上美国联邦财政支付的福利性医疗（Medicare 与 Medicaid）就是解决穷人、老人看病问题的，而且确实也解决了。在那里看不起病的，主要是没有弱势到可以享受福利性医保，但也并不富裕，因嫌贵或者自恃健康又没有购买商业性医疗保险的中低层人士。他们的问题也确实需要解决，但是富人（他们自己没有看不起病的问题，如果说对纳税供穷人看病不好持异议，那么要为那些并不穷的人看病纳更多的税，他们的牢骚就大了）和穷人（他们已经有了福利性医保，操心的是就业，如果因为高税收影响投资妨碍了就业，他们并不愿意）都不支持，仅仅靠中低层的支持在民主制下争取多数确实有难度。当然，福利性医保像英国那样覆盖全民（高福利），或者像美国那样只覆盖真正弱势者（低福利），可能各有毛病，但是像我国过去那种让弱势者（农民）纳税供强势者（干部）看病——大家还记得当年卫生部某退休副部长"80%公费医疗经费用于干部"的话吧——的体制，有什么资格批评那两者中的任何一个？

可见，医疗问题在我们这里并不是"福利化"还是"市场化"的问题，更不是"高福利"还是"低福利"的问题。我过去多次说过，这就是一个"负福利"问题。对这种问题，你要反对福利就该明确反对特权性的福利，为此就要限制统治权力的"自我服务"；你要赞成福利就该支持最弱势者的福利，为此就要向统治者问责，而不是把福利当作他赐给你就要叩谢、他不给你也无权要求的"皇恩"。这两者有什么冲突？怕就怕两者都反过来：一骂"福利国家"就只禁止穷人的福利问责，而对特权化的福利无可奈何；一骂"市场自由"就要给统治者扩权，结果他自我服务更肆无忌惮而"赐予"百姓的"皇恩"仍然吝啬。而这，不恰恰是个"中国特色"的问题吗？

市场机制的"决定性作用"应该从何处开拓

全面深化改革的十八届三中全会《决定》全文公布，60 条"要改"几乎面面俱到，但又多数语焉不详，除了宽松人心以外，还激发了人们丰富的想象力，以至 11 月以后不仅官方的文宣活动，连海外的评论和国内民间思想界都几乎被对《决定》的解读所主导。而《决定》的 60条尽管面面俱到，核心却很明显，那就是以"市场机制的决定性作用"来给中国经济增加新的活力。

不过，中国的经济改革至今已经基本向市场化方向走过了 30 多年的历程，平心而论，如今的市场化程度已经相当高。在国内，虽然市长向老百姓施展权力（包括干预百姓交易的权力）还是不受制约，但老百姓被推向市场而不能向政府问责——即所谓"不找市长找市场"的程度已经远远超过绝大多数发达资本主义国家；在国际上，由于中国在血汗工厂打败福利国家的格局下展现的竞争力，中国高举贸易自由的大旗反对西方国家的保护主义贸易壁垒的格局也俨然已经形成。尽管今天一些西方国家仍然不肯承认中国的市场经济国家地位，但是说实话，市场化程度到底要达到何种程度才能算是"市场经济国家"，在西方也远远没有一定的标准。人们都知道在"西方"这个笼统的说法下各国其实差异很大，像瑞典那样"社会主义党"（过去我们都译成"社会党"，严格地说是不对的，西方所谓社会党的构词成分"社会"都是 socialist 而不是social）长期执政，号称"从摇篮到坟墓"国家都要承担责任的福利国家，和美国那样偏重于自由竞争的国家，市场化程度的差异不可以道里计。而如果以"经济体"论，比美国更市场化的还有中国香港，历年国际上"经济自由度（指市场竞争的自由度）"排名，中国香港都在全球最前列，把美国都甩在后面，而事实上在低税负、对高基尼系数的接受度等方面，中国香港也的确超过美国。

但是，就是这个全球最市场化（或者按我们过去的传统说法叫资本主义化）的香港，从某种意义上讲其"社会主义"的程度仍然远远超过内地：香港早已实现了英国式的全民医疗保障，义务教育资源的分配也比内地公平得多，更不用说我们如今正在向其学习的廉租房（所谓公屋）制度等了。过去内地居民移居香港，可能主要是奔自由竞争、市场机会，或者说是奔"资本主义"去淘金的。可是这些年来，不仅香港资本家更愿意到内地"剥削"工人早已是常识，而且内地居民移居香港，也似乎已经变成主要是去寻求"社会主义"，即福利保障的了。我们看近年来关于内地移民的新闻：今天是奔着那里医疗、妇婴保障去的大陆孕妇赴港生子潮，全港新生婴儿8.8万名，其中半数来自大陆孕妇；明天又冲着那里高水平的义务教育，内地过万学童赴港读书，可享受学费全免政策。全世界经济最自由化、市场化与资本主义化的地方，在国人眼里尚且成了体现"社会主义优越性"的所在，何况美国？更何况欧洲？更不用说北欧了。

当然，如果因此就说我们已经不需要推进市场化改革，也是不对的。近年来我国富人、企业家向境外移民和转移资产之风愈演愈烈，说明不少人对市场自由、产权保障并无信心。而且有趣的是，中国香港这一经济"最自由"之地由于太近还不保险，相比中国香港，我们的资本更愿意转移到澳大利亚、加拿大这类高税收高福利的"民主社会主义"地区，因为那里无论税收如何重，起码税后财产是有保障的，没有"强征强拆"，没有"国进民退"，更没有借"唱红打黑"随意抄家没产的薄熙来方式。即便像徐明那种"红顶商人"，在国内"权家通赢"、如鱼得水，赢了之后也还要向外转移资产不是？

企业家到国外最"社会主义"的地方去保全资产，老百姓到境外最"资本主义"的地方寻求社会保障，这两种有趣景观生动地说明了我们目前自由、福利双不足的状况。就福利不足而言，其实在很多方面我们已经比西方更市场化。世界上本没有百分之百市场化的地方，我们与西方，至少是北欧那样的西方真正的区别也已经不在于市场化的程度孰高孰低，而在于非市场的那一块，在于我们限制市场化的机制和他们完全不同：限制市场机制的东西，在他们那里是福利国家、强势工会、以 NPO 治理等方式体现的参与式民主、公众环保干预等，而在我们这里则主要是国家垄断、官僚特权、市场中的"裁判踢球""权家通赢"等。

因此，中国未来的走向与其说是取决于市场化成分还有多大的扩张，不如说更取决于非市场的一块怎么改革。我想"社会主义市场经济"在中国，它的对立面应该并不是什么"自由市场经济"，而是"封建市场经济"和"官僚资本"。当然我知道"封建"这个词歧义甚大，不过"左"这个词可能歧义更大。过去官方说过"四人帮"时代搞的是"封建法西斯专政"，马克思也指出，封建时代的特征是"通过如任意征税、没收、特权、官僚制度加于工商业的干扰等等办法来捉弄财产"（《马克思恩格斯全集》第四卷，第 330 页）。其实，皇权专制钳制下的市场经济，中国自古以来就不陌生，我们的改革当然也不是追求这个。"社会主义"这个定语放在市场经济的前边如果不是给改革打掩护用的，而是要真的成为改革的目标，就得用它取代"封建"。

换言之，中国真要朝社会主义市场经济方向发展，扩大市场的作用当然也很重要，但是针对"市场经济"前面那个定语下药，走出"封建市场经济"的阴影，多一点以社会平等、政治民主、公平正义、公共福利、民众的公益干预为代表的社会主义，也很重要，而且现在市场化的程度已经很大，这些就尤其重要。在这种条件下市场化程度如果要进一步推进，就必须把过去限制老百姓的"不找市长找市场"变成限制政府的"市长不找市场找"："市长"不能随便找百姓收税，而百姓有权找

"市长"进行福利问责。落实市场的"决定性作用"只能通过制约权力来使政府退出市场，而不是让政府推卸责任把百姓抛向市场，或者反过来讲，就是不能用扩大政府权力来挤压市场，而要用增加政府责任来补充市场。"市场化"不是"去福利化"而是"去特权"。

集权与分权都要以权力受制约为前提

这次三中全会《决定》的60条改革，就应该这样来理解。当然有人说，三中全会精神有两点，一是进一步推进市场化，二是进一步中央集权。我想为了国家发展，乃至为了推进改革、克服阻力，中央政府的权力集中一些可能是趋势，美国其实也有这样的趋势。中央要承担更多的责任，当然相应的是民众也多一些授权。

但关键在于，不管分权还是集权，权力都应是可制约的。如果分权但是权力不受制约，那就变成诸侯林立了；如果集权但权力不受制约，就变成秦始皇体制了，二者都是我们不希望看到的。现代文明无论联邦还是单一制国家，制约权力这个方向应该是普适性的。过去有论者把中国从古至今一直存在的"政出多门"、"婆婆多"叫作"分权"，这是完全不对的。宪法制约下的分权不是十羊九牧、"婆婆多"，而是指权力要有制衡，而且是为了保障民权实行的制衡，不是为保障皇权而让臣子互相掣肘，是被统治者对统治者的制衡，不是皇上为防止"尾大不掉"而"众建诸侯以少其力"。反过来说，权力适当集中以提升办事效率，提高政府提供公共服务的能力也是一个方向，但绝不是让皇上指鹿为马、为所欲为。通常认为单一制比联邦制权力集中，总统制比议会制权力集中，但这个集中的权力仍然必须是可制约的权力，否则就不能叫"共和"国了。习近平主席讲的要把权力关进笼子，当然不是只把地方的权力关进去。

所以实际上，扩大市场机制的作用还是有个限制政府权力还是推卸政府责任的问题。在我们的政治体制权责并不自然对应时，这个问题尤为重要。《决定》的60条从字面上看，应该说是容易被解读为要通过限制政府权力来扩大市场机制的作用并使其发挥"决定性作用"的。从经济外领域的废除劳教、松绑二胎、高校去行政化等，到经济领域的审批权力收缩、农地"确权"到户、重提国企改革等，都给人以这样的感觉。而近年来在"限权问责，还是扩权卸责"问题上争论较大的那些话题，例如养老改革是以推卸政府责任为方向（强制推迟退休，延长缴费期、缩短享费期），还是以限制政府权力为方向（养老并轨、减少官员特权，养老改革与计划生育改革挂钩，减轻政府养老责任必须以削减政府干预生育、破坏传统家庭养老功能之权力为前提），《决定》都谨慎地加以回避，至少没有表现出支持扩权卸责的姿态。这都是令人欣慰的。但是这一精神要落实，很多事情还需要明确，尤其是一些改革实际上环环相扣，更需要考虑其相关效应。

例如废除劳教本是社会和思想界多年的呼吁，也是人权保障的可喜进展。《决定》提出以社区矫正取代劳教，本来也是取法民主国家以过失者从事社区公益来矫正人格的经验。但是，与他们的公民自治社区传统不同，我们的社区近年来有明显的基层政府化趋势，而我国在改革前又有"五类分子交群众管制"的恶规，"文革"时更发展为"群众专政"，受政治煽动而为所欲为的"群众"施虐比专职警察还肆无忌惮，其对人权的恶性侵犯往往有甚于劳教，以至于当时有"关、管、杀"（关押、管制、处决）之说。改革初期随着"右派"改正和其他"四类分子"脱帽，这种"群众管制"的弊政就革除了。（尽管我国刑罚中仍有管制一说，但作为一种短期约束已与过去的"群众专政"含义不同。）今天如果社区的特点不变，人权保障也没有进一步刚性化，那么废除劳教后会不会让这种已取消30多年的"群众专政"弊政复活呢？把"犯人"从专门的"教养"场所移出，交由"群众专政"，能带来人权的进步吗？

再如土地"确权"和推动"流转"也是民间过去多年的要求，可是具体怎么搞也还是语焉不详。农户被"确"给的到底是什么"权"？面对强势者的侵权，农户的这个"权"能得到保障吗？土地流转近年来常被当作政府推行"规模化"农业的手段来提倡，而"发展家庭农场"的说法也把国际上泛指的家庭农业（这个意义上的家庭农场我国在大包干改革后就普及了，何需现在"发展"呢？）偷换成了"上规模的"家庭农场概念。这当然不一定是坏事，可是只提土地"流转"而不说买卖和交易（甚至不是"使用权"或"承包权"的交易），是否暗示这种"流转"可以是非自由交易性质的，即可以是"政府动员"下的强制"流转"？我们看到的情况是《决定》公布后各地强制圈地之风并未消弭，甚至由于《决定》提倡市场经济的利好，各地掀起新一轮"招商引资"热潮，此风还有日长之势，不能不让人忧虑。

如此等等。显然，对于三中全会后的改革形势，我们是持谨慎乐观态度的。60个要改令人鼓舞。不过在我国，否认老百姓的服务问责、让其自生自灭的"不找市长找市场"式的改革历来比较容易，至少比西方政府想推卸福利责任容易得多，而限制政府权力使"市长不找"百姓的麻烦、"市场找"到应有的活跃，这样的改革却比较难，至少比那些民主国家难很多。如今我们让百姓"不找市长"的改革已经30多年了，成就和局限也都很明显了，我们的"市场"自由度仍然不够，但人家那种"社会主义"却已经不能再少（百姓要求更多），那么今后的改革能否向百姓有权"找市长"、市长未经百姓同意则不能"找市场"的方向发展？一般意义上的市场化改革迟早会有这样的要求，而我们如果要搞"社会主义市场经济"，就更无法回避这种要求。当然，这样的改革就不仅仅是经济领域的改革了。我们可以仍然渐进，但前提是向着这个方向前进。

话说回来，前文提到的"这'福利'不是那福利，这'市场'不是那市场"确实是一种"中国特色"的尴尬，别人无论"自由市场"还是"福利国家"都不会有这种尴尬。当然他们会有自己的尴尬，但我们不能"直把杭州作汴州"。中国永远会有自己的特色，就像所谓的"西方"中任何一个国家也有不同于其他"西方国家"的特色一样。但是我们不要忘了：当年邓小平提出"中国特色"是冲着"苏联模式"来的，指的是中国应当勇于不同于苏联，不同于斯大林的那一套，并不是说我们不能借鉴他山之石，更不是说自己的任何东西包括弊病都理所当然。道理很简单：如果任何"中国特色"都是理所当然，我们就根本不需要改革，改革说到底，就是为了去掉某些"中国特色"。过去的改革是这样，三中全会掀起的这一轮改革也应当如此。

（原载财新《新世纪》2013 年第 51 期）

制定全面改革的行动规划

国务院发展研究中心研究员　吴敬琏

经过近 30 年的高速增长，中国经济今后还能否维持较高的增速？中国经济持续增长的动力或者说支撑因素何在？这是近几年来全球都在关注的问题。从今年（2013 年）以来中国宏观经济金融市场的波动来看，这个问题越来越引起人们的忧虑和讨论。新一届政府应该采取怎样的配套改革措施，保持增长并兼顾公平，跨越中等收入陷阱？

传统增长方式已经走到尽头

什么是经济增长的动力？每一位经济学家在分析这个问题的时候，都有一个自己的理论框架，因此对动力的定义就不一样。对相关的问题，比如说中等收入陷阱，比如未来我们依靠哪些红利来支撑经济增长等，都会有自己的一套解释。

多数人习惯于用凯恩斯主义的短期经济分析框架来分析中国的经济增长。他们认为，支撑中国经济增长的是"三驾马车"——投资、消费和出口。我认为这个框架是不对的。在我看来，依靠强势政府、海量投资保持高速增长的做法早已走到了尽头，投入增长得很多，保增长的成效却愈来愈差。

早在爆发国际金融危机前的 2007 年，中国经济增速已进入下行通道。2009 年靠 4 万亿元投资和 10 万亿元贷款把 GDP 增长率拉升到 8% 以上，只维持了一年就再度下降。去年（2012 年）5 月以后各地大上城建项目，大搞"造城运动"，GDP 增长速度在第四季度提高了 0.9 个百分点，到今年一季度又重新下降，但为此投入的资金却大量增加。开始的时候没有在银行信贷上表现出来，而是在银行的表外业务、影子银行、城投债的发行等社会融资增长上表现出来，使资产负债表中的杠杆率（负债率）不断攀升。到今年第一季度，这种信用扩张似乎已经传导到货币流通量上了。

我担心，如果出现宏观经济环境恶化的情况，会给系统性改革带来困难。

解决双重体制并存问题

要看清中国经济未来发展的动力、方向和路径，就需要回溯中国经济发展至今日之由来。

从 20 世纪后期开始，中国的经济和社会发展出现了一种好事和坏事都十分突出的"两头冒尖"现象。1992 年年初邓小平的南方谈话启动了新一轮经济改革。1993 年的中共十四届三中全会通过了《中共中央关于建立社会主义市场经济体制若干问题的决定》（"50 条"）的行动纲领。从 1994 年开始一直延续到 21 世纪初，按照这个行动纲领展开的全面的经济改革，使中国能够在 20 世纪末期把社会主义市场经济体制初步建立起来。市场经济体制的初步建立促使中国经济发展取得了巨大的成就。

首先，改革解放了民间创新和创业的积极性和创造性。过去农民搞一点自留地被叫作"资本主义尾巴"，"跑单帮"做点小买卖被叫作"投机倒把"，是刑事犯罪，哪有什么创新才能发挥的余地？改革以后逐步地把束缚解开了。现在中国有 3000 多万家民营企业，这是多么大的创造力量！

其次，市场化打破了城乡隔绝的旧格局，使原来低效利用的生产资料得到更有效的利用。土地和劳动，这两个重要的生产要素在旧体制下是禁止自由流动的。市场化改革把这种束缚解除了，就有大量的原来低效利用的农用土地和荒地成为城市住房用地和工商业用地，效率大大提高了。新增城市土地面积比爱尔兰全部国土的面积还大。转移到城市非农产业的农村富余劳动力有两亿多人，生产效率有了明显的提高。

第三，改革开放以后，一方面，资本大量投入；另一方面，资本的利用效率不断提高。

第四，在开放中，我们用一种被动学习的方式，提高了技术水平。

在市场化进程中，这些要素各自的利用效率都得到了提高，而且，全要素生产率也大幅提高。换言之，与改革开放前相比，效率提高对中国经济增长的贡献明显增大了。

上面这些因素为中国的经济发展增添了极大的动力，使我们能够保持30多年年均近10%的经济增长，使得我国一跃成为世界第二大经济体。此外，在提高人民生活水平和减少贫困人口上也取得了举世公认的成就。改革开放的推进，使得我们朝向实现好几代中国人建设富裕、民主、文明中国的梦想前进了一大步。

但是，无论怎么说，中国这30年主要依靠的还是投资增长。所以，到了制定"九五"计划的时候，中央就认识到了这个问题，提出来要转变经济增长方式，也就是说要越来越少地依靠增加投资，而更多依靠提高效率。

因为"九五"计划是在1993年中共十四届三中全会之后全面推动改革的情况下实施的，应该说其在效率提高方面是有进步的。"十五"以后，一方面，改革放慢了，特别是在与政府和国有经济相关的领域，遇到了很大阻力。2003年的中共十六届三中全会通过了《中共中央关于完善社会主义市场经济体制若干问题的决定》，要求通过改革来消除生产力发展的"体制性障碍"。这表明，改革尚未成功，不完善的体制要通过进一步的改革去完善。另一方面，原来一些使得资源能够更有效利用的因素逐渐消退了。一是指人口红利消退，一是指提高技术水平和生产效率的空间变窄了。这是因为，对外开放早期，中国的技术水平迅速提高，随着中国的一般技术水平跟发达国家接近，这种通过学习而非自主创新的方式提高技术水平的空间就变窄了。

到了"十一五"末期，这些问题表现得越来越突出和严重，中国政府便要求加快经济发展方式的转型，可是，碰到了体制性障碍，在改革上未能取得很大的进步。所以，应该说"十五"计划、"十一五"规划完成得不好，"十二五"加快了转变方式的进度，但还是跟原来的预想有很大差距。

中国经济发展中存在"两头冒尖"等矛盾现象的根源在于：一方面，经济改革取得了很大进展，市场开始在一些领域的资源配置中发挥作用，因此生产力获得了大解放；另一方面，从计划经济向市场经济的过渡还没有完全实现，旧的命令式经济体制的遗产还大量存在，政府和国有经济对整个经济和社会的强力干预和管控，妨碍市场在资源配置中发挥基础性作用。

体制缺陷的存在，导致中国经济和社会发展出现两个突出的问题。第一，由于体制性障碍，中国经济增长方式由粗放增长到集约增长的转型变得步履维艰，导致资源短缺、环境破坏、产能过剩、需求不足等问题变得日益严重，这不但使增长难于持续，而且有可能引发社会危机。第二，国家权力对经济活动干预和控制的加强，使寻租活动的制度基础得以强化，贫富差距拉大。

这种双重体制有两种可能的发展前途：一种是进一步推进市场化、法治化和民主化改革，消除旧体制的遗产，建立一个在法治基础上的现代市场经济制度；另一种则是强化政府对经济社会的管控，在强势政府的主导下用海量投资支持 GDP 的高速增长。后一种做法尽管从中长期看成本很高且不可持续，但在短时期的确造成了能够振兴中国的假象，得到一些人的唱和，并被一些人曲解吹捧为值得全世界仿效的"中国模式"。尤其是2008 年发生国际金融危机后，有的发达国家政府对一些可能引起系统性危机的企业采取了暂时收归国有的办法，防止引起整个经济体系的崩溃。这本是经济稳定后就会退出的临时做法，但一些人却借机宣传：连最发达的资本主义国家，像美国，都开始学"中国模式"了！

根据过去20年的经验，要使得经济增长模式真正得到改变，即从主要依靠投资变成主要依靠提高效率，唯一的出路就是全面深化改革，建立起规则基础上的竞争性市场体系，或者叫法治基础上的竞争性市场体系。只有这样，效率才能提高，发展才可持续。

十八大的重大意义是明确了全面深化改革的方向

十八大明确了全面深化改革的方向，因为只有全面深化改革才能解决当前面对的诸多社会矛盾。

到2010年前后，国家主义的思潮在某些场合变得相当强势。于是，"中国向何处去"这个人们原来以为早已解决的问题重新被提出。正是在这个关键时刻，召开了中国共产党的第十八次全国代表大会。

如果仔细观察中国社会，我们会发现2011年这一年社会思潮发生了一些戏剧性的变化，最关键的是真理愈辩愈明。随着靠强势政府、海量投资驱动发展的政策所造成的后果逐渐暴露出来，越来越多的人认识到这样的经济发展是不可持续的，推进改革才是唯一的出路。于是，在2011年以后，推进改革的呼声日渐高涨，出现了官民之间形成新的改革共识的可能性。

在这种条件下召开的十八大，对"中国向何处去"的问题做出了正确的回答，这就是要继续十一届三中全会以来的路线，"以更大的政治勇气和智慧，不失时机深化重要领域改革"。

十八大闭幕以后，对于其意义，主流传媒有各种解读，但我觉得重要的是明确了全面深化改革的方向。在经济改革方面，十八大要求"坚持社会主义市场经济的改革方向"，"核心问题是处理好政府和市场的关系"，以便"更大程度更大范围发挥市场在资源配置中的基础性作用"。

在政治改革方面，十八大重申了十五大、十六大和十七大的要求："加快推进社会主义民主政治制度化"，"实现国家各项工作法治化"。显然，只有全面推进市场化的经济改革和法治化、民主化的政治改革，才能解决当前面对的诸多社会矛盾。

制定全面改革的总体规划

宣布决心全面深化改革只是重启改革的第一步，问题还在于解决"改什么"和"怎么改"的问题，并且落实到制度的实际变革上。

十八大全面深化改革的决定，能不能落实，是决定中国的命运和未来的大事。怎样落实十八大的决定？从20世纪80年代和90年代两轮改革的经验来看，推进系统性改革要做三件事。第一，确定目标。80年代的时候叫作确定目标模式，现在的说法叫作"顶层设计"。第二，根据改革目标制定重点改革方案和改革的总体规划。第三，冲破阻力，克服障碍，把各项改革落到实处。十八大已经明确了下一步改革的目标，就是建立能够让市场在资源配置中发挥基础性作用的、比较完善的市场经济制度。

现在的任务，是走出第二步：制定全面改革的总体规划。去年12月中央经济工作会议要求，今年"明确提出改革的总体方案、路线图和时间表"。

目前对于改革是不是要做总体规划，还是有不同意见的。例如有人认为，还是中国改革初期"摸着石头过河"的老办法最有效，不要由上面来规定，放手让下面去做就行了。关于体制改革能不能设计、要不要设计的问题，20世纪80年代就曾经有过争论。当时的一种说法是，改革跟过去国内革命战争一样，要点是发挥地方和群众的创造性，叫作"草鞋没样，边打边像"。但问题是，现代市场经济是一个非常巨大、复杂且十分精巧的系统，不可能"边设计边施工"，必须要有一个框架性的设计，否则各个子系统之间无法互联对接和协同互动。

需要顶层设计和总体规划的另外一个原因是，由于各基层、各单位在设计的时候往往从自己的工作方便和本位的利益方面去考虑，如果分头设计，最终很难形成一个能够良性互动的体系。所以需要一个超脱于局部利益的高层权威机构，在基层创新的支持之下进行由上到下的规划，并监督这个规划的执行。还有一种疑虑，是担心这种从上到下的改革设计，是否会抑制从下到上的创新。我想这种担心应当引起充分注意。顶层设计和基层创新这两件事应当结合起来进行。中央直接掌握的顶层设计和总体规划，必须充分倾听民众的改革诉求和改革创意，也要从地方政府的主动探索中得到启发和取得经验。

比如，上海为克服营业税重复征收的问题而进行的营业税改增值税（"营改增"）改革，在上海试点后不久就得到许多城市的响应和中央财税部门的支持，在更大范围推广开来。还有从广东开始的民间组织无主管登记、简化工商登记、清理行政审批等改革，也是基层创新纳入全国性规划的范例。

设计好总体方案固然不易，实施总体方案更是一场硬仗。全面深化改革会遇到种种困难和障碍，我们必须以极大的勇气和智慧来克服这些困难和障碍，把改革推向前进。这关系到所有中国人的根本利益，所以我们大家都要支持和推动具有改革理念和追求的领导者把改革进行下去，并取得成功。

制定"最小一揽子"配套改革方案

总体方案的设计，大致可以分为三步进行：根据目前存在的问题提出需要改革的项目，按照体制的领域列出改革的清单，以及制定"最小一揽子"配套改革方案。

根据过去改革的经验，制定系统改革的总体规划需要进行以下工作：

第一步，是进行问题导向的研究。找出造成这些问题的体制性原因，列出需要改革的项目。第二步，是按照体制的领域，列出各个体制领域，如财税体制、金融体制等的改革项目清单。第三步，是梳理这个改革总清单，从中挑选出最为关键、彼此间关系又十分密切的一组改革项目，形成一个"最小一揽子"的配套改革方案。

关于问题导向的研究，这里我可以举几个例子：

第一个例子，如何遏制腐败。

腐败的蔓延会造成"亡党亡国"的严重后果，这一说法已经提出了很久，但问题始终没有得到解决。

我们首先要问，造成腐败猖獗的体制上的原因是什么？只有铲除体制原因才能够釜底抽薪，否则哪怕实行朱元璋式的严刑峻法，恐怕也只能是扬汤止沸，收效甚微。其实早在1988年学术界就已得出结论，根本的问题是在双重体制下，由于行政权力广泛地介入微观经济活动，存在着庞大的寻租活动的制度基础。

如果想要遏制腐败，首先要从各个方面推进市场化的改革，削减政府干预经济和配置资源的权力，把这个制度基础给铲除。

第二个例子，如何缩小收入差别。

贫富差距扩大是当前另一个突出的社会问题。根据我的观察，我们过去对收入差别问题的认识有一个基本问题，即就分配谈分配。贫富差距扩大被认为是分配出了问题，首先用行政指令规定低收入职工的工资，然后用再分配的手段增加弱势群体的福利。

但这种就分配谈分配的办法不但有副作用，而且不可持续。

根据经济学的原理，分配的结构首先是由生产的结构决定的。目前中国经济增长是靠投资驱动的，我国投资率已经高达40%多，这在全世界也是独一无二的。由于资本对劳动的比值不断提高，结果一定是资本收入（主要是政府和企业收入）的比重不断提高，劳动收入（包括专业劳动者收入）的比重不断降低。

劳动收入的比重怎么才能提高呢？最根本的途径是使大量的农民工成为有知识、有技术的劳动者，让专业人员有更多发挥才能的机会。这样，他们在创造更大的附加价值的同时，收入也能够得到提高。这就要求各级政府更好地提供义务教育、职业培训等公共服务，培育良好的创新环境，促进经济增长模式的转变，这就涉及政府职能转变、财政体制改革等一系列改革。解决了这些基础性的问题，再辅之以再分配的措施，劳动者收入过低和居民收入差距过大的问题才有望得到解决。

第三个例子，如何实现"新型城镇化"。

产业和人口向城市聚集能够产生巨大的效益，因此城市化是工业化和现代化的重要推动力量。但由于土地产权制度、政府职能错位、等级制的城市体制等体制性缺陷，政府主导的城市化造成两方面的问题。一个是它的建设成本太高。城市化的实质是人的城市化，因而正是人的集聚才产生了城市化的效益。但在我国，土地城市化比人口城市化的速度要高好几倍。城市建设投入很大，城市化的效益却出不来。另外一个问题是建成的城市营运效率太差。用"摊大饼"的方式极力扩大城市规模，导致城市居民的生活半径太大，交通拥堵，空气污染严重。必须通过改革解决目前存在的种种体制性缺陷，否则不管中央怎样号召进行"新型城镇化"，各地正在加速的还是老一套的旧型城市化。

像这样，从一个一个问题入手来寻找应当进行改革的项目，不仅是领导部门的事情，其实所有的公民都可以、也有责任参加有关问题的研讨。

对于"最小一揽子改革"，我的设想是：一个核心目标，四方面配套改革。这个核心目标应当是建立和完善竞争性的市场体系，而四项配套改革则包括财税体制改革、金融体制改革、社会保障体系建设以及国有经济改革的正确定位和国有企业的公司化改革。

为改革聚集人气

设计好总体方案固然不易，实施总体方案更是一场硬仗。因此，必须精心做好"开战"的各项准备工作。

除了做好总体方案、路线图的设计外，有两项准备工作特别值得注意：

美国经济学家诺顿在《比较》季刊上发表的一篇文章中建议，今年进行一些大众关心、能够很快启动、成效又具有可观察性的改革项目，以便为改革聚集人气。我认为他的建议值得采纳。因为一方面，深化改革必然涉及原有利益格局的调整，而某些能够利用原有制度漏洞，靠权力发财致富的特殊既得利益者也会阻碍改革的推进，没有大众的支持就不可能打破障碍，推进改革。另一方面，目前百姓对一些政府政策的信任度不高，甚至有一种逆反心理，所以聚集人气很重要。

最近出台的国务院机构改革和职能转变就属于这一类型的先期改革。现在有些媒体把关注的重点集中在大部制、小部制的问题上。在我看来，这并不是问题的重点，问题的重点是李克强总理讲的"市场能办的多放给市场，社会可以做好的就交给社会"。

这次国务院机构和职能转变改革的一些措施，像清理审批项目、民间组织无主管登记就相当不错，都是很重要、能够得到社会欢迎的改革。

同时，要注意创造和维护较为宽松的宏观经济环境，使得系统化的改革能够顺利出台。1985 年中央制定第七个五年计划的时候，吸收了世界顶尖的经济学家、金融学家提出的意见，指出在改革的"初战阶段"，要注意使经济建设的安排，有利于为改革创造一个适宜的宏观经济环境，使总供给和总需求之间的关系比较协调，不要急着上速度、上项目，一下子把总需求搞得过大，使经济环境变得很紧，导致改革出台有很大的风险。这个意见在今天仍有现实意义。

（原载财新《新世纪》2013 年第 30 期）

先戳泡沫后改革

玫瑰石顾问公司董事、经济学家　谢国忠

如十八届三中全会公报所言，中国政府渴望市场化改革，但如果不首先解决泡沫经济的问题，改革就无法有意义地推行下去。尤其是，当前稳增长的政策目标是延续泡沫经济。真正的改革将不可避免引爆泡沫，并引发一段时间内的疲弱增长。泡沫和改革之间，中国不可能鱼与熊掌兼得。

改革是为了构建更美好的明天，但这要建立在一个稳固的基础上。当眼下是泡沫时，改革就不可能在这种不稳固的基础上行之有效。中国已出现劳动力短缺，增长对社会稳定而言并非至关重要。因此中国更美好的未来只能始于泡沫的破裂，以及随后一段时间的经济整固。这只有在政府不再试图支持泡沫，或支持泡沫的弹药不足时，才会实现。

三中全会公报显示出，中央高层接受市场为资源配置主要力量的意愿。我并不质疑现任政府改革的诚意。通过目前这轮反腐风暴，现任政府正在堵住公共部门中的各种漏洞，经济的稳定性也正在提高。此次改革背后的推力，是中国经济的各种问题已经大到无法继续像过去十年那样得过且过。

2008年的国际金融危机暴露出中国经济的结构性问题。彼时是解决问题的一个绝佳时机，但随之而来的大规模信贷刺激（主要通过降低信贷标准）让问题变得更严重。当下改革的决心实际上是为 2008 年刺激政策的后果所迫。

有些人将此次三中全会与 1978 年的三中全会相比较，当年的那场三中全会吹响了中国改革开放的号角。将两者相提并论并不恰当。三十年前的三中全会是围绕意识形态的分歧展开的，公报的措辞异常重要。今天的问题则在于利益政治，表达改革意愿的措辞就不那么重要了。行动计划，像如何及何时达到目标，则更为重要。

增长不该是庞氏骗局

2008 年以来，中国经济的核心在于政府捍卫、保护、稳定经济增长的政策。如果人人都相信中国政府将会且能够稳定增长，人人都应该去投机，因为没有风险存在。泡沫经济无疑虚增了增速，这样一来就使得政府的承诺能自我实现。因此，越来越多的人开始相信并加入进来。随着时间的推移，中国经济陷入泡沫的泥潭越来越深。当然，泡沫经济并没有生产力，通胀成为一个严重的问题。当高通胀迫使货币政策收紧时，泡沫经济理应终结。但在中国，由于政府的干预或仅仅是给通胀预期降温的宣传，泡沫的终结就能被延迟。中国政府额外的自由度事实上推迟了这一天的到来，当这一天最终来临时，它只会来得更猛烈。

中国的货币供应常被斥为泡沫的罪魁祸首，但它更应被视作泡沫经济的结果，而非原因。举例来说，2013 年的信贷增长受利差交易的驱动：在离岸以低利率借款并到境内放高利贷。很多人愿意从事这一套利活动，是因为中国政府通过保证增长替他们消除了不确定性。信贷及汇率上低风险的认知助推着套利和货币供应。央行只是这一过程中的传导机制。

终结这种泡沫并妥善应对其后果，对中国的未来至关重要。只谈论未来而不着手解决问题，只能是夸夸其谈。中国政府最重要的挑战就是放弃对于 GDP 目标的锁定。当然，那时投机者将四下逃离，但中国经济能永远筑于日益累积的投机之上吗？

股市的教训

2013 年 11 月 30 日（周六），中国证监会宣布重启 IPO。12 月 2 日（周一），创业板大跌。中国的小盘概念股已经经历了一轮疯狂。尽管主板市场一直低迷，创业板的市盈率却一直很高。基本上，投机的火力一直集中于小盘股，在那里释放最大能量。

IPO 的重启被包装为市场化改革议程的一部分。但泡沫就是泡沫，潜在的流动性流失让市场异常担忧。由于中国的 IPO 基本是被设计为从泡沫中吸出资金，一连串企业到创业板上市将不可避免，这将有助于泡沫的破裂，是个好消息。

真正的股市必须是建立在可持续的动态之上：资金被投向那些可以盈利的企业。泡沫可以向经济体注入一些资金，只要流动性的分流不超过资金流入。所以，限制 IPO 是让中国股市正常运行的唯一方法。

股市对中国经济并没有那么重要。与信贷体系相比，股市提供的资金微不足道。股市是中国推行改革所面临的两难处境的一例明证：政府推动改革时，能否忽视泡沫的存在？我怀疑，由于市场的反应，中国的股改将没有那么快，因为政府还没有承受泡沫破裂后果的决心。

地平线上的乌云

美联储可能在 2014 年结束其量化宽松政策（QE）。美联储的资产负债表将停止扩张，且随着其持有证券的到期，其资产负债表将收缩。QE 的停止将导致长期利率高企，十年期美债收益率将可能在 2014 年达到 4%，而其最近一次的低点为 1.3%。利率如此之大的上涨，将肯定像以往每次一样，引发流动性大幅撤离新兴市场。

由于新兴经济体受贸易因素驱动，更倾向于干预本币币值的波动，他们的货币条件与美联储的政策紧密相连。当美联储放松货币政策时，新兴经济体往往会出现外汇储备与货币供应的水涨船高。这些国家的变化相当于美联储政策的加速器。在当下这轮宽松政策下，中国是主要的加速器，所以当美联储逆转其政策时，中国也将承受最大的后果。

在其巨额的外汇储备中，中国坐拥数量前所未有的热钱。一旦美联储退出 QE，对中国的影响将十分严重。

中国应该赶在美联储之前行动，首先处理影子银行体系的问题。该体系利用高利率及虚假的流动性，将资金吸入泡沫资产。这一流动性来自投资者总体平衡的购进和售出某一产品，而标的资产本身往往不具流动性。这一体系已经变得如此之大，结果正在驱动中国的货币供应。

但影子银行体系并不具有影子性质，它是由银行体系控制的，其大部分产品通过银行被售出。对银行而言，影子银行体系是绕过审慎监管和资本要求的便利工具。

如果中国仍犹豫不决，它就是在等待一个无法逃避的时刻的到来。什么时候某项改革被执行，市场就会产生恐慌，增长的考虑重回优先，改革再度被推向不确定的未来。

核心是控制政府

政府支出的欲望推动中国的房地产泡沫，这又反过来助推信贷的扩张。抑制泡沫的困难在于泡沫与地方政府财政模式间的共生关系。地方政府靠卖地为生，并以土地为抵押支持固定资产投资。由于投资推动增长，一旦增长重归政治目标，它就是继续吹大泡沫的许可证。

中国的结构性改革很难推进，是因为这关乎政府的权力。接受市场在经济中起决定性作用等于限制政府的权力，所以，推进改革和抑制泡沫的困难之处类似。如果因为抑制泡沫太难而将其忽略，推进改革又怎能实现？

具有讽刺意味的是，当一些政策被标榜为改革并广受支持时，它往往起到助推泡沫的作用。过去几年增加金融体系的灵活性被视为改革之举，但它催生了一个巨大的影子银行体系，该体系撑起了一个银行体系本无力支撑的巨大泡沫。

任何提议的改革举措，如果将增加债务，就应被视为支持泡沫的策略，而非改革经济的举措。比如，消费信贷近来被奉为刺激经济的灵丹妙药。表面上似乎说得过去。中国家庭消费占 GDP 的比例约为 30%，为全球最低，推崇消费信贷听起来很合理。但事实上，它不过是绕开了真正的问题，试图继续增加杠杆率。

信贷消费是另一个泡沫

中国的消费疲软源自居民实际收入匮乏。工资在上涨，但通胀侵蚀了其真正价值。过去十年，中国的 GDP 平减指数在 7% 至 8% 间徘徊。通胀对中国人而言，一直就是支持政府税收的一种因素，任何技术上的解释都不过是转移注意力。随着工资上涨的压力增大，通胀税也相应提高，成为支持并放大政府在经济中角色的力量。

中国的家庭债务接近 20 万亿元，或去年 GDP 的 39%，劳动收入可能约占 GDP 的 40%，所以中国家庭的债务水平并不低。如果引入提振消费的政策，肯定是一些支持投机并被伪装成刺激消费的计划。

中国的国内债务集中于地方政府、国有企业及地产开发投机商。后者只不过是将其借到的钱以买地或缴税的形式转移给政府。如果家庭部门开始大举借债，是向地方政府大行方便，这些债务肯定会成为政府收入，改善政府的债务状况。

农地交易或让农民破产

允许农地交易已流传了很长一段时间，现在有可能出现一些真动作。这听上去似乎是件好事：赋予农民更多的所有权对农民本身及经济体，应该都有积极的意义。现实并非如此。

由于农业生产成本居高，中国农地的价值较低，农产品的价格又趋国际化，因此生产成本驱动着土地的价值。为什么人们会对交易低价值的农地感到兴奋呢？答案是，这可能是新一轮的泡沫。在城市土地极速升值的背景下，农地仿佛已被遗忘。让它们加入土地升值的大军似乎是个好主意，但在游戏的如此末段把它们卷进来，将会让农民破产。当然，当人们用借贷的资金投机于农地，地方政府将无疑从中获益。

中国已经过度杠杆化。如果地下融资被合理计入，国内非金融部门的信贷已明显超过 GDP 的两倍。要使泡沫继续下去，就得像其他地方一样，杠杆率得继续增加。所以在中国，受欢迎的政策总是离不开提高杠杆率。很多观点将以改革的名义被提出并推销。当你听到这样的观点时，思考一下它将增加还是减少债务。如果是增加，它就并非真的改革之举，而只不过是又一个延长泡沫经济的把戏。

（原载财新《新世纪》2013 年第 47 期）

三中全会全解读

财新编辑部

自顶层而动

中央将成立全面深化改革领导小组，负责改革总体设计、统筹协调、整体推进、督促落实。这是三中全会公报中最引人关注的内容之一。

在不少专家看来，当前改革已经触及深水区。在不少领域呈现胶着状态之际，重新确立一个关于改革的专门机构，并建立在中央最高层，是一个有力的信号，也是多年来各方人士呼吁和期盼的结果。

2012年2月底，国务院发展研究中心（下称"国研中心"）、财政部和世界银行联合课题组联合发布的报告《2030年的中国：建设现代、和谐、有创造力的高收入社会》（下称"国研报告"），即提出建议，应在政府最高层成立一个高级别的改革委员会。

2012年和2013年全国"两会"期间，全国政协委员迟福林、王长江也先后提交提案，建议建立中央层面的改革机构，具体负责改革顶层设计和总体规划。经济学家高尚全、吴敬琏、张维迎、许小年等，也曾在不同场合发表类似观点，或建议重设国家体改委。

多次参与中央文件起草的中国社科院学部委员张卓元告诉财新记者，现在中央成立改革领导小组，比上述建议的机构更显权威性。成立改革领导小组，还有一个与以往的重要区别，即可督促检查及落实各项改革措施，绝不是仅仅出台文件就完事。

未来，各级党委都要履行起对改革的领导责任，中央鼓励地方进行改革试点工作，并且要为改革提供宽容的探索空间。

重启改革组织保障

"国研报告"建言设立高级别改革委员会时，曾提出如下理由：强有力的领导与决心将发出重要信号，促进各部委和各机构之间的统筹协调，以确保敏锐且有效地应对改革阻力。

许多改革研究者认为，在一些领域改革进程缓慢甚至出现倒退，根本原因是许多所谓的"改革方案"受限于对本部门利益的维持和保护，无法突破特殊利益集团的阻碍。

北京大学教授张维迎曾在 2011 年大连夏季达沃斯论坛上说，现在任何一个部门提出一个方案，没有任何与其辩论、驳回的机关，各部门打着改革的旗号，名义上进行改革，实际上却干着反改革的勾当。

经济学家吴敬琏也曾表示，在"十二五"规划提出顶层设计后，各个部门及一些地方甚至很低层级的领导机关都在做顶层设计。但各个部门的顶层设计往往是对自己的利益有倾斜，如果形成了格局，以后再去协调，就比较困难。

现行经济体制改革事务，通常由国家发改委的经济体制综合改革司连同其他部门拟议，由国家发改委报送国务院批复。在吴敬琏看来，近些年的运行结果是，国家发改委重发展、规划，轻改革。

更有人尖锐地指出，手握许多重大项目审批权的国家发改委，一定程度上已成为既得利益者，必须由"利益超越"的机构来专司改革。

这也是近年来，很多学者公开"怀念体改委"的原因。

诞生于 20 世纪 80 年代的国家经济体制改革委员会（下称体改委），曾在中国经济由计划主导向市场主导的转变中发挥重要作用。

张维迎认为，这不是因为体改委的人本身多么聪明，多么积极，而是工作机制好。

中共十一届三中全会奠定了中国改革开放的总路线后，由于尚未对改革有具体清晰的思路，迫切需要一个高层机构来规划和协调改革全局。1980年5月，国务院决定成立"国务院体制改革办公室"，由时任国务院秘书长的杜星垣兼任主任。

1982年5月，在原体改办的基础上，设立国家经济体制改革委员会，时任总理亲自兼任主任，负责体制改革的总体设计，统一研究、筹划和指导全国经济体制改革工作。当时的副主任有薄一波、杜星垣、安志文、周太和、童大林。

此后，到1990年8月，除1987年到1988年一年间是李铁映专任主任外，一直是总理兼体改委主任。

多位学者认为，其高标准的级别配置，超脱于部门利益之上，保证了改革自上而下有效展开。

当时，体改委被赋予四项任务：理论创新、设计总体方案、协调各方利益和组织试点。在体改委工作的人员，也颇受其他部委工作人员的羡慕。

体改委命运的重要转折点是在1998年。在这一年的国务院机构改革中，体改委被降格为体改办，退出政府组成序列。新的体改办地位尴尬，当时有"不开会，不讲话，不发文件"的说法。其工作人员编制也被大幅削减，由200人减到85人。

在1998年到2003年的几年中，作为并无实质筹划、协调权力的体改办，虽然也拿出了几十个重要文件方案，但很多观察者认为，它已无力主导改革局势，日渐式微。

2003年，国务院实施改革开放以来的第五次机构改革，体改办被撤销，其职能并入新成立的国家发展和改革委员会，具体业务由新组建的经济体制综合改革司承担。

中央社会主义学院马克思主义理论教研部政治学教研室主任王占阳

认为，此次中央深化改革领导小组的建立，使得改革继体改委之后再次有了组织保障，是一个积极的信号。

王占阳还告诉财新记者，与体改委着重于经济改革不同，中国现在已进入全面改革的阶段，单纯的经济改革已经很难向前推进。这时候成立一个全面改革的领导机构非常必要，也很重要。这样的机构设在中央是合乎逻辑的，也和当前改革的发展阶段相吻合。未来关于改革任务的一些实施细则，也有可能由该小组直接领导制定。

解析中央工作领导小组

各个中央工作领导小组，是中共中央政治局领导的，关于某项专门事务的议事、协调机构。

这些领导小组以常设性为主，如中央财经工作领导小组、中央农村工作领导小组、中央党的建设工作领导小组、中央宣传思想工作领导小组、中央外事工作领导小组（中央国家安全工作领导小组）等。偶尔也会成立临时性领导小组，如2003年成立的中央修宪领导小组。

1949年后，中共设立领导小组的做法始于1958年，其具体定位随党政关系的演进而有所变化，到现在主要侧重在议事、协调两方面。

所谓议事，主要突出其具体决策和民主集中制的一面。上述小组负责人基本由中共中央政治局委员甚至常委担任，成员基本囊括相关领域的部门负责人。例如，中共中央财经工作领导小组一向是中共中央研究、制定财经工作方针政策，以及决定财经工作中的大事的决策机构；其成员变化，也与国务院人事变更基本一致。

在协调方面，则主要针对党政关系。通过领导小组，执政党与政府的相关部门负责人可就不同认识，通过协调形成共识，以供更高层决策时采用。

中国版国家安全委员会

成立国家安全委员会的说法，在今年（2013年）全国"两会"前曾流传过一段时间，然后归于沉寂。三中全会公报正式宣布这一消息，让人们感到意外之余，也意识到其分量不同一般。

成立国家安全委员会，目的是完善国家安全体制和国家安全战略，确保国家安全，其涉及的强力部门甚广，需要协调的因素甚多，跨越党政军警外交，最终在三中全会这一决定中国未来十年格局的场合登场。

各国的国家安全委员会，一般隶属行政机构，协调涉及国家安全和外交的政策，向国家元首提供涉及国家安全的建议，是跨部会委的协调机构，其成员来自军事、外交、情报、执法等事涉国家安全的机构的高层。

第一个国家安全委员会是美国国家安全委员会。它成立于战后的1947年，初衷是当时美国领导人意识到单靠国务院的外交手段已无法应对来自苏联的竞争和挑战，因此需要一个更综合全面的制衡手段和平台。在冷战的背景下，1947年美国通过《国家安全法》。根据该法，一个成员涵盖海陆空三军、海军陆战队以及中央情报局（也根据当年的法案成立）高层在内的国安会就此成立。

美国国家安全委员会由美国总统作为主席，其法定成员包括副总统、国务卿、国防部长和能源部长；军方代表为参谋长联席会议主席；情报机构代表为国家情报总监和中情局局长；常规会议出席者为总统国家安全顾问、白宫办公厅主任和副主任、司法部长；其他参与者包括财长、国土安全部长、常驻联合国大使等。

国家安全顾问是总统在国家安全方面最为倚仗的对象。最知名者如尼克松时代的基辛格、卡特时期的布热津斯基、福特和老布什时代的斯考克罗夫特、小布什时代的康多莉扎·赖斯。

智库彼得森国际经济研究所高级研究员拉迪（Nicholas Lardy）对财新记者表示，国家安全委员会的成立，能使中国有一个高层级的统合协调机构，有利于中美沟通。"我认为，中国试图成立一个类似美国国安会的组织，这已为人所知。"拉迪表示，中国一直没有一个高层级的统合协调机构，把来自各种部门的信息整合，如外交部、国防部等，统一汇整后报告给最高领导人。

　　中国此前的国家安全体系主要协调机构，是成立于 2000 年的中央国家安全工作领导小组，该小组与中央外事工作领导小组合署办公。首任组长为时任国家主席江泽民，钱其琛任副组长。其构成人员一般为相关部门的一把手，分别来自国务院系统的外交部、公安部、国家安全部、商务部、国台办、港澳办、侨办以及新闻办，来自党务系统的宣传部和中联部，来自代表军方的国防部和总参谋部。国家安全工作领导小组往往按需开会，参会人员也根据讨论的议题临时决定，已难以适应中国日益复杂的国家安全和外交挑战的需要。

　　此次三中全会为中国版国家安全委员会揭幕。值得注意的是，关于该机构的设置出现在全会公报关于社会治理的环节中，相关内容包括创新社会治理、维护国家安全、创新有效预防和化解社会矛盾体制、健全公共安全体系等。

　　就此，中国社会科学院日本研究所副所长杨伯江向财新记者表示，国家安全委员会，核心词是"安全"，但这个安全要从广义、宏观上理解，是"大安全"、综合安全。在全球化、信息化时代，"安全"越来越具有多样性，除了传统安全威胁，新型安全威胁也日益增多。

　　"中国的发展起步晚，处于改革攻坚期、社会转型期，情况复杂、矛盾多发，来自内部的安全威胁占有较大比重。可以说，中国国家安全的主要挑战首先是来自内部。当然，捍卫国家安全的根本也同样是在国内。此外，由于中国的特殊国情和周边、国际战略安全环境的特殊复杂性，内外联动密切，动辄相互激荡。这些决定了中国国安会与美国版、日本版有所不同。

　　"设立国家安全委员会，就是要在国家权力的最高层级上实施统筹、协调，通过资源的更佳配置与系统集成，有效地应对一切挑战，维护国家安全。"

　　由此不难看出，中国的国家安全委员会有"内外兼备"的基本职能——应对来自中国内外的安全挑战，其授权比美式国家安全委员会有所增加。可以推知，未来中国国家安全委员会的成员构成除了来自国防、外交和情报机构的代表，包括公安武警在内的其他部门负责人也可能进入该机构，使其成为兼具国内社会治理、国外捍卫国家利益的跨部会委机构。

以土改再造农村

"改革的信号很强。"国务院发展研究中心农村经济研究部原部长徐小青说。

本次三中全会文件，朝向市场化成为基调，不少识者期待这也将成为三农改革的纲领。

一位接近文件起草组的专家告诉财新记者，《中共中央关于全面深化改革若干重大问题的决定》在三农方面有若干实质性内容，但更具体的事宜将在会后由各职能机构制定。

真正的问题是：新的目标提出后，最终能否落实。

三农与市场化改革

与上一个五年相比，官方对市场化的新表述令人期待。

五年前，十七届三中全会曾聚焦农村改革，出台《中共中央关于推进农村改革发展若干重大问题的决定》，其中对打破二元结构的土地和户籍制度改革曾经许下承诺。不过，改革并未如期推进。故此，不少三农学者将十八届三中全会视为重新凝聚共识、深入推进农村改革的新起点。

在三农领域，亟待推进的市场化改革至少包括促进农村劳动力、土地、资本等要素市场化，以及农产品价格的市场化等，涉及土地改革、户籍改革、农村金融改革以及粮食流通体系改革等多方面。

无法交易的集体建设用地、由政府垄断的城市土地一级市场、禁锢的资本、难以充分自由流动和平等交换的农村劳动力，都是30多年改革后留下的旧体制的核心部分。而今，三农领域的市场化改革方向已经部分体现在公报中。公报在提出涉及土地改革的"建立城乡统一的建设用地市场"时，将其放在"建设统一开放、竞争有序的市场体系"下阐述。中国土地勘测规划院土地规划所所长张晓玲认为，这显示出决策层对集体建设用地入市意义的认识非常到位。而相对于十七届三中全会"逐步建立"的表述，决策层应有加快推进改革之意。

在阐述"城乡二元结构是制约城乡发展一体化的主要障碍"时，公报提出，"必须健全体制机制，形成以工促农、以城带乡、工农互惠、城乡一体的新型工农城乡关系，让广大农民平等参与现代化进程、共同分享现代化成果。要加快构建新型农业经营体系，赋予农民更多财产权利，推进城乡要素平等交换和公共资源均衡配置，完善城镇化健康发展体制机制。"在打破二元结构方面，此番会有实质性安排。

公报在农村金融方面未有更多涉及。不过，有政府内部人士分析认为，农村金融改革仍可期待。一些三农学者呼吁多年，鼓励发展农村合作金融。据农业部统计，至2011年，全国已有1万多家合作社开展了内部信用合作。大部分农村合作金融组织未正式纳入监管体系，发展滞后且无序，亟待纳入合法规范化体系。同时，农地承包经营权、农民房屋等的抵押权，在上一届三中全会曾被考虑，但最终未能放开。此次中央明确提出"赋予农民更多财产权利"，鼓励探索农村土地抵押权能。

与农村金融息息相关的是农业现代化。今年中共中央发布的"一号文件"提出，在稳定农村土地承包关系的基础上，应推动土地流转，发展适度规模经营，培育专业大户、家庭农场、农民合作社、农业龙头企业等新型主体，期待为农业注入新活力。为发展现代农业开发资金来源之外，保障和稳定农地产权是许多三农学者一直以来的呼吁。而如何看待市场已经发育出的多种土地流转方式，如何看待农民、合作组织、农业企业等不同经营主体之间的关系，"一号文件"之后，市场也一直在等待中央进一步明确态度。这次中央肯定了农业企业的作用。

还有一个值得期待的领域是粮食流通制度改革。据悉，近年中储粮系统乱象频繁曝光，粮食流通领域市场化改革不彻底问题进入决策者的视线。许多粮食问题专家指出，最低收购价和临时收储政策扭曲了价格形成机制，导致粮食市场政策化，阻碍了地方国有粮企的市场化改革，弊端已经显现。而由中储粮这样的企业垄断性执行政策业务，又同时从事竞争性业务，也破坏了市场秩序。一些人士指出，最低收购价政策应该更多向直接补贴转向，同时打破中储粮垄断，促进政策性业务的市场化。

土改盼落实

土地在三中全会前后受到前所未有的关注。这一轮关于土地制度的争论始于 2000 年，一直延续至今。随着城镇化发展，相关的土地财政、金融问题、社会问题等波及面广，争论激烈。

"市场化要求在土地领域表现得尤为迫切。"张晓玲说。

据悉，鉴于中国土地利用效率低下等严峻现实，中国最高领导层已经表现出强烈的改革意愿。一位内部人士透露，中共中央总书记、国家主席习近平今年在不同场合多次提到土地改革。

中国土地制度最明显的特点是二元结构。中国的城市土地属于国家，农村土地属于农民集体。当中国的城市化层层推进时，农村土地却只有被征为国有，才能投入城市建设。对这套政府征地、垄断一级市场独家出让土地的制度，多年来褒贬不一。更多的人认为，弊端越来越大，到了必须改革的时候。应还权于农民，让市场在资源配置中发挥更重要的作用。

公报所谓"建立城乡统一的建设用地市场"的题中应有之义，即体现在《决定》的放开集体经营性建设用地入市，令其在规划和用途管制下，和城市建设用地享有同等权利。这部分土地包括乡镇企业用地等经营性用地、农民自建住房的宅基地和农村公益事业、公共设施用地等。

在政府智囊为三中全会做准备时，关于集体建设用地入市问题，一位政府智囊曾向财新记者介绍，争议非常大。相对而言，此次进入《决议》的存量经营性集体建设用地是最有共识的。据悉，中央农村工作领导小组副组长、办公室主任陈锡文也对此表示同意。宅基地入市呼声很高，一些学者也力主放开，高层对宅基地的态度则更为谨慎，盖因担心资本进入等原因致农民流离失所。国土部制定中的集体建设用地试点指导意见，也锁定在经营性集体建设用地。

在新一轮改革有望启动时，中国土地学会副理事长黄小虎等多位土地专家都指出，这套非市场化的方式效率极其低下。大量集体土地以非市场价格被征收，又以非市场价格出让或直接划拨，空闲宅基地、存量原乡镇企业用地等集体建设用地难以被盘活，非法入市的集体土地又多是低水平建设，缺乏科学规划，而其引发的社会风险已经全面爆发。

不过，2008 年后，至关重要的征地改革实际上进展不大。2008 年十七届三中全会确定"缩小征地范围"和"逐步建立城乡统一的建设用地市场"等政策，并确认宅基地是一种"用益物权"。但此后改革实质性推进步履迟缓，为改革破除法律障碍的《土地管理法》修订受阻，财税等制度的改革范围相对有限。缩小征地范围的改革未得到地方政府支持。

张晓玲表示，这只能说明，改革难度非常大。改革若要继续推进，中央的决心以及财税等配套制度的设计都至关重要。具体的税费安排、收益分配等仍有待试点继续探索，但需要加强试点的统筹和规划设计，并适时启动法律修订。

政策方向和目标既定，下一步是落实改革应有路线图和时间表。国务院发展研究中心农村经济研究部副部长刘守英建议将改革分为三个阶段：

2013 年—2014 年，在总结现有土地改革试点经验的基础上，扩大土地制度综合试点范围；完成承包地、宅基地、林地等确权登记颁证；推进土地利用结构优化和存量建设用地进入市场改革；实施以公平补偿为核心的征地制度改革；规范地方融资平台，扩大地方自主发债范围。

2015 年—2017 年，重点形成城乡统一的土地市场；探索国有土地资本化经营模式；建立土地财产税制度，形成新的土地增值收益分配机制；形成多渠道的地方政府融资体系。

2018 年—2020 年，基本确立两种所有制土地权利平等、市场统一的现代土地制度和以规划、用途管制为手段的现代土地管理体制。

填平城乡鸿沟

此次三中全会已经给改革定下总时间表，"到 2020 年，在重要领域和关键环节改革上取得决定性成果"。这和中国计划全面建成小康社会的时间相呼应。

2002 年中共十六大提出这项宏大任务时，明确小康社会要"惠及十几亿人口"，并提出统筹城乡发展的路径。中国此后并定下公共服务发展目标——城乡区域间基本公共服务差距要明显缩小，争取基本实现基本公共服务均等化。如今，行程过半，剩下的时间不足十年，新一届领导班子的任务更加艰巨。

2012 年，全国城乡居民收入比为 3.10:1，和十年前基本相同。城乡公共服务的鸿沟仍然巨大。国务院参事马力曾依据 2012 年数据测算，中国农村和城市福利待遇人均相差 33 万元。这种差距是全面的，体现在公共设施、教育、卫生、社保等各方面。

马力称，虽然这些年中央加大了资源向农村的倾斜，但实际力度仍然不够。长期从事农村研究的中国发展研究基金会秘书长卢迈也曾告诉财新记者，城里的人在做决策，农民缺少自己的代言人，他们的声音和需求很难传递。

一个共识是，破除城乡二元体制是实现城乡一体化发展、提高农民收入的关键。

土地之外，二元结构的另一个典型代表是户籍制度。原本只用于人口信息管理的户籍登记制度在中国逐渐与福利捆绑，阻碍了人口的自由流动。同样，中国十几年前就开始比较系统地规划户籍改革，并逐步确定以小城镇和中小城市为重点的阶梯式放开思路。但时至今日，东部连许多小城镇的落户也无法放开，而中西部小城镇面临缺乏聚集力的问题，改革陷入胶着。

今年 6 月，国家发改委主任徐绍史在向全国人大常委会汇报时，提出一个涵盖所有类别城市的阶梯式户改路径，并首次明确"全面放开小城镇和小城市落户限制"，有意引导不在户籍地工作和生活的所谓"流动人口"改变流向。但这也意味着这和目前农民工"流动人口"相当大一部分聚集在大城市和特大城市的现状，存在错位现象。这一路径体现了决策层的思路。与此同时，包括国家发改委城市和小城镇改革发展中心主任李铁在内的许多学者都建议，将已经长期在大城市稳定就业的农民工的落户问题纳入考量。事关大量"流动人口"福祉，公众亦在期待决策层的回应。

填平城乡鸿沟既需要切实加大对农村公共资源的投入，也需要财政制度、社保、居住证等相关制度的配套设计。

许多学者及研究机构建议，中央政府应承担更多公共服务责任。中国人民大学经济学院教授郑新业曾对财新记者指出，越是市场经济国家，劳动力流动越频繁，中央政府提供的公共服务就越多。国研中心则在改革方案中建议，中央政府上划部分事权建立"国民基础社会保障包"。

目前，"明确事权""建立事权和支出责任相适应的制度"已写进公报中，这必然触发更为深远的利益调整。

养老改革小步快进

进行中的养老保险制度顶层设计，终于迎来三中全会定调。

尽管全会公报对中国社保体系建设只有一句话——"建立更加公平可持续的社会保障制度"，但会后数日通过的《决定》，在社保改革方面却有大段论述。

其中最重要的变化，是在坚持统账结合的框架下，以往口径中的"做实个人账户"调整为"完善个人账户"。一位接近决策层的学者分析，这意味着当前统账结合、个人账户名义记账的模式将不做调整。

以此为基础，全国统筹、并轨扩面、市场化投资、研究制定延迟退休年龄方案等"老提法"依旧，较新之处仅是适时降低社保费率。

尽管诸多细节未定，三中全会已为下一步社保改革勾勒出明确框架。

从"做实"到"完善"

此前由学界向主管部门提交的多套养老保险改革方案，最大的争议点便是养老保险基本模式的调整。

当前中国基本养老保险采取统账结合模式：单位按职工工资的20%缴费进入统筹基金，实行"现收现付"，即用年轻一代的缴费支付退休一代的养老金；参保人每月缴纳工资的8%则进入个人账户，长期积累，多缴多得，以减轻现收现付的支付压力。

但在制度建立之初，从原有体制转入社会保险体系的老职工并未充分缴费，应对其养老负责的国企及政府也未向养老基金注入相应资金。为确保养老金当期发放，年轻一代的个人账户普遍被挪用，由此形成空账。

根据中国社会科学院世界社保研究中心编写的《中国养老金发展报告2012》（下称《报告》），2011年年底个人账户空账的规模已达到了2.21万亿元。与此同时，由于中国人口红利犹存，多年来政府大规模补贴，到2012年年底实际上沿用现收现付制的养老保险基金累计结余已近2.4万亿元。

但有了钱的统筹基金，到底要不要把过去"欠"个人账户的钱给还上，且以后不再向个人账户借钱，在业界仍有非常大的争议。

首先是大规模的结余分布不均，碎片化管理，沉淀于东部省份的资金并不能偿还部分老龄化严重省份的旧账。一旦停止借支个人账户，全国大多数地区的当期支付都将存在巨大风险。根据《报告》，即便把个人账户全借给统筹基金，2011年全国也有14个省份收不抵支——当期支付都有困难，地方财政更顾不上为未来支付风险提前兑现资金。

因而，自2009年，做实个人账户的试点就已陷入停滞。中国政府自2001年起从辽宁起步，推开做实个人账户试点。到2012年年底，13个试点省份的个人账户中仅有资金3396亿元。

其次则是即便通过全国统筹，可以将个人账户全部做实，但在中国经济高速发展的阶段，进行上万亿元的储蓄是否有必要？中国社会科学院世界社保研究中心主任郑秉文向来对此持反对态度。在中国目前的高增长条件下，实账上的个人账户基金投资几乎不可能取得高于社会平均工资增幅的投资收益，甚至连 CPI 都跑不赢，个人账户基金越大，福利损失就越大。

鉴于现实困难，学界以郑秉文为代表的一派的观点是，彻底放弃统账结合，承认中国基本养老保险现收现付的事实现状。但在现收现付框架下，个人收益与缴费直接挂钩，为每个参保人建立一个"名义账户"，将现有统筹基金部分也计入个人账户，多缴多得。

这样的做法，不仅会缓解做实个人账户下的财政补贴压力，个人权益清晰，可携带性强，也更利于实现基金全国统筹。但反对者认为，名义账户制本质上仍是现收现付，若无个人账户储蓄分担支付压力，在未来老龄化下支付风险巨大。

在此轮养老保险改革的讨论中，模式的选择，决定着一系列相关制度的最终安排。而就当前释放的信息来看，最终的方向让两派学者都颇为失望。

上述接近决策层的学者解读，三中全会提出继续坚持统账结合的模式，意味着不可能整个养老基金都实行名义账户制；而不提"做实"提"完善"，则意味着个人账户还会维持空账状态，仅仅将该部分明确为名义账户，并强化多缴多得的激励机制。至于已经"做实"的部分资金，以及统筹部分的大规模结余，则会尽快进行投资运营。该学者分析，负责养老金运营的管理机构——全国养老金理事会的筹建工作也将回归日程。

关键是可持续

在保持现有的统账结合、个人账户名义记账的结构下，养老保险基金仍面临双重风险：其一是现阶段部分地区当期支付的风险；其二是未来老龄化下整个基金的支付风险。

至于前者，学界早已形成共识：尽快实现全国统筹，以平衡当前现收现付体制下的区域收支缺口。此次《决定》对全国统筹这一既定目标再次强调，以示高层决心。在"分灶吃饭"的财政体制下，区域间的利益割据被看作阻拦统筹层次提高的主要因素。《决定》此番亦明确部分社会保障作为中央和地方的共同事权，识者认为这将成为提高统筹层次的重要保障。

不过，在此前的讨论中，全国统筹是否要以"费改税"的路径实现，人社部与财政部有非常大的分歧。据知情人士透露，尽管《决定》最后未提"费改税"，但这不意味着会议对此无讨论、未来改革无可能。

而对于如何解决未来的基金风险，知情者亦重申此前的多个官方口径。

首先，公务员事业单位人员的养老保险制度必将继续改革，与企业职工的基本养老保险相接轨。在不少学者看来，此举不仅有助"公平性"，更有益于"可持续性"。

另一项饱受争议的措施便是延长退休年龄。尽管民意抵触较大，仍提出要研究制定延迟退休年龄的政策。但多位接受财新记者采访的学者均分析，该政策不会"一刀切"，也不会立即执行，分阶段、分人群、渐进式的延迟退休年龄方案是必然的选择。学者们强调，不仅从基金的可持续角度来看，推迟退休年龄不可回避，而且随着受教育年限的提高，人们进入劳动力市场的时间越来越晚，而平均寿命越来越长，对于退休年龄的界定也确实需要调整。

养老金的市场化运营也被再次强化，接近决策层的学者认为，这将对业界关于养老金要不要市场化投资的讨论，给出终结性的答案。

此外，一个此前几乎从未出现在官方口径中的表述，此次被正式提出——适时降低社会保险费率。

事实上，关于降费的问题，学界已多有讨论。当前，中国五项社会保险法定缴费率之和相当于工资水平的40%，其中养老保险为首要，占到28%。根据清华大学经济管理学院副院长白重恩教授的国际比较研究，这一费率水平位列173个国家、地区的第13位。在中国之前者，多为东欧转型国家及拉美国家。

在社会保险统筹层次低下、大量省份面临严重当期收支压力的情况下，尽管学界屡屡呼吁，官方却一向不认为当前以养老保险为主的社保费率有降低的空间。但高费率对中国社会、经济的影响却不可忽视。多位学者分析，高费率一方面提高企业劳动力成本，另一方面为低收入者、自由执业者设置高门槛，影响社保扩面。

在不少学者看来，适时降低社保费率将是对学界呼吁的良性回应。但必须配套解决的问题是，如何保证降费后的待遇不降低——如何弥补此间的资金缺口？

中国政法大学法和经济学研究中心教授胡继晔对此并不乐观。他分析，在降低费率的同时，提高费基将是必然，老百姓要交的钱并不会少。

白重恩认为，国有企业分红能够补偿降低社保费率给社会保险基金收入带来的负面影响。此举还可为国有企业投资带来更多外部监督，提高国企投资效率，实现企业向居民的转移支付。

遏制司法地方化

十八届三中全会公报关于法治建设的表述是："建设法治中国，必须深化司法体制改革，加快建设公正高效权威的社会主义司法制度，维护人民权益。要维护宪法法律权威，深化行政执法体制改革，确保依法独立公正行使审判权检察权健全司法权力运行机制，完善人权司法保障制度。"

总体而言，这一表述以稳为重，多是重申过去已有的一些提法，不过也表现出一些变化。例如，相比过去中共权威文件中"依法治国""建设社会主义法治国家"的关键词，此次"建设法治中国"的提法与十八大之后的"中国梦"相映照，试图展示新意。"人权司法保障"的提法，也是首次。

在司法改革方面，对"依法独立公正行使审判权检察权"的强调，亦显示出积极迹象。

《中共中央关于全面深化改革若干重大问题的决定》全文中有更多具体亮点呈现。司法改革或将在技术性微调的格局下有所突破，例如废止劳动教养制度、推动省以下司法机构人财物统一管理等。而遏制司法地方化和行政化，是关键看点。

重申"宪法权威"

十八届三中全会之前，在"全面深化改革"的主题感召下，各界对包括司法改革在内的改革期待颇多。2013 年 8 月 12 日，最高法院院长周强在《人民日报》撰文，阐释习近平关于法治建设的重要论述。

周强认为，十八大以来明确了推进社会主义法治国家建设的基本思路。关于依法执政理念，提出依法治国首先是依宪治国，依法执政关键是依宪执政。关于深化司法体制改革，确保审判机关、检察机关依法独立公正行使审判权、检察权，是司法改革的重要目标，也是党和国家的一贯主张。

周强称，中央正启动新一轮司法改革，特别是要落实好依法独立行使审判权、检察权的宪法原则，坚持严格依法办事，严守法治原则。

周强的这一阐释，实际上已经透露出三中全会公报有关法治建设的几个要点：一是维护宪法权威，二是依法独立公正行使审判权和检察权。

2012 年 12 月 4 日，在纪念"八二宪法"施行 30 周年大会上，习近平承认"保证宪法实施的监督机制和具体制度还不健全"，强调"宪法的生命在于实施，宪法的权威也在于实施"。《人民日报》也发文称，"要使宪法从纸面上的宪法，走向现实中的宪法和行动中的宪法"。

按照现行制度，宪法授权全国人大及其常委会监督宪法实施，但由于缺乏协助监督宪法实施的专门机构，全国人大及其常委会监督宪法实施的职权难以有效行使。全国人大常委会虽有法规审查备案机构，却难有作为。

维护宪法法律权威，在当下中国首要的是健全宪法实施监督机制和程序，其中最重要的是违宪审查机制。

学界早已提出中国宪法监督模式的三种可能：一是设立独立的宪法法院；二是在全国人大下面设立宪法委员会，与全国人大常委会平级；三是在全国人大常委会中专门设立宪法委员会。

2013 年 1 月，由中共中央党校主办的《学习时报》刊发文章《建立有效可行的宪法实施监督机制》，在总结世界各国宪法实施监督机制的基础上，建议"根据我国现行体制在全国人大常委会下设一个专门的违宪审查委员会来对各级立法机关的立法予以监督，专司全国各级人大及其常委会的立法是否违宪的审查"。

无论采取何种模式，建立专门机构和程序保障宪法实施已经刻不容缓，这也将实质反映新的改革蓝图的底色。

此外，完善目前已有的法规、规章和规范性文件备案审查制度，建立规范性文件和重大决策的合法性审查机制，增加法治建设角度的政绩考核标准和指标等，或将成为未来的着力点。

司法改革看点

11 月 13 日，十八届三中全会闭幕第二天，各中央政法机关传达全会精神。中央政法委秘书长汪永清透露，将抓紧提出推进司法体制改革的实施意见。最高法院院长周强也表示，法院系统司法改革面临"前所未有的重大机遇"，将尽快形成法院新一轮司法改革的整体思路，适时出台人民法院"四五"改革纲要。

周强提到了几个改革要点，包括：保障法院依法独立公正行使审判权的机制；按照健全司法权力运行机制的要求，进一步规范司法权运行，推进审判组织改革，探索建立专门法院；继续做好涉法涉诉信访制度改革相关工作等。

确保司法机关依法独立公正行使审判权和检察权，成为新一轮司法改革的关键词。

根据《决定》，新的改革蓝图中，在司法管理体制上，推动省以下法院和检察院的人财物统一管理，并探索建立与行政区划适当分离的司法管辖制度。这些举措，主要针对的是备受诟病的司法地方化和地方保护主义问题。

实际上，此前的 10 月 28 日，最高法院对外公布的《最高法院关于切实践行司法为民大力加强公正司法不断提高司法公信力的若干意见》，已透露出一些端倪，强调坚决抵制各种形式的地方和部门保护主义。就当前法院系统内部讨论的意见来看，至少要在制度上解决人、财、物三方面的保障，法院才有底气在审判过程中与地方保护主义相抗衡。

近期一个常被提及的传闻，是地方司法机构的"垂直化管理"。但"人财物统一管理"与"垂直化管理"内涵差别巨大，后者意味着上下级机构之间的领导与被领导关系，前者主要涉及司法行政事务的管理问题。

显然，"垂直化管理"是一种误读。首先，各级法院和检察院由同级人大产生并对其负责，以此为基础的现行司法制度框架是由《宪法》和《法院组织法》等法律体系确定的，不可能轻易变动。其次，司法地方化仅是中国司法现状的症候之一，同样需要重视的还有司法行政化等问题，简单的"垂直化管理"药方，在诊治一个病灶的同时，可能会加剧其他病症，并不符合现代法治的原则和规律。

在今年年中，接近最高法院的学者向财新记者透露，法院系统的"两级管理"制度正在研究之中，设想将来县（区）、地（市）层面的基层和中级人民法院，更多由省高级法院统一协调管理，与地方党政的关系相对减弱。

另一位接近最高法院的学者，也透露了这一改革方向。

目前法院编制与公务员系统一样，都是根据各地常住人口数量核定，缺乏对经济发展程度和流动人口差异的考虑，最高法院正在研究由中央和省两级管理法院，县（区）、地（市）两级的法院则由省高级法院管理。"编制名额由省高院统一调度，案多人少的问题就比较好解决，毕竟每个省也都有些欠发达地区。"这位学者说。

未来，"省以下地方法院、检察院人财物统一管理"具体如何操作，还有许多细节有待确定。

相比"财"与"物"的问题，"人"的问题涉及人事任免，情况更为复杂。在不修订现行法律的情况下，名义上法官和检察官的任免依然要由相对应的人大机关做出。但在执政党组织部门酝酿司法机构干部人选过程中，上级司法部门党组的话语权或将大为提升。

另一个不容忽视的问题是，地方各级党委的政法委，都拥有领导司法机构的职能。司法要"去地方化"，还取决于地方政法委定位和角色的变化。

与行政区划适当分离的司法管辖制度，亦是针对司法地方化开出的药方。

2013年下半年，北京市调整司法区划，设立了第三中级人民法院、第三检察分院。直辖市的中级法院与其他按地（市、自治州）设立的中级人民法院不同，并无相应的一级党委、政府和人大系统与之对应。基于类似的逻辑，很多学者建议打破当前司法区划与行政区划的重合设置，根据各地经济、社会的实际发展情况建立机构和编制，按照司法的需求和规律来设置司法区划。这样，可以削弱地方对司法的干预。

这种设想早已有之。早在2004年11月，时任最高法院院长肖扬即提到，"司法区按照行政区设置，同时也存在跨行政区设置的司法机构"，"将来内地跨行政区设置的司法机构还会不断增加"。

除了直辖市的中级人民法院，跨行政区司法机构还有军事、海事、铁路运输等专门法院，以及基层法院的派出法庭。此外在海南、广东等地，也有跨行政区划设置法院的情况。2005年前后启动的司法改革中，司法区划与行政区划的分离也一度备受舆论期待。

不过，此次的改革设计中，可能不会涉及司法区划，而是从"司法管辖制度"入手，有限推进。

2002年，浙江台州率先试点行政诉讼"异地管辖"，这一做法后来被最高法院的司法解释吸纳。未来，级别管辖上的调整、通过上级法院的指定管辖等途径，有可能被充分利用。

除了司法地方化问题，中国的司法机构还存在行政化的严重问题。上下级法院机构之间、法院内部的运作和管理上，都具有高度的行政化特色，比如上下级法院间的案件请示汇报，法院内部实行审委会制度和案件审批制，造成案件的实际审理与案件的判决相分离。

对此问题，三中全会确定的思路可能是，主要通过健全司法权力运行机制来实现。比如，改革审判委员会制度，完善主审法官、合议庭办案责任制，规范上下级法院审级监督关系等。

较早前，广东的深圳、佛山等地曾探索审判长负责制，弱化庭长、副庭长对法官的行政管理职权，赋予审判长对审判团队的管理权及对所审理案件的裁判权。

今年10月下旬，最高法院下发关于深化司法公开、审判权运行机制改革的试点方案，要求在上海、江苏、浙江、广东、陕西等省市部分法院开展试点工作，其中的关键即包括消除审判权运行机制的行政化问题。

同期公布的《最高法院关于切实践行司法为民大力加强公正司法不断提高司法公信力的若干意见》，要求各级法院的院长、副院长、审判委员会委员、庭长和副庭长坚决支持合议庭和独任庭依法公正审理案件，上级法院坚决支持下级法院依法独立公正行使审判权的同时，还提出要不断健全保障人民法院依法独立公正行使审判权的制度机制。

自1997年中共十五大提出"依法治国，建设社会主义法治国家"，并正式提出"司法改革"以来，迄今中国的司法改革已开展了三轮。

1999年前后和2004年前后启动的两轮司法改革，相对比较强调司法的专业化和独立地位，尤其对"司法权地方化、审判行政化、法官职业大众化"这三大顽症颇有着力。2008年之后的一轮改革以"司法大众化"为核心，以"能动司法""大调解"等为主标签，出现了不同于前两轮的趋向，强调司法改革的"中国特色"，引起了法学界和法律界的争议。

新一轮司法改革，对司法机关依法独立行使职权的重视，意味着对前述的争议有了部分回应。

用司法保障人权

三中全会首次提出"完善人权司法保障制度"，此前类似提法主要出现在中国的对外人权对话以及官方相关的人权报告中。

此前，刑法修正案（八）取消13个经济性非暴力犯罪死刑，非法证据排除规则和死刑证据规定出台，刑诉法修订，以及2012年以来多起冤假错案的纠正、改革劳教制度和信访制度的信号等，都透露出部分积极气象。这也是此次三中全会公报所称的"完善人权司法保障制度"的方向与体现。

未来，健全错案防止、纠正和责任追究机制，严格落实非法证据排除规则，以及继续减少适用死刑罪名，都值得期待。而最重要的一步则是劳动教养制度的废止，并同时健全对违法犯罪行为的惩治和矫正法律，完善社区矫正制度。

20世纪50年代引入中国的劳教制度源于苏联，公安机关主导下的劳教管理委员会可以不须经法庭审讯定罪，即将劳教对象投入劳教场所实行最高期限为四年的限制人身自由、强迫劳动的处罚。

一方面是法律依据不足且违反宪法和上位法，另一方面是有违罪罚相当和程序正当等法治原则，且在实践中被广泛、严重滥用，劳教措施侵犯人权的问题已经是众矢之的，关于其存废或改革的讨论持续经年。

2012年10月9日，中国司法体制改革领导小组办公室负责人姜伟透露，国家立法机关正在研究具体的改革方案。今年1月的全国政法工作会议之后，全国各地陆续停止适用劳教。

10月23日，最高法院院长周强在一个会议上提出，"各级法院要积极配合劳教制度改革，探索完善轻微刑事案件快审快结机制，大力推进社区矫正工作，有效延伸审判职能，帮助罪犯早日回归社会"。

本次三中全会之后，劳教制度即将正式废除，也对相关善后工作提出了具体要求，包括将原来用劳教解决的部分轻微刑事犯罪纳入司法程序解决。

反腐全覆盖

新一届领导班子执政一年多，反腐败是亮点之一，也是推进改革的重要突破口。

2013年11月12日闭幕的中共十八届三中全会，对深化改革工作进行全面部署，反腐败亦是其中重要一环。

此次全会公报提出："坚持用制度管权管事管人，让人民监督权力，让权力在阳光下运行，是把权力关进制度笼子的根本之策。必须构建决策科学、执行坚决、监督有力的权力运行体系，健全惩治和预防腐败体系，建设廉洁政治，努力实现干部清正、政府清廉、政治清明。要形成科学有效的权力制约和协调机制，加强反腐败体制机制创新和制度保障，健全改进作风常态化制度。"

"打虎"卓有成效

"把权力关进制度的笼子里"这个表述，是习近平出任中共中央总书记后，于2013年1月22日，在中共第十八届中央纪委第二次全体会议上首次提出的。在该讲话中，习近平还要求，"要坚持'老虎'、'苍蝇'一起打，既坚决查处领导干部违纪违法案件，又切实解决发生在群众身边的不正之风和腐败问题"。

十八大后一年内：已有诸多腐败官员被查，其中包括11名副省级以上高官，"打虎"工作卓有成效。但更值得关注的是反腐败机制的完善与创新，一个关紧权力的制度笼子正在打造。

也是在中共第十八届中央纪委第二次全体会议上，中央纪委书记王岐山在工作报告中首次提出了"干部清正、政府清廉、政治清明"的要求，并强调采取有效措施加大预防腐败工作力度，加强对权力运行的制约和监督。就此，他特别指出了几个方面的内容，包括：加强对领导干部特别是主要领导干部的监督；进一步深化领导干部经济责任审计；突出巡视工作重点，改进巡视工作方式；完善纪检监察派驻机构统一管理等。

此后，十个中央巡视组于 2013 年 5 月底高调展开对内蒙古、江西、湖北、重庆、贵州以及水利部、中储粮、中国进出口银行、中国出版集团、中国人民大学的巡视，并对外公布联系信息。到 10 月初结束时，首轮巡视取得丰硕成果，其中包括贵州省委常委廖少华这样的"老虎"被查处。在首轮巡视的基础上，中央巡视组今年第二轮巡视于 10 月底展开，仍然是十个组，分别进驻山西、吉林、安徽、湖南、广东、云南、新华社、国土资源部、商务部、三峡集团，目前巡视工作正在进行中。

加大查巡力度的同时，新一届中央纪委还强力推进了信息公开化。9 月 2 日上午，中央纪委监察部网站正式开通，王岐山亲自到网站进行调研。根据该网站提供的组织结构图，中央纪委、监察部合署办公，内设 27 个职能部门，此外还有派驻纪检监察机构 53 个。这也是相关信息首次对全社会公开披露。

纵观十八大以来的反腐败轨迹，从习近平提出"八项规定"开始，不断加强作风建设，惩治"四风"（形式主义、官僚主义、享乐主义和奢靡之风）的同时，不断加大查处力度，"老虎""苍蝇"一起打，直到提出全面推进制度建设，通过改革防治腐败。

加强上级纪委对下级纪委的领导权

三中全会闭幕后，11 月 14 日，中央纪委召开会议，中央纪委副书记赵洪祝在会上传达，党中央高度重视加强反腐败体制机制创新和制度保障，因此"围绕深化和完善党的纪律检查工作双重领导体制、落实党风廉政建设责任制、全面落实中央纪委向中央一级党和国家机关派驻纪检机构统一管理、改进中央和地方巡视制度等重点改革任务"，要研究提出具体措施，积极稳妥推进改革工作。

这意味着，三中全会后，中共在反腐败的制度建设上将有更大规模的举措推出，其重点之一即"纪律检查工作双重领导体制"的落实和改进。

根据中共党章第 43 条的规定："党的中央纪律检查委员会在党的中

央委员会领导下进行工作。党的地方各级纪律检查委员会和基层纪律检查委员会在同级党的委员会和上级纪律检查委员会双重领导下进行工作。"从有利于反腐败工作开展的角度出发，加强上级纪委对下级纪委的领导，是重中之重。

上级纪委要真正发挥对下级纪委的领导作用，需要从事权和人权两方面着力。党章第44条规定："各级纪律检查委员会要把处理特别重要或复杂的案件中的问题和处理的结果，向同级党的委员会报告。党的地方各级纪律检查委员会和基层纪律检查委员会要同时向上级纪律检查委员会报告。"首先，要依此规定强化具体案件查处、线索发现等过程中，下级纪委向上级纪委的汇报程序，必要时上级纪委直接介入。

同时，上级纪委要对下级纪委的主要领导人选（如书记、副书记等）具有发言权，用好干部才能做好反腐败工作。

巡视工作范围应全面覆盖

早在今年8月27日，中共中央政治局会议就审议通过了《建立健全惩治和预防腐败体系2013—2017年工作规划》，规划中提出，"改进中央和省区市巡视制度"。

中共的巡视制度从1996年开始试点，2003年8月，"中央纪委、中央组织部"巡视组正式成立。当年12月中共中央颁发《中国共产党党内监督条例（试行）》，将巡视作为党内监督的十项制度之一，以党内法规的形式确定下来。2009年7月，又颁发了《中国共产党巡视工作条例（试行）》。2010年元旦前后，巡视组更名为"中央巡视组"。

2013年5月17日，在中央巡视工作动员暨培训会议上，亲自担任中央巡视工作领导小组组长的王岐山已提出要求，巡视工作应关口前移，"下沉一级"了解干部情况，要拓宽发现问题的渠道和途径。

三中全会后，进一步加强中央和地方巡视工作的力度是必然趋势，范围也将逐步实现全面覆盖，即所有的地方机关、权力部门，还包括企业事业单位，都将成为巡视的对象，最终实现天网恢恢，疏而不漏。

此外，落实中央纪委向中央一级党和国家机关派驻纪检机构统一管理，加强离任（甚至到在任）干部的审计监督，改进新任干部的公示制度等，也应是三中全会之后继续力推的重要举措。

还可以预见，从十八之后整顿"四风"以来，中央纪委不断要求干部廉洁自律、禁止公款吃喝禁止收受礼卡等将逐渐步入常态化、制度化。

反腐败是一场攻坚战、持久战。面对当前中国的制度性难题，通过反腐败来廓清吏治，并防止权力滥用，是全面推进深化改革工作的强有力保障。

厘清财政定国本

财政是国家治理的基础和重要支柱——三中全会公报空前提升财政的地位到国家治理的角度。"深化财税体制改革"紧随"转变政府职能"之后，彰显出中央深谙财政体制改革与转变政府职能之间的逻辑关联。财税体制改革的力度和进度，不仅影响财税领域自身，在很大程度上也决定着转变政府职能的进程和成效。

"这么强调财政的重要性，是以前没有过的。"财政部财政科学研究所副所长刘尚希说。

三中全会提出，必须完善立法、明确事权、改革税制、稳定税负、透明预算、提高效率，建立现代财政制度，发挥中央和地方两个积极性。要改进预算管理制度，完善税收制度，建立事权和支出责任相适应的制度。

表述虽精练，却涵盖了财税关键环节。财税法治化、完善税制、透明预算等近年来处于推进进程中的改革事项，需加力、加速推进。同时，公报提出"稳定税负""建立事权和支出责任相适应的制度"，则是对近年来争议激烈的事项做出表态。

财税体制改革将"完善立法"列为首要任务，切中财税改革要害。财税领域积累的诸多矛盾，根源在于财税法治化程度太低，政府收钱、花钱缺乏强有力的法律基础和监督约束机制。具体表现为18个税种有

15个没有通过全国人大立法，几万亿元转移支付名目繁多、寻租泛滥，审计监督问责不力，人大监督虚置，社会监督有名无实。

三中全会提出"必须完善立法"，意味着财税立法进程将加速。实际行动已开始，10月30日，十二届全国人大常委会公布五年立法规划，列入第一类立法项目的财税项目有《预算法》修改、《税收征收管理法》修改、《增值税法》等若干单行税法制定。

三中全会提出"稳定税负"，宣告中国财政收入将结束超经济增长状态，政府将以"松油门、不刹车"的方式保持财政收入增长和经济增长相适应。"稳定税负"对争议多年的"结构性减税"设了下限。同时，也宣告1993年提出的"提高全国财政收入占GDP比重"的进程终止，未来完善税制的增税改革和税收政策，也不能带来宏观税负的上升。

预算改革做强财政

政府预算不完整，政府收入大量游离于预算之外，难以形成统筹财力，也导致行政决策分散、效率低下、损耗和腐败严重。

三中全会提出，改进预算管理制度，实施全面规范、公开透明的预算制度。"全面"就是政府所有收支都须纳入预算，和"财政是国家治理的基础和重要支柱"这一定位相一致，"政府财政"将名副其实——未来的目标，政府收入和支出只有财政一个口。

目前，政府预算的债务存量和年度增量，都需立法机关审议批准。三中全会提出，审核预算的重点由平衡状态、赤字规模向支出预算和政策拓展。此举也是吸取国际金融危机的教训，强调立法机关对政府支出预算和政策的全面控制和监督，不再简单依赖审核债务余额和赤字率指标控制风险。

除了政府收入分散管理的弊端，政府预算内支出决策也高度碎片化。尤其是教育、科技、农业、文化卫生等领域的支出，均由法律、法规或规章规定，其支出经费的增长幅度，要高于国家财政经常性收入的增长幅度。

这些规定，等于用法律形式，将部分预算支出增幅固定赋予了上述相关部门，导致政府教育、科技、农业、文化卫生领域投入增长很快，但这些部门的服务质量却不能同步提高，绩效提升缓慢，不但公众怨声载道，也成了腐败寻租的重灾区。

三中全会提出，清理规范重点支出同财政收支增幅或生产总值挂钩事项，一般不采取挂钩方式。

对于如何解决地方政府债务问题，三中全会并未提出方案，但对债务管理制度建设有了明确目标。三中全会提出，建立跨年度预算平衡机制，建立权责发生制的政府综合财务报告制度，建立规范合理的中央和地方政府债务管理及风险预警机制。

对于改革转移支付制度，三中全会提出，完善一般性转移支付增长机制，重点增加对革命老区、民族地区、边疆地区、贫困地区的转移支付。中央出台增支政策形成的地方财力缺口，原则上通过一般性转移支付调节。

此外，清理、整合、规范专项转移支付项目，逐步取消竞争性领域专项和地方资金配套，严格控制引导类、救济类、应急类专项，对保留专项进行甄别，属地方事务的划入一般性转移支付。

过去十年，中国民生支出增长超过平均水平，但改善民生的资金，主要靠财政收入超高速增长保证。"稳定税负"意味着用增量财力保证增量民生已无法持续，必须寻找新的资金来源。

三中全会提出，划转部分国有资本充实社会保障基金。完善国有资本经营预算制度，提高国有资本收益上缴公共财政比例，2020 年提高到 30%，更多用于保障和改善民生。

税改兼补地方收入下降

完善税制的改革处于进行时，三中全会提出"改革税制""完善税收制度"，显示税方面改更多是加快既定改革进程。

作为 1993 年分税制改革后最重要的税制改革，营改增已到半途，中央和地方积极联动，有望 2015 年基本完成。近期目标，营改增将扩大到铁路运输和邮电通信行业。由中央主导制定的营改增方案，也会听取地方、企业和学界意见，适时完善，比如适当简化增值税税率。营改增后，增值税税率增加到 17%、13%、11%、6% 四挡和一挡 3% 的征收率，而国际上征收增值税的国家和地区，绝大多数税率为 1—2 挡，超过 3 挡的极少。

营改增导致一个新问题，就是地方主体税种——营业税最终将消失，地方税体系失去支柱呈碎片化。目前，营业税收入 1.5 万多亿元，占全国税收总收入的比重为 15.6%，虽然部分收入归中央，但依然是地方第一大税种，营改增后采取收入返还地方的临时性措施，但这种方式难以持续。

因此，完善地方税体系，已属难以回避的任务。下一步税改将按双目标推进，一是完善税种制度，二是为地方设置主体税种，并设法提高地方税收收入，弥补营改增导致的收入减少。

在国际税收实践中，财产税、销售税一般是地方政府重要的收入来源。政府和学界的共识，一个大原则是，逐步提高直接税比重，降低流转税比重，优化税收收入结构，以利于税收促进社会公平、促进经济结构转型。

作为具体改革，三中全会提出加快房地产税立法并适时推进改革。此项改革过去十年的推进未达社会和政府预期，效果也未彰显。因为对个人财产征税，若严格按《立法法》的规定，必须先完成立法才能正式征收。目前，房产税主要对经营性房产征收，规模仅为 1300 多亿元，仅占税收总收入的 1.4%。学者测算，若全面征收房地产税，短期内也难以弥补营业税留下的缺口，房地产税收入趋势是缓慢增加。

因此，短期内，必须找到一个规模较大的税种，作为地方主体税种。学界建议，将目前属于中央的消费税转为地方税种。自 2009 年后，消费税收入占全国税收总收入的比重一直维持在 8% 左右。三中全会并未明确提出具体方案，但对下一步改革消费税提出了铺垫，认可了由财政部、国税总局提出的改革措施，即调整消费税征收范围、环节、税率，把高耗能、高污染产品及部分高档消费品纳入征收范围。方向是扩大消费税征收范围并提高税负，征收从生产环节转移到批发或零售环节，消费税占比将呈上升趋势。

此外，加快资源税改革，扩大资源税征收范围并提高税负，也是完善税制的同时，提高地方尤其是中西部税收收入的一项改革。推动环境保护费改税，开征环境保护税，这一改革虽然可为地方新增一个税种，但并不增加收入。费改税的思路，意味着开征新税的同时要取消环境收费，按以往费改税的惯例，会遵循改革前后企业总负担不变的原则。

个人所得税改革，将坚持2003年确定的目标：逐步建立综合与分类相结合的个人所得税制度。

三中全会提出"完善立法"，要义之一就是提高税收法治水平。

同时，完善国税、地税征管体制。将进一步理清国税、地税两套税务体系的责权，继续保持国税、地税两套征管体系。

明确事权优先

中央和地方的收入和支出关系，自1993年分税制改革后几无大的调整，积弊日深。三中全会提出"明确事权""建立事权和支出责任相适应的制度"，显示改革将聚焦于"事"而非"财"。

三中全会对中央和地方关系的重视符合预期，但提法却出乎预料。此前，社会和学界呼吁最多的是"中央向地方下放财权或给予更多财力"，聚焦点在于调整中央和地方之间的收入。但三中全会公报，毫无疑问将明确中央和地方的事权与支出责任放在首位；作为对"明确事权"的补充，提出"建立事权和支出责任相适应的制度"，目标是解决中央和地方的事权与支出责任的缺位、越位和错配。

近年来，经济学界"事权和财权相匹配"的呼声逐年高涨，而一些财税领域的学者强调"事权和财力相匹配"，也有学者认为应"支出责任和财力相匹配"。中共十八大报告则提出，"健全中央和地方财力与事权相匹配的体制"。

财政部财科所所长贾康今年提交的研究报告提出，"财权与事权相

增值税贡献最大
2012年中国主要税种收入

单位：亿元

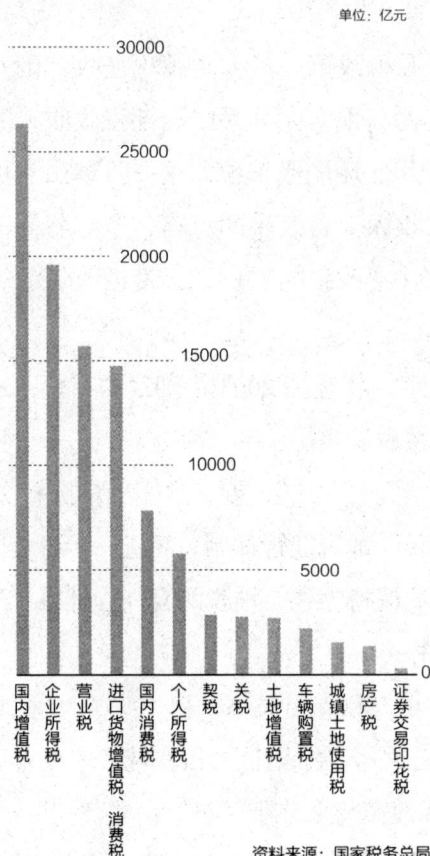

资料来源：国家税务总局

顺应、财力与支出责任相匹配"。他认为，两者属递进关系而非并行关系，两方面都十分重要、不可偏废。

国税总局原副局长许善达向财新记者透露，他所提的建议是财力与一定财权、支出责任相匹配。他认为，地方要有一定的立法权和征收权，这些一定的财权和它的财力、支出责任匹配。仅有财力与事权匹配，逻辑上地方可以不用自己征收税收了，花钱都由中央批，这样地方的财力也能匹配。

最终，三中全会提出"建立事权和支出责任相适应的制度"。显然，这一提法综合考虑了上述各方观点，但对争议较大的财权、财力和事权、支出责任相互之间的关系未做表述。

争议较大就保持现状。三中全会提出，保持现有中央和地方财力格局总体稳定，结合税制改革，考虑税种属性，进一步理顺中央和地方收入划分。

而对于事权和支出责任划分，已不能再拖延。财政部部长楼继伟认为，1993年的税制和分税制改革，因客观条件约束，未触动政府间事权和支出责任划分，而是承诺分税制改革后再来处理。十几年来，这一改革进展有限，政府间事权和支出责任划分基本沿袭了1993年以前中央与地方支出划分的格局。

楼继伟指出，在政府间事权和支出责任的划分方面已积累了不少矛盾。从中央支出占比和中央公务员占比都明显偏小的事实看，中央政府没有担负起应负的管理责任是问题的关键，中央应该管理的事务，放到地方去做，与外部性和激励相容原则不一致，地方往往没有积极性。一些应由地方管理的事项，中央却介入过多，影响地方自主权，却又受信息复杂性等因素影响未必能够做好，反而会让地方从这些领域退出，甚至会出现中央越关心的支出事项地方越不管的现象。建立事权与支出责任相适应的制度，正中此弊。

对于事权划分的原则，三中全会提出，建立事权和支出责任相适应的制度。适度加强中央事权和支出责任，国防、外交、国家安全、关系全国统一市场规则和管理等作为中央事权；部分社会保障、跨区域重大项目建设维护等作为中央和地方共同事权，逐步理顺事权关系；区域性公共服务作为地方事权。

对于支出责任的承担原则，三中全会提出，中央和地方按照事权划分相应承担和分担支出责任。中央可通过安排转移支付将部分事权支出责任委托地方承担。对于跨区域且对其他地区影响较大的公共服务，中央通过转移支付承担一部分地方事权支出责任。

投资去审批化

对"以开放促改革"试验田的中国（上海）自由贸易试验区，市场关注的焦点之一就是负面清单。尽管前期试验中，这一清单主要针对外商投资项目，在开放程度上也颇受质疑，但这一模式将成为撬动投资体制改革的支点，迅速推广至国内。

一位参与三中全会文件准备工作的政府智囊机构人士对财新记者称，虽然现在负面清单是针对外商而言，但未来的私营民营企业也将适用这一模式。三中全会上通过的《中共中央关于全面深化改革若干重大问题的决定》，在此方面还会有新的内容，体现以开放促改革的思路。

他认为，这一模式"法不禁止即可进入"，对原有的投资管理模式是根本性改变，对转变政府职能、减少行政审批意义重大。

核准范围缩减

三中全会提出，经济体制改革的核心问题，是处理好政府和市场的关系，使市场在资源配置中起决定性作用和更好发挥政府作用。推进行政审批制度改革，被认为是简政放权的突破口之一。

中国自2004年开始推行新一轮投资体制改革，目标之一是改革政府对企业投资的管理制度，提出对于企业不使用政府投资建设的项目，一律不再实行审批制，区别不同情况实行核准制和备案制。其中，政府仅对重大项目和限制类项目从维护社会公共利益的角度进行核准，其他项目无论规模大小，均改为备案制。

作为严格执行政府核准制的相关措施，政府出台了《政府核准的投资项目目录》，该《目录》外的企业投资项目，实行备案制，除国家另有规定外，由企业按照属地原则向地方政府投资主管部门备案。

盘点新一届政府上台后的工作不难发现，对投资核准松绑已有准备。

今年3月中央政府发布《国务院机构改革和职能转变方案》，提出要在2015年"基本完成投资体制改革"，按照"谁投资、谁决策、谁收益、谁承担风险"的原则，最大限度地缩小审批、核准、备案范围，切实落实企业和个人投资自主权。中国投资协会会长张汉亚称，这将是经济体制改革五大组成部分中第一个宣布"基本完成"的改革。

随后4月24日的国务院常务会议上，第一批先行取消和下放71项行政审批项目等事项，重点是投资、生产经营活动项目。

作为制度化保障，9 月 25 日国务院常务会议专门提出，修订政府核准投资项目目录。原则是缩小核准范围，对市场竞争充分、企业有自我调节和约束能力、可通过经济和法律手段有效调控、符合结构调整方向、有利于防止产生新的过剩产能的项目，由核准改为备案。同时，将仍需由政府核准，但可通过规划、产业政策、技术标准等引导和调控的项目下放给地方，增强就近监管能力。对已下放核准权的项目，相应调整相关前置审批权限，以提高效率。

经过这次修订，《政府核准的投资项目目录（2013 年本）》共取消、下放和转出涉及企业的投资核准事项 40 多项。

梳理已公布的取消和下放行政审批事项，国家发改委、工信部、新闻出版广电总局、交通运输部、商务部均有与投资相关的内容。国家发改委秘书长、新闻发言人李朴民 10 月中旬表示，取消核准改为备案，主要涉及设备制造和加工业项目；下放审批权限的，主要是不涉及跨地区、跨行业、跨领域，不涉及综合平衡、重大布局的交通、能源项目和原材料项目。

同时，考虑到随着近年来一些发达经济体虚拟经济泡沫的破裂，回归实体经济已成为各国的共识，国际产业分工将会发生深度变化，调整了外商和境外投资类核准权限。商务部取消了石油、天然气、煤层气对外合作合同审批、境内单位或者个人从事境外商品期货交易品种核准。

取消和下放企业投资项目核准事项，意味着相关行业领域的市场放开或者门槛放宽，有利于充分激发市场主体的动力和活力，增强经济发展的内生动力。

对下一步的投资管理，李朴民称，按照"谁投资、谁决策、谁收益、谁承担风险"的原则，最大限度地缩小审批、核准范围，进一步落实企业投资自主权。同时，抓紧修订出台投资项目核准管理办法和备案制指导意见，规范各级发展改革部门的核准、备案行为，并对取消和下放行政审批事项加强后续监管。

一些原则在上海自贸区的试验中已经开始实行。上海自贸区实施负面清单管理模式，对负面清单之外的领域，将外商投资项目核准改为备案制，将外商投资企业合同章程改为备案管理。这一模式被视作上海自贸区在投资管理体制上的制度创新，"可复制、可推广"，兼具"以开放促改革"。

在国内投资实行负面清单管理，不仅符合今年以来投资管理的发展趋势，而且与正在推进的政府职能转变密切相关。从前期的取消、下放标准看，负面清单可能会包括涉及国家安全、跨区域重大布局、战略性资源开发、影响生态环保等的项目，其余领域都将取消审批、核准。

转向事中事后监管

缩减审批核准范围，实行负面清单投资管理方式，需要政府转换角色。9 月 25 日的国务院常务会议指出，减少核准和行政审批事项，不仅使企业在更大程度上拥有投资"拍板权"，把投资引向能够促进经济结构调整的领域，又可让政府腾出更多精力，加强事中事后监管，管好该管的事。

张汉亚 6 月撰文指出，目前政府在投资宏观管理方面的主要弊病在于政出多门。各级政府的投资主管部门、财政部门和各有关专业部门都具有一定的投资管理职能，而且职能交叉，缺乏统一协调机制。

投资涉及土地、环保、规划、金融等多方面内容，投资体制融合在行政管理体制、规划体制、财政体制、金融体制、市场和价格体制、企业体制等各种体制之内，并受其制约。

"投资体制改革进展缓慢的重要原因是各种体制的改革难以与其配套。"张汉亚认为，要改变上述状况，必须建立齐抓共管的协调机制，实现各部门对投资的管理体制配套、信息共享，相互监督，相互制衡，包括对一些政府部门的投资管理职能重新定位。

李朴民强调，在取消和下放行政审批事项的过程中，要坚持权力和责任同步下放、调控和监管同步强化。充分发挥法律法规和发展规划、产业政策、技术政策、准入标准、用地政策、环保政策、信贷政策等的综合作用，加强政策工具间的协调配合，发展改革、国土资源、环境保护、城乡规划、金融监管等部门按照职能分工，依法加强对投资项目的监管。同时，加快配套改革和法治建设，特别是长效机制的建设，在积极有序推进"放"的同时，加强调控监管，切实做到放、管结合。

此外，投资是为未来发展做准备的经济活动，信息是企业决策的基本依据，中国经常出现产品过剩或短缺的一大原因是信息缺乏和不对称。

张汉亚认为，政府具有掌握全面信息的条件和能力，必须承担起信息导向的责任。这需要政府建立投资信息发布制度和培训制度。通过汇总项目审批、核准、备案的情况，在其管理范围内定期公开发布有关行业、地区主要产品投资建设的情况和未来市场产品供需的预测信息、产业技术发展和应用信息。

"国家应该建立并且不断完善投资决策支持系统，充分利用现代计算机和网络系统，将与投资决策有关的信息汇总，供各类投资者查询和参考。"张汉亚说。

国企亦有改

11月12日十八届三中全会公报全文发布后，不少人对其未明确提及国企改革持批评态度，认为三中全会掀起的这场全面深化改革浪潮将在国企改革方面"举措保守"。但数日后发布的《决定》表明，尽管坚持公有制经济的主体地位，当局仍试图释放市场力量，倒逼激发国有企业活力，并在机制上对国资国企进行系列松绑式改革，民营企业亦机会在前。

更为市场化的国企改革方向

公报关于国有企业有一整段论述："全会提出，公有制为主体、多种所有制经济共同发展的基本经济制度，是中国特色社会主义制度的重要支柱，也是社会主义市场经济体制的根基。公有制经济和非公有制经济都是社会主义市场经济的重要组成部分，都是我国经济社会发展的重要基础。必须毫不动摇巩固和发展公有制经济，坚持公有制主体地位，发挥国有经济主导作用，不断增强国有经济活力、控制力、影响力。必须毫不动摇鼓励、支持、引导非公有制经济发展，激发非公有制经济活力和创造力。要完善产权保护制度，积极发展混合所有制经济，推动国有企业完善现代企业制度，支持非公有制经济健康发展。"

兴业证券首席宏观分析师王涵认为，公报显示大的方向变化不大，外界猜测的国企改革会低于预期。《华尔街日报》的报道中，将中国大型国有企业称为三中全会的主要赢家。

万达集团董事长王健林更直截了当地表示："这一次比较遗憾的是在现有的国有企业改革方面没有提出更有针对性的措施，大家以为这次国有企业一定会动刀，这一点是大家比较失望的。"

然而，纵观整份公报，将关于国有经济的简要论述放置在全面深化改革的重点和核心问题之下，会发现"公有制为主体"这一句"老生常谈"，有了"使市场在资源配置中起决定性作用"的限定，和"公有制经济和非公有制经济都是社会主义市场经济的重要组成部分，都是我国经济社会发展的重要基础"成为并列关系。人们注意到，"市场在资源配置中起决定性作用"而不是"基础性作用"，以及公有制经济与非公经济都是重要组成部分和重要基础，都是在党的文件中第一次提出。

事实上，国务院国资委官网于 10 月 31 日登载了国资委副主任黄淑和 10 月 20 日出席全国国资监管政策法规暨指导监督工作座谈会时所做的讲话，其中对三中全会的国企改革思路已有吹风，黄淑和说道："即将召开的十八届三中全会，将对进一步深化国有企业改革做出新的部署……要牢牢把握政企分开、政资分开的改革方向，立足现行国有资产管理体制，进一步完善以资本为纽带的国有资产出资人制度，夯实国有企业作为合格市场主体的体制基础。要认真研究推行公有制多种实现形式的政策措施，根据放宽市场准入、发展混合所有制经济的改革要求，推动企业在改制上市、兼并重组、项目投资等方面，积极引入民间资本和战略投资者，全面推进国有企业公司制股份制改革。要根据企业产权结构和组织形式的变化，加快现代企业制度建设，进一步完善法人治理结构，推进规范的董事会建设，建立健全决策失误责任追究制度，加快形成适应市场竞争要求的企业管理体制和经营机制。要研究界定监管企业的功能定位，深入探索分类监管的途径和方式，提高国有资产监管的针对性和有效性，进一步激发国有企业活力。"

从三中全会公报和黄淑和的讲话中，可以基本判断出三中全会后国企改革的大致思路：将国企下一步的改革方向，定位于以市场的手段让国企成为合格的市场主体。为此，需要通过建立完善统一开放、公平竞争、由市场决定资源配置和价格形成的现代市场体系，推动国有企业进行公司制改革，完善现代企业制度；在分类界定不同国企功能和性质的基础上，完善国有资产管理体制；除个别涉及国家安全和经济命脉的国有企业外，积极吸引民间资本和战略投资参与国企的股份多元化改革，发展混合所有制经济，让国有企业兼具国资的实力与民企的活力。

"经济改革总体上是更市场化的方向，之前几年的'国进民退'局面会有所扭转。"国际金融论坛城镇化研究中心主任易鹏分析称，"国有企业尽管控制力还会谈，但会鼓励民资的股权进入。"

四句关键的话

值得注意的是公报中有关公有制经济段落的最后四句话，"要完善产权保护制度，积极发展混合所有制经济，推动国有企业完善现代企业制度，支持非公有制经济健康发展"。

"完善产权保护制度"，显然是给害怕国资无限度扩张的民营企业家吃的一颗定心丸。产权亦即财产所有权，是经济所有制关系的核心问题。2004年全国人大通过宪法修正案，保护私产入宪，但过去几年"国进民退""矿业重组"，尤其是浙江吴英案、湖南李途纯案以及重庆"打黑"的民企资产处置等案例中私有财产权遭遇侵害的质疑，让民间进一步保护非公经济产权的呼声日高。三中全会后，非公经济财产权能否与公有制经济财产权获得同等的"不可侵犯"保护，能否获得同等待遇参与市场竞争，将是完善产权保护制度的核心议题。

"积极发展混合所有制经济"，是三中全会召开期间引起热议的国企改革话题。11月11日《中国日报》曾报道说，国务院国资委企业改革局局长白英姿称民间投资人可以成立私募股权集团，购买国企10%～15%资产的直接股权。《中国日报》援引白英姿的话称，"国有企业可能对大多数私人企业来说，投资财力的门槛比较高，这些企业可以联合起来入股"。他称这次改革是向国企注入民间资本的一次试水。但随后国资委表示，《中国日报》对白英姿的观点表述存在较大误解，关于民间资本可最高持有国企15%股权的报道失实。

尽管国资委迅速辟谣，但《中国日报》的报道显非空穴来风，"较大误解"很可能只是记者将白英姿就民间资本购买国企股份比例所打的比方误以为真。事实上，不仅黄淑和在10月20日的吹风中明确了发展混合所有制经济的改革要求，9月6日国务院总理李克强主持召开的国务院常务会议，在听取全国工商联对国务院关于鼓励和引导民间投资健康发展有关政策措施贯彻落实情况的评估汇报后，会议亦指出："尽快在金融、石油、电力、铁路、电信、资源开发、公用事业等领域向民间资本推出一批符合产业导向、有利于转型升级的项目，形成示范带动效应，并在推进结构改革中发展混合所有制经济。"

早在1997年十五大报告中，就提出公有制实现形式可以而且应当多样化，十六大报告更明确"除极少数必须由国家独资经营的企业外，积极推行股份制，发展混合所有制经济"。张卓元将混合所有制称为"经过多年的探索和实践，我们终于找到的能够同市场经济相结合的公有制（包括国有制）的有效实现形式"。根据国务院国资委的统计，到今年9月底，引入民间投资的混合所有制企业占中央企业及其子企业户数的57%。但混合所有制国企主要出现在地方国资和中央企业的二三级子公司身上，绝大多数中央企业在母公司层面仍是国有独资企业，没有一家有民资入股。这主要是因为国资委监管的110多家央企母公司净资产太大。

从目前有关方面的表态看，三中全会后，非公有制企业参与国有企业改革将受到鼓励，甚至可望出现由非公资本控股的混合所有制企业。

不过，基于现实考虑，民营企业更盼望的是允许他们投资、参股或控股国有企业的投资项目，包括在部分国有垄断领域。这一方面今年已有破冰。8 月 19 日国务院发布的《关于改革铁路投融资体制加快推进铁路建设的意见》，即首次向地方政府和社会资本放开城际铁路、市域（郊）铁路、资源开发性铁路和支线铁路的所有权、经营权。这意味着，此四类铁路项目可以由社会资本完全控股，独立运营，并享有所有权。

"推动国有企业完善现代企业制度"，这亦是国有企业一直以来的改革方向，早在 20 年前的十四届三中全会通过的《中共中央关于建立社会主义市场经济体制若干问题的决定》中即明确提出转换国有企业经营机制，建立现代企业制度。目前，"三会一层"（股东会、董事会、监事会、经理层）的公司治理结构在我国国有企业已普遍建立，但国企普遍存在所有者缺位、"内部人控制"现象突出、董事会运作不规范、监事会难以发挥应有监督作用、经理层缺乏激励和约束机制等问题，铁路、石油等行业的国资企业近年来出现的腐败窝案即是明证。如何健全有效制衡的公司法人治理结构，提高监管有效性，如何建立针对国有企业经理人的长效激励和约束机制，是"推动国有企业完善现代企业制度"必须直面的问题。有接近国务院国资委的人士告诉财新记者，原中石油和国资委负责人蒋洁敏案明朗后，针对性的反思与亡羊补牢的政策完善或将展开。

如果允许非公资本持股国有企业形成混合所有的股份制公司，则按照市场标准给予员工和经理人相应的薪酬待遇和薪酬结构，以及实施股权激励制度，允许员工持股，也应是题中应有之义。

热议多时的划拨部分国有资产充实社保基金，也将做实，此次也出现在《决定》之中。中国证监会原主席郭树清去年曾建言，划拨 30% ~ 50% 的国有资产，包括国有银行、国有保险资产，到社保基金。

英国《经济学人》杂志最近也指出，国有企业改革的最佳做法是把国企所有权转到社保基金名下，国企的董事会成员由社保基金任命。这样既可以起到改善民生的作用，亦能提升公司治理和董事会规范运作水平。

市场经济升级

"对市场作用的新表述，是一个质的变化，是重大突破和完善社会主义的理论创新。"中国经济体制改革研究会名誉会长高尚全 11 月 13 日接受财新记者采访时说，这为今后完善社会主义市场经济体制、全面社会改革打下了理论上的基础。

5000 字的全会公报中，"使市场在资源配置中起决定性作用"的新表述引人关注。

从中国提出建立社会主义市场经济体制起，市场在资源配置中起"基础性作用"的提法，已经沿用 20 余年。市场在资源配置中的作用如何实现从"基础性"到"决定性"的转变，还有赖于全会公报提出的现代市场体系、宏观调控体系的建立，牵涉到要素市场、国有企业、非公有制经济、财税体制、政府治理甚至法制建设和权力约束机制等多项改革措施的出台和落实。

从"基础性"到"决定性"

如何理顺政府与市场的关系，是贯穿中国经济体制改革 35 年的核心问题。从最初讳言"市场"一词，到十二大提出"市场调节为辅"，再到十四大明确提出建立社会主义市场经济体制的目标，决策部门、学界和舆论界经历了多年的争执激辩，经济政策也几经探索和反复。

2012 年 11 月的十八大再次提出，经济体制改革的核心问题是处理好政府和市场的关系，必须更加尊重市场规律，更好发挥政府作用。

从公报看，十八届三中全会以市场在资源配置中起"决定性作用"替代"基础性作用"。

"这很明确地显示，在政府与市场的关系中，是往市场方面倾斜的。"张卓元接受财新记者采访时指出，市场经济本身就是价值规律起决定作用，现在用"决定性作用"的提法，比原来更明确。

国家信息中心经济预测部宏观室主任牛犁认为，提法的变化意味着对市场作用认识的再深化、再提高。中国曾先后提出建立、完善社会主义市场经济，但到现在市场经济并没有真正成熟和完善起来，还要进一步通过改革完善发展。

中国对市场经济的认识经历了逐渐深化的过程。最初，十四大提出"使市场在社会主义国家宏观调控下对资源配置起基础性作用"；一年后的十四届三中全会去掉了"社会主义"四个字；2003年的十六届三中全会提出"更大程度地发挥市场在资源配置中的基础性作用"，去掉了"在国家宏观调控下"的前提。

曾参与十六届三中全会公报起草的高尚全说，当时提出国家宏观调控作为市场的前提条件不科学，因为不能每一项市场化的改革都要在政府调控下进行，资源配置的主体是市场而不是政府。

尽管认识逐渐深化，近年来还是有不少政府直接插手甚至政府说了算的现象。

张卓元说，之所以要用"决定性作用"替代"基础性作用"，跟前一段时间和现在政府直接配置资源过多、对微观经济干预过多有关系，所以要强调市场的决定作用，今后要从广度、深度上进一步推进市场化改革。

同时，全会公报还提出"更好发挥政府作用"。

张卓元指出，除了政府越位问题，还要解决政府缺位问题，做好政府本来应该做好但做得不够的事，比如宏观调控、市场监管、提供公共服务、搞好社会治理、环境保护等职能。

对于政府的角色和作用，牛犁的理解是，政府该做的是创造统一开放、竞争有序的市场环境，"是市场环境的守夜人，而不是直接入场比赛的选手"。把以往更多是"大政府、小市场"的概念反过来，向"大市场、小政府"转变，这是关键。

北京大学国家发展研究院教授、财新传媒首席经济学家黄益平也认为，这明确了社会主义市场体制是以市场为核心，政府支持这一体系的运转，"实际上是要约束权力"。

处理好政府与市场的关系，让市场发挥决定作用，还需要进一步改善宏观调控。公报提出，要健全宏观调控体系，全面正确履行政府职能，优化政府组织结构，提高科学管理水平。

张卓元说，宏观调控的任务，还是强调总量平衡和重大结构协调，防止大起大落，保持宏观经济稳定。

十六届三中全会对宏观调控体系的定义是，国家计划和财政政策、货币政策等相互配合，国家计划是制定财政政策和货币政策的主要依据。

国务院发展研究中心为三中全会提交的改革方案指出，过去十年，宏观调控方式非但没有随着经验的成熟而得到改善，反而进一步退化为直接调控、行政调控，甚至干脆是微观干预。

"此前的宏观调控缺乏一些基本科学，包括科学的原理、科学的逻辑、科学的历史经验总结。"北京大学国家发展研究院教授卢锋认为，现在提出这个思路，可能是对过去的宏观调控有一些反思和总结。

时隔十年，"国家计划"的色彩显然有必要淡化。政府在宏观调控中的角色应逐渐向制定发展战略、规划转变。为减少地方政府对经济的干预，在官员考核和擢升体系中，应适度淡化增长目标，并考虑在任期间资源消耗、环境污染、产能过剩、债务负担等指标是否恶化。

牛犁认为，宏观调控要科学决策，根据经济周期进行合理调整，熨平周期。如果干预过多，反而加剧经济波动，这显然不是现代宏观调控应该得到的结果。

保持期待

从公报看，此次全会较为清晰地梳理了各项改革环环相扣的逻辑关系：经济体制改革是全面深化改革的重点，要发挥经济体制改革的牵引作用；经济体制改革的核心问题是处理好政府和市场的关系，使市场在资源配置中起决定性作用并更好发挥政府作用；建设统一开放、竞争有序的市场体系，是使市场在资源配置中起决定性作用的基础。

牛犁指出，目前中国各地之间、中央和地方之间的市场是分割的，存在不正当竞争的垄断割据，地方保护非常严重，下一步要继续完善统一开放、竞争有序的市场体系。

当前市场体系的问题，还包括不同所有制企业在市场准入、资源配置、参与市场竞争、产权保护等方面遭受到不公平待遇或者以潜规则形式存在隐性壁垒。

公报突出强调公平、公正地对待各种所有制经济。

关键变化是，首次提出公有制经济和非公有制经济都是"社会主义市场经济的重要组成部分"和"我国经济社会发展的重要基础"。

牛犁指出，以往非公有制经济只是"必要的、有益的补充"的从属地位，现在变得跟公有制经济同等重要了。因为从创造就业、支撑GDP增长和增加税收来看，非公经济的比例都已经大幅提升，有些指标甚至超过公有制经济。

张卓元认为，对非公经济地位和作用进一步的充分肯定，意味着对非公经济的政策将延续"非公经济36条"的思路，继续放宽。

公报中关于基本经济制度的段落，重申了"两个毫不动摇"，与十六大的提法相比有微妙变化。

在"必须毫不动摇巩固和发展公有制经济"之后，加了"坚持公有制主体地位，发挥国有经济主导作用，不断增强国有经济活力、控制力、影响力"。在"必须毫不动摇鼓励、支持、引导非公有制经济发展"之后，加上了"激发非公有制经济活力和创造力"。

牛犁认为，公有制经济的表述跟以前相同，但这里更强调第二个"毫不动摇"，激发非公经济活力。下一步肯定要加大市场化改革力度，使得非公经济与公有制经济地位平等。

近年来，有些民营企业家在实业领域投资积累一定规模的资金后，转向炒房、炒股、高利贷、投资或移民海外，根源都在于他们担心产权得不到充分的保护。全会明确提出"完善产权保护制度"，希望能从法律层面保障非公有制经济财产权，使其得到跟公有制经济同样不可侵犯的保护。

与以往只强调市场配置资源的效率不同，全会公报提出"着力清除市场壁垒，提高资源配置效率和公平性"。

在牛犁看来，公平性主要指不同市场主体之间的公平。目前国有企业有优势，非公经济面临市场壁垒，包括行业、部门、行政垄断等。"如果国企亏损了政府给补上，民营企业亏了自己兜着，这是不公平的市场体系，必然因为政策倾斜导致要素资源配置偏向于国企，例如贷款。"

对于公报提出的"建立公平开放透明的市场规则，完善主要由市场决定价格的机制"，兴业银行首席经济学家鲁政委认为，从眼下情形来看，国有企业改革其实在相当大程度上决定着"公平开放透明"的市场规则是否能够真正建立。

标准普尔信用分析师陈锦荣认为，政策制定者试图在维持国有企业主体地位的同时，显著提高资源配置效率。要同时达成上述两个目标，需实施重大改革，以确保中央政府恰当处理与国有企业的关系，"当前的情况与此还有较大差距"。

发展混合所有制经济并非新概念，十年前的十六届三中全会就曾提出，过去十年也取得了一定的进展。

中央财经工作领导小组办公室副主任杨伟民接受《人民日报》采访时说，今后既要发展国有资本控股的混合所有制经济，也要鼓励发展非公有制经济控股的混合所有制经济。

公报提出的"完善主要由市场决定价格的机制"，显然是市场起决定性作用的题中应有之义，也是20世纪80年代初开始的价格改革之目标。但是，时至今日，水、电、天然气、石油、电信等领域的价格仍未完全放开，即便是这些领域一些竞争性环节的定价，政府干预也依然存在。

11月13日下午，国家发改委主任徐绍史在传达十八届三中全会精神时提到，"对我委牵头推进的投融资、资源性产品价格等重大改革，要下更大的精力，深入研究，扎实推进"。

（原载财新《新世纪》2013年第44期）

第二章

现实聚焦：忧思与建言

中国土地制度的问题与改革

国务院发展研究中心农村经济研究部副部长　刘守英

中国土地制度的特色与弊病

与世界各国和地区相比，中国的土地制度独具特色。伴随着经济社会发展，这套土地制度出现了一些弊端，而且，以土地支撑的经济发展模式，存在不协调、不健康、不可持续的问题。

中国土地制度的基本特征

（一）实行社会主义公有制基础上的所有权与使用权相分离的土地权利制度。中国土地权利制度由以下四方面构成：第一，实行社会主义土地公有制。任何组织或者个人不得侵占、买卖或者以其他形式非法转让土地。第二，土地国有制和土地集体所有制并存。城市土地以及矿藏、水流、海域、森林、山岭、草原、荒地、滩涂等自然资源属于国家所有。除法律规定属于国家所有以外的农村和城市郊区土地、宅基地和自留地、自留山，以及法律规定归集体所有的土地和森林、山岭、草原、荒地、滩涂，属于集体所有。第三，土地所有权与土地使用权相分离。农村土地采取承包经营制度，赋予农民长期而有保障的土地使用权。国有土地在国家所有前提下，土地使用权人有依法占有、使用及取得收益和转让、出租、抵押其土地使用权的权利。第四，尊重和保护土地财产权。国家依据《宪法》《物权法》《土地管理法》《农村土地承包法》等对土地权利加以规范与保护。在土地所有权不变的前提下，以完善和强化土地用益物权为重点，保护土地使用者的土地权利。

（二）采取以耕地保护为目标、用途管制为核心的土地管理模式。根据人多地少的基本国情，中国把粮食安全和耕地保护摆在首要地位。1998 年修订《土地管理法》时，将国外行之有效的用途管制制度引入并写进法律，提出"十分珍惜、合理利用土地和切实保护耕地是我国的基本国策"。通过一系列制度安排，实行最严格的耕地保护制度。通过编制土地利用总体规划、划定土地用途区、确定土地使用限制条件，严格限制农用地特别是耕地转为建设用地。

（三）建立政府主导、市场机制为主的土地资源配置方式。中国土地资源配置制度包括以下内容：第一，国有土地实行划拨供应和有偿使用的双轨制。除国家机关用地和军事用地、城市基础设施用地和公益事业用地、国家重点扶持的能源交通水利等基础设施用地实行划拨供地外，其他各类建设用地一律实行出让、租赁、作价出资或者入股等有偿使用方式。第二，经营性土地实行政府独家垄断下的市场配置。工业、商业、旅游、娱乐、商品住宅等经营性用地以及同一土地有两个以上意向用地者的，采取招标、拍卖、挂牌公开竞价的方式出让。第三，国有土地使用权人可以依法租赁、作价出资（入股）、转让、抵押土地。

（四）确立以集中统一管理为主的土地行政管理体制。1986 年以前，中国土地由多部门分散管理。1986 年，针对"以块为主"土地管理体制出现的问题，建立了全国城乡地政统一管理体制。1998 年以土地用途管制取代分级限额审批管理，将农用地转用和土地征收审批权限上收到国务院和省级政府。2004 年进一步理顺省级以下国土资源管理体制。2006年建立国家土地督察制度。至此，对土地相对集中管理、自上而下监督的土地统一管理模式基本形成，即国务院国土资源行政主管部门统一负责全国土地的管理和监督工作，实行国家、省、市、县四级管理，在领导班子管理体制上，实行中央与省双层管理、省级以下垂直管理的体制。

中国土地制度的弊端

伴随经济社会发展，这套土地制度出现以下主要弊端：

（一）在产权安排上，存在权利二元和权能残缺。在社会主义公有制下，实行农村土地集体所有和城市土地国有的所有制架构，村社集体成员只对承包土地拥有农地农用下的使用、收益和转让权；农地转变为市地时，由市县政府实行征收与转让，用地单位（地方政府、企业、其他单位等）在获得土地使用权后，拥有规划控制下的经营权、收益权和转让权。两种土地所有制具有完全不同的土地权利，分属不同的法律体系管理，尤其是政府成为市地的所有者和产权控制者。

（二）在市场形式上，存在不同主体的进入不平等。土地市场处于城乡分割状态，农村集体土地以村社为边界，集体成员可准入；农地流转主要处于非正规交易状态；不同类型的农村土地（承包地、宅基地、集体建设用地、非耕地）按不同准入规则进入市场。城市土地由地方政府独家垄断土地供应、转让与回收；土地交易处于卖方垄断下的买方竞争状态。不同类型用地（公共目的建设用地、工业用地、经营性用地）按不同方式出让。由此造成土地价格扭曲和资源配置低效。

（三）在土地增值收益分配上，存在相关利益主体得失不公的情况。土地增值收益分配原则是，农民得到农业用途的倍数补偿；土地用途转换时的增值收益归地方政府获得、使用与支配；土地未来增值收益主要归土地使用权获得者，部分归地方政府。这导致原集体所有者合法获得的补偿过低，城市化农民补偿不规范、不透明、无原则，以及政府获得的土地一次性增值收益过高，但未来增值收益流失，房地产商和购房者支付的一次性土地出让费用过高，但获得的未来土地增值收益过高，成为造成当前收入分配不公的制度性因素之一。

（四）在管理体制上，存在着目标冲突和职能错位。土地管理体制尽管采用用途管制和规划管制，具体实施办法采取用地总规模控制和年度计划指标、审批管理，但规划体制的缺陷以及政府行政主导过强，导致保耕地和保发展的目标冲突以及中央与地方博弈，用途管制让位于规划管制，规划管制加征地转用制度导致所有制管制，审批和年度计划管理彰显无效性，同发展需求脱节，造成寻租与土地腐败。

土地制度与发展方式转变

在上一个经济发展黄金机遇期，中国利用独特的土地制度保障了经济高增长和工业化、城镇化的快速推进。但是，由此也形成以土地支撑的经济发展模式，存在不协调、不健康、不可持续的问题。

（一）土地成为维系传统发展方式的工具。中国经济增长依赖于土地的宽供应。2003 年—2012 年，全国国有建设用地年供应总量从28.64 万公顷增加到 69.04 万公顷，年均增长 10.27%，GDP 增速与土地供应高度相关。高速工业化靠工业用地的低成本维系，2000 年—2012年，全国综合地价水平、商业地价水平和居住地价水平年均涨幅分别是10.04%、11.40% 和 14.42%，而工业地价水平年均涨幅仅为 3.35%，远低于商业地价和居住地价的涨幅。快速城镇化依靠土地扩张和土地资本化推动。2000 年—2012 年间，城市建成区面积扩增了一倍多，土地出让收入增加了 45 倍多。2012 年，84 个重点城市的土地抵押融资贷款达到5.95 万亿元，成为城市基础设施建设的重要资金来源。

（二）以地谋发展蕴含潜在经济和社会风险。一是地方政府债务偿还对土地出让收入依赖较大。到 2010 年年底，地方政府负有偿还责任的债务余额中，承诺用土地出让收入作为偿债来源的债务余额为 2.5 万亿元，占地方政府负有偿还责任债务余额的比重达 81.2%。从偿债年度看，2013 年至 2015 年到期偿还的债务分别占 11.37%、9.28% 和 7.48%，2016 年以后到期偿还的占 30.21%。近年来，土地出让收入不稳定性加大，并且政府实际可支配的土地收益占出让收入的比重仍在不断下降。因此，用土地出让金作为最重要的偿债来源，会显著增加地方政府尤其是县市级政府的潜在债务风险。

二是银行金融风险。银行是地方政府性债务最大的资金供给者。2010 年年底，银行贷款占到地方政府性债务资金的 79.01%。其中，负有偿还责任的债务中，银行贷款占到 74.84%。融资平台公司政府性债务余额占地方政府性债务余额的 46.38%。土地抵押是政府获得贷款的主要手段。2007 年—2012 年，84 个重点城市的土地抵押面积从 12.84 万公顷增加到 34.90 万公顷，年均新增 4.41 万公顷。土地抵押贷款金额从 1.33 万亿元增加到 5.95 万亿元，年均增幅为 34.8%。2008 年 1 月—2012 年 11 月，土地抵押贷款占全国金融机构人民币各项贷款的比重从 4.94% 提高到 9.29%。

三是社会风险。60% 的群体性上访事件与土地有关，土地纠纷上访占社会上访总量的 40%，其中，征地补偿纠纷占到土地纠纷的 84.7%，每年因征地拆迁而引发的纠纷达 400 万件左右。

（三）征地拆迁等补偿性支出大幅提高，城市化成本抬升。近年来，随着城市化进程加快，土地价值大幅上升，农民权利意识觉醒，加上一些地区的城镇用地逐步从新增转向存量用地，征地拆迁成本快速提高，被征地农民和拆迁居民补偿占出让收入的比例显著上升。

2008 年—2011 年，征地拆迁补偿、失地农民补助和企业安置费以及土地出让业务费等补偿性支出占土地出让收入总额的比重从 47.0 % 提高到 55.39 %。尤其是 2012 年，征地拆迁相关费用占土地出让收入总额的比重达到 60.2%。目前和今后阶段，政府沿用现行《土地管理法》的规定，采取原用途补偿已很难实施征地，中国经济发展正在告别低价补偿征地的低成本时代。

（四）稀缺土地资源的不集约、不节约利用。一是城市外延扩张和蔓延。2000 年—2011 年，全国城市建成区总面积从 22439 平方公里增加到 43603 平方公里，年均增长率为 6.225%。2000 年—2010 年，城市市区人口平均增幅为 35.31%，建成区土地面积增幅为 99.29%，建成区土地面积增速远超人口增速。二是土地利用粗放。全国工矿仓储用地占建设用地供应的比重多年连续超过 40%，挤占居住和生活用地，工业项目用地容积率仅 0.3 ~ 0.6。三是城市用地非市场配置，形成大广场、大马路、大办公楼等形象工程。四是不同类型城市的城乡接合部占用大量土地，但由于处于法外之地，被低端利用。五是农村建设用地占用过大，村庄居民点用地达 17 万平方公里。

（五）占用大量优质耕地，危及国家粮食安全。上一轮沿海地区工业化城镇化的加速，导致耕地大量流失，1996 年—2008 年，耕地面积净减少 831.71 万公顷。传统的"南粮北运"已经变为"北粮南运"。从 20 世纪 90 年代中期开始，中国粮食供给基本上依靠北方，全国 31 个省市区中，13 个粮食主产区已有一半调不出粮食，7 个主销区有 5 个在南方。

随着中西部地区工业化的加速，优质耕地被占用的趋势还在蔓延，如果不改变目前的工业化城镇化用地模式，我国的粮食供求格局还会发生进一步逆转，对国家粮食安全的威胁不可小觑。

由此可见，中国传统发展模式高度依赖土地的推动。高投入、高消耗的要素投入方式主要表现为土地的宽供应和高耗费；地方政府的竞争主要是依托于土地的招商引资；高速的工业化依赖于扭曲价格的低成本土地供应；快速的城镇化依托于政府独家垄断下的土地资本化。

要转变传统经济发展方式，必须转变土地利用方式。

土地制度改革总体思路与优先顺序

改革方向

土地制度改革决定着土地利用方式和经济发展方式转变的成败，也是能否利用好下一轮发展机遇期进而促进国力再上一个台阶的关键。土地制度改革的根本目标是为经济发展转型和可持续的城镇化提供制度保障。基本方向是：按照宪法多种所有制共同发展和平等保护物权的精神，建立城市国有土地与农村集体土地两种所有制权利平等的土地产权制度；建立城乡土地平等进入、公平交易的土地市场；建立公平、共享的土地增值收益分配制度；建立与现代社会发展相适应的土地财产税制度；建立公开、透明、规范的国有土地资产经营制度和土地融资制度；建立以权属管理和规划与用途管制为核心的现代土地管理体制。

总体思路

以土地制度改革为突破口，推进消除城乡土地二元体制改革，促进生产要素在城乡的优化配置与流动，实现城乡发展一体化和可持续的城镇化；构建两种所有制土地权利平等的产权制度，实现不同主体平等参与和分享经济发展机会；实施确权和不动产登记，为保障土地权益和农业现代化、人口城镇化提供基础制度保障；推进征地制度改革和用地模式改革，促进土地收益的更公平分配，实现全社会对土地增值收益的共享；以集体建设用地进入市场和加大城市化地区土地市场化配置，实现不同主体平等进入市场和稀缺土地资源的节约集约利用；完善土地经营、融资和税收制度，为城镇化提供可持续的资金保障。

改革的主要内容

现行土地制度的主要弊端是，权利二元、市场进入不平等、价格扭曲和增值收益分配不公。土地制度改革的根本目标是，以权利平等、放开准入、公平分享为重点，深化土地制度改革，建立两种所有制土地权利平等、市场统一、增值收益公平共享的土地制度，促进土地利用方式和经济发展方式转变。

（一）完善农村土地产权制度。落实土地承包关系长久不变制度，明确集体土地承包始点，法律上明确农户长久承包土地制度。完善政策和相关法律，建立土地承包权与土地经营权可分离的制度，依法平等保护土地承包权和经营权。完善土地流转制度和办法，遵循自愿、依法、有偿原则，地租归原土地承包权农户，土地流转必须与原承包者签订合同。完善土地权能，设置土地承包权的处置权和承包权与经营权的可抵押权。

（二）提供保障土地产权的制度基础设施。中国目前的土地产权保障基础存在重大缺陷，土地集体所有权的主体不明，权力界定不清，保障强度不够；土地、房屋及自然资源的登记和权属管理，仍然按部门分置。登记机关不统一，权证不符，既不利于土地权利的保护，也不利于土地的管理。中央政府必须下决心完成对农村所有土地资源的确权、登记和颁证，将所有土地资源确权到每个农民手中，为下一阶段的农业转型和人口城镇化提供基础制度服务。按照《物权法》的要求，尽快出台不动产统一登记法律法规，推进实施以土地为基础的不动产统一登记制度，统一法律依据、登记机关和权属证书等。

（三）构建平等进入、公平交易的土地市场。一是建立两种所有制土地权利平等的制度。改变同一土地因所有制不同而权利设置不同的格局，赋予集体所有土地与国有土地同等的占有、使用、收益和处分权，对两种所有制土地所享有的权利予以平等保护，实现宪法和相关法律保障下的同地同权。以用途管制为唯一的准入制度。在用途管制下，农民集体土地与其他主体土地依法享有平等进入非农使用的权利和平等分享土地非农增值收益的权利。明确规划的主要作用是落实空间和功能布局，改变地方政府通过规划修编将农民集体所有土地变为国有、政府经营的格局。打破目前因城市和农村的边界区割，对圈内圈外土地按不同所有制准入的政策，除圈外可以用于非公益的非农建设外，圈内农民集体所有土地在符合用途管制的前提下，也可不改变所有制性质用于非农建设。

二是明确限定城市土地国有为建成区存量土地属于国有，新增建设用地用于非农经济建设的，除为了公共利益目的征用外，可以保留集体所有。对于建成区内的现有集体所有土地，可以采取"保权分利"或"转权保利"的方式，保障农民的土地财产权益。

三是重构平等交易的土地市场。建立公开、公正、公平的统一交易平台和交易规则，实现主体平等、市场交易决定供求和价格形成的土地市场。打破目前地方政府独家垄断供地的格局，实现同一交易平台、不同主体平等供地的局面。只要符合相关法律，遵守交易规则，无论政府、农民集体还是国有土地用地单位等，都可以在统一的土地交易市场从事土地交易。进一步加大国有土地市场配置改革，逐步缩小划拨用地范围，不断扩大有偿使用覆盖面，最终取消土地供应双轨制。对具有竞争性、取得经营收入、改革条件成熟的基础设施、市政设施以及各类社会事业用地中的经营性用地，先行实行有偿使用。建立统一土地市场下的地价体系。完善土地租赁、转让、抵押二级市场。在集体建设用地入市交易的架构下，对已经形成的小产权房，按照不同情况补缴一定数量的出让收入，妥善解决这一历史遗留问题。

（四）加快推进征地制度改革。改正补偿，由按原用途倍数补偿改为公平补偿；完善征地安置制度，对城市圈内被征地农民房屋按市场价补偿，城市圈外农民房屋按本区段市场价格补偿；将被征地农民纳入城镇社保体系；探索留地安置、土地入股等多种模式，确保农民长远生计；完善征地补偿争议协调裁决制度，畅通救济渠道，维护农民土地合法权益。

（五）建立公平共享的土地增值收益分配制度。土地增值收益分配问题，关乎社会公平、城市可持续发展和发展方式转变，必须放在土地制度改革重中之重的地位上。一是必须根据土地增值收益的产生原理，借鉴国际经验，制定土地增值收益的合理分配原则，根本改革目前土地增值收益归政府的状况，建立土地增值收益归社会的机制，保障原土地所有者获得公平补偿和土地级差地租，保障城市基础设施建设所需的土地和资金，保障土地增值收益回馈社会，让公民分享。二是区分"涨价归公"与"涨价归政府"，防止"归公"的土地增值变成地方政府乃至部分地方政府官员的体制外收入，保证"涨价归公"的土地增值收益回馈社会。三是借鉴我国台湾等地经验，实行"区段征收"，以用地模式改革促进土地增值收益合理分配。四是建立土地基金制度。将一定比例的土地收益归集起来，用于调剂丰歉余缺，平抑市场波动对地方财政的影响，实现土地收益的年际合理分配。

（六）建立与现代社会发展相适应的土地财产税制度。以土地为核心的财产税是发达的市场经济国家普遍开征的税种，它是地方政府重要且稳定的财政收入来源。在我国对土地开征财产税，既符合国际经验，也具备征收条件，同时也可为改革土地财政提供现实基础。

现行土地税制存在明显不足。一是在取得和保有环节，城镇土地使用税、耕地占用税采取从量课征，房产税的从价部分采取历史成本，保有环节的税收弹性不足，再加上课税范围狭窄，减免优惠范围过宽，其在不动产课税中的主体地位日益下降。二是在土地流转环节，设置了契税、营业税、印花税以及城建税和教育费附加等多项税费，整体税率过高，抑制了不动产的正常交易和流转。三是对土地流转收益课征的土地增值税和所得税，近年来虽然呈上升趋势，但占不动产税的比重一直很低，未能有效发挥打击土地投机，改进不动产市场效率的作用。

我们建议，借鉴市场经济国家经验，建立适应资源国情的新型土地不动产税制。对土地保有、流转及其收益环节的税收制度进行整体构建、系统改革。一是在保有环节，将主要实行从量课征改为全部实施从价计征，提高课税弹性，发挥土地不动产税筹集地方政府财政收入的功能；二是在流转环节，调低整体税率，降低流转课税，发挥配置资源和提高效率的功能；三是对流转取得的收益，加强税收征管，充分发挥促进社会财富分配公平的功能。

（七）建立国有土地资产经营制度和土地融资制度。改政府卖地为国有土地资产经营，政府以国有土地所有者获得土地权益，成立国有土地资产公司从事国有土地经营。改造政府土地储备机构，建立国有土地资产交易市场。完善国有土地资产经营收益使用管理制度，明确国有土地资产经营收益不得用于当期使用，其用途和绩效由人大监督、审议。完善国有土地融资制度，用于抵押的融资土地必须权证和主体明确，有第三方资产评估，对违规行为严格依法追究。

（八）建立以权属管理和用途管制为核心的现代土地管理体制。制定国土空间规划体系。强化土地利用总体规划实施的刚性，依法落实用途管制。加强土地权属管理，建立统一地籍管理体系。逐步取消土地指标审批和年度计划管理，建立中央和地方权责对等的土地管理责任制度。

土地制度改革的突破口与优先顺序

（一）改革的突破口。在下一轮发展中，不能继续走外延扩张和土地粗放利用的老路，必须实现从过去以土地总量供应保增长，向以结构调整促发展的转型。通过土地制度创新，优化土地利用结构，盘活存量用地，提高土地利用效率，保障下一个战略机遇期的合理、高效用地。通过扩大试点，为土地制度全面改革提供经验。

具体措施包括：一是制定工业用地转商业和经营性用地权属处理和增值收益分配办法。减少工业用地比重，增加城市宜居用地比重，优化城市用地结构，促进产业转型和城市可持续发展。二是制定公益性用地转产业用地土地收益分配和权属管理办法。减少公共用地比重，尤其是政府用地，增加产业发展和宜居空间用地。三是制定城乡接合部地区集体用地参与城市建设的制度规则与办法。将城乡接合部地区的集体土地纳入城市规划，释放城市发展空间。四是制定农村转移人口市民化与农村宅基地处置办法。优化城乡建设用地结构，将已在城市落地的农村转移人口在农村的集体建设用地置换出来，逐步改变城乡两头占地格局。

（二）改革的优先顺序。鉴于土地制度改革牵一发而动全身，建议改革先选取若干典型地区进行试验，再予以总结，上升到国家政策。与此同时，就改革议程和优先顺序进行全面部署。

第一阶段（2013年—2014年），在总结现有土地改革试点经验的基础上，扩大土地制度综合试点范围；完成承包地、宅基地、林地等确权登记颁证；推进土地利用结构优化和存量建设用地进入市场改革；实施以公平补偿为核心的征地制度改革；规范地方融资平台、扩大地方自主发债范围。

第二阶段（2015年—2017年），重点形成城乡统一的土地市场；探索国有土地资本化经营模式；建立土地财产税制度，形成新的土地增值收益分配机制；形成多渠道的地方政府融资体系。

第三阶段（2018年—2020年），基本确立两种土地所有制权利平等、市场统一的现代土地制度，和以规划与用途管制为手段的现代土地管理体制。

（原载财新《中国改革》2013年第11期）

大城市化运动之弊

国务院发展研究中心研究员　吴敬琏

　　最近几年，中国的城市化在加速，这是一个十分可喜的现象。到去年（2012 年），已经有超过半数的劳动力在城市中就业。但是，和中国的整个经济发展一样，城市化也存在着一个效率太低的问题。从世纪之交开始，许多省级、副省级城市大量征用城市周边农民的土地，大拆大建，用"摊大饼"、平面扩张的方式推进城市化。这种比拼造大城的运动造成了种种消极的后果：一方面，城市建设浪费的资源太多，城市化的代价太高；另一方面，建成的城市结构不合理，营运效率很低，降低了城市工商业的竞争力和城市居民的生活质量。

城市化效率低下的原因

　　出现城市化效率低下的原因，可以归纳为四个方面：

　　首先是土地产权制度的缺陷。在合作化以后，农民带着自己的土地"入社"，不能退出，土地所有权就转归集体所有，实际上掌握在基层政权的领导人手里。而城市土地根据我国现行法律则属于国家所有。在城市化的过程中，政府有权按根据农业产值计算的极低价格征用土地，巨大的差价由政府、开发商和其他拿到批租土地的人们分享。对于政府来说，这造成对所谓"土地财政"的依赖。对于开发商来说，价格的扭曲造成了土地使用上的极大浪费。与此同时，造成了庞大的寻租温床，使一些与土地批租和经营有关的机构的官员"前腐后继"，大案要案频发。

第二是政府职能的错位。从历史源头上说，世界上大多数国家的城市都是从"市"，也就是市场交易中心发展而来的；而中国的大多数城市却是从"城"，也就是"都"（政治中心）发展而来的。

政府的职能本来应该是提供公共品并保障市场有效运作。在市场有效运作的条件下，城市的规模和产业结构会通过市场规律的作用而趋于合理化，政府只是因势利导地进行规划引导。而在政府主导"驾驭市场"的体制下，中国的城市化不是"从下到上"地以市场发展为基础进行，而是"从上到下"地按照政府和领导的要求进行的。就像人们常说的，城市像公司，书记是它的董事长，市长是它的总经理。这样，许多官员就按照自己的意愿和自己对城市化的理解，运用行政权力来"经营城市"，决定城市的规模和产业结构。

第三是层级制城市结构。作为市场交易中心，所有的城市本来应该是地位平等的。城市之间只有辐射范围远近之别，而没有权力大小之分。但在中国，城市的结构却是层级制的。城市分成不同的行政等级，有省级城市、副省级城市、地级城市、县级城市等，上级城市管辖下级城市。在行政主导城市化和城市等级结构的体制下，形成了一种正反馈的机制：城市规模越大，它的行政级别就越高；而行政级别越高，支配资源的权力就越大。于是就出现了一种官员行为的常规，就是尽量运用手中的权力把自己管辖的城市的规模做大，然后他们就有可能晋升到更高的行政级别并拥有更大的支配资源的权力。

最后，是认识上的偏差。城市规模是不是越大越好？我们做研究工作的人都有责任弄清楚这些问题。

正如前面所说，城市对于工商业的发展具有集聚效应，因此城市需要有一定的规模。另一方面，城市集聚又有某些负面效应。所以城市规模并不是越大越好，这里有一个利弊权衡的问题。由于这种权衡，在世界各国发展的过程中自然形成了城市空间结构布局的一种趋势，这就是服务业，特别是金融业，需要设立在较大的城市里。其原因是：金融业的分支繁多，包括银行业、保险业、证券业和一整套的支持性行业，如会计师行、律师行和金融咨询机构等，而且这些分支行业间关系密切，有必要设在同一城市里。而制造业的情况不是这样。制造业的各个行业之间是通过产品发生联系的，彼此间的联系不是那么密切。权衡利弊的结果，制造业企业设立在小城市效率可能更高。而且制造业企业设立在小城市还有一个好处，就是既能改善城市居民的居住环境和交通条件，又能带动周边乡村的发展。研发中心的情况也与此类似，把它们建立在小城市或大城市郊区山明水秀的地方更符合研发人员的要求。

前几年在苏州调研时，有人反映，苏州有个很头疼的问题，就是留不住人。好不容易从内地招来的专业人员，待不了多久就转到上海去了。开始，人们对发生这种情况的原因的解释是：相比上海，苏州城市太小，对于向往大城市文化社交生活的年轻人缺乏吸引力。我们对这种解释有些怀疑，便进行了更深入的调研。结果发现，苏州毗邻上海，只要在交通上做些改进，居民便利地享受大城市的文化社交生活是不难做到的。问题倒是发生在专业交流方面。由于苏州产业的专业化程度不足，产业分散，相同专业人员的数量很难达到能够共同切磋技艺和通过碰撞产生新思想的临界点。在当今技术飞速进步的时代，一个人在这样的地方待得长了，容易在学识和技术上变得落伍，所以他会寻求一个能够和同行交流的地方，使自己的学识技术能够不断求得长进。

在"十二五"规划制定过程中，中央财经工作领导小组办公室新增长经济理论的带头人 P. 罗默来中国进行预研究。罗默在北大光华管理学院做了一次讲演，指出推动现代生产发展的最重要的因素，是 idea（思想、观念、构想、主意）。在人才密集的城市，创造 idea 的潜力要比分散居住的农村大得多，因此他十分强调人才向城市集聚。经过讨论，他增加了一条，就是城市发展要注意专业化，发展自己的特色产业。

与上面的问题相关联的，是有些报刊文章和政府官员常常把"城市"（city）和"大都会"（metropolis）混为一谈。它们其实是两个并不完全相同的概念，前者指的是一个单独的城市，后者则通常是指一个城市群。

例如，当我们说西雅图（Seattle）是美国西北部地区最大的经济中心时，通常指的是"大西雅图"（Greater Seattle，或称 Metro Area），即以西雅图市为中心的城市群，而不是作为大都会中心城市的西雅图市（City of Seattle）。大西雅图地区总人口约570万，城市人口约370万，但作为中心城市的西雅图市只有60万。聚集在西雅图市的主要是金融业和大型文化娱乐、教育和体育设施。至于制造业企业，如波音公司的商用客机事业部以及微软和美国大型仓储式商业组织 CASTCO（好市多）的总部，都设在中心城市周边一些人口最多几万人的小城镇［美国人称之为"市"，即在"县"（county）建制下的 city］上。这样的城市空间结构和产业布局更具有效率，也更有利于改善居民生活质量。

应对措施

为了提高我国城市化的效率，我认为应当采取以下措施：

一是进行地产制度改革，落实农民的土地产权。二是改革财政体制，改变层级制的城市结构。三是改变威权主义的发展模式，重新界定政府的职能。政府应当集中力量办好它应该办但现在还没有办或没有办好的事情。做好城市规划是市政府的一项重要职能，但是需要注意，政府在做规划的时候只能在市场趋势的指引下因势利导，而不能以长官意志取代市场或逆市场趋势而动。四是加强对世界各国城市化经验教训的研究，提高我们自己对城市化的科学认识水平。

（原载财新《中国改革》2013 年第 1 期）

中国会发生政府债务危机吗

长江商学院副院长、金融学教授　陈龙

2013 年 4 月 9 日，惠誉下调了中国的主权信用评级，这是 1999 年以来国际评级机构首次这么做，而惠誉下调评级的一个理由是地方政府的债务问题。4 月 17 日，中国注册会计师协会的副会长张克表示，地方政府债务已经"离开可控的范围"，可能引发比美国住宅市场崩溃更大的金融危机。

其实，自 2008 年以来，地方政府的债务问题屡屡成为市场的焦点。

悲观者认为，地方政府债务体量庞大，很多债务对应的资产收益率低下，而且信息不透明。乐观者则认为，地方政府债务虽然余额较大，但相对于中国庞大的 GDP，占比依然较小，很多债务对应着有良好收益的资产，而且地方政府的背后是中央政府。

笔者试图在本文分析中国政府从中央到地方的债务风险，从而对中国的政府债务危机的可能性做一个估测。为做到这一点，必须先计算中国政府的资产负债表。

作为一个整体，中国政府的债务问题至少和三个问题相关：一是中国公共债务余额的多少，二是国有资产的估值，三是中国经济和政府收入未来的增长。

经过估算，笔者认为现阶段中国政府整体的债务风险并不大，但这并不代表地方债务危机不是问题。地方政府动机与责任的错配，以及国有体制下银行功能的扭曲，滋生出巨大的道德风险，进而导致地方政府融资与偿债能力的错配，我们可以预期地方债务未来出现一定范围的违约。实际上，目前地方债务的大面积展期类似庞氏骗局，根据国际惯例已经是违约。

表1 2011年年末中国公共债务余额和GDP占比

债务类型	金额（万亿元）	占GDP比例	备注
国债余额实际数	7.20	15%	2011年年末，中央国债余额实际数为72045亿元。
政策性银行应付债券	6.56	14%	2011年年末，三家政策性银行应付债券总额为65631亿元。
地方政府债务	11.35	24%	根据中国银监会的数据，截至2011年9月末，全国平台贷款余额为9.1万亿元，此后平台贷款余额基本保持稳定。另外，根据审计署的数据，截至2010年12月末，全国地方政府债务余额为107174.91亿元，而通过非银行途径获得的融资总额为22494.92亿元，而根据官方的披露，2011年年底全国地方政府债务余额仅增长了3亿元，这也就是说，审计署的地方政府债务余额在2011年基本保持稳定。将两者相加为113495亿元，也就是笔者估测的地方政府债务余额。
减去：国开行对融资平台和铁道部的贷款	2.47	5%	根据国开行的披露，截至2011年年末，该行在铁路运输业方面的贷款余额为3489亿元。另外，根据作者估算，国开行对2011年年末的平台贷款余额为21170亿元。
铁道部	2.41	5%	截至2011年年末，铁道部负债合计24126.75亿元。
AMC债券	0.81	2%	2000年，四大行和国开行剥离不良贷款13939亿元至四大资产管理公司。资产管理公司收购不良贷款的资金来自两部分，一是财政部支持的资产管理公司债券（AMC债券），共8110亿元；二是央行再贷款6041亿元。根据媒体报道，不良贷款清理收回的现金在支付AMC运营后仅偿还利息。时至今日，AMC债券的本金仍未偿付。
农行共管账户余额	0.50	1%	在上市前农行将8157亿元不良资产列入与其与财政部的共管账户，其中1506亿元由央行再贷款置换，其余6650.93亿元在农行的账薄上对应的是15年期的应收财政部款项，年利率达3.3%。共管账户的资金来源包括农行在共管账户存续期内所缴纳的企业所得税、农行向财政部派发的现金股利、财政部委托农行处置不良资产回收的净现金、财政部减持农行股份获得的收入、财政部部等部门拨入的资金、共管账户产生的利息收入等。不考虑央行再贷款，根据Wind资讯的数据和作者计算的结果，农行2010年和2011年分给财政部的现金红利为213亿元，企业所得税为620亿元，再加上一些可能的进项，因此作者假设2011年12月末共管账户中的余额为5000亿元。
总额	26.37	56%	2011年名义GDP为473104亿元。

注：*本表不包括央票，截至2011年年末，央票余额约为1.9万亿元，因为央票主要用于外汇冲销，其背后有超过3万亿美元的外汇储备作为基础；本表也不包括未来养老金以及社会保险的相关债务，不包括国有企业债务，也不包括未来银行体系可能出现的不良贷款（剔除地方融资平台可能造成的不良贷款）。
**在上一轮银行改革中，中国银行大量使用再贷款这一方式来援助金融机构，例如2000年，央行给四大资产管理公司的6041亿元的再贷款，很多再贷款目前处于停息挂账的状态。我们认为再贷款本质上是一种通货膨胀税，也就是说援助这些金融机构的成本已由全民通过隐性税收的方式承担了，因此我们并未将再贷款计算在公共债务余额中。
资料来源：媒体报道、财政部、中国债券信息网、国家统计局、中国银监会、审计署和本文作者估算

在中国经济形势向好的情况下，地方债务不会成为一个大问题，但当经济形势下滑时，地方债务的风险就会凸显出来。

公共债务余额

在讨论地方债务时，首先遇到的一个问题就是中国公共债务余额的多少。因为地方政府的背后是中央政府，当地方政府出现债务危机尤其是大范围危机时，中央政府是很难袖手旁观的，所以衡量地方政府债务的高低一定要从公共债务余额的角度去考虑。

那么中国的公共债务余额是多少呢？由于官方没有公布这方面的权

威数字，因此市场只能根据有限的资料去进行估测。笔者经过估测和计算后认为，截至 2011 年年底，中国公共债务余额大约为 263749 亿元，占 2011 年名义 GDP 的比例为 56%（表 1）。

中国公共债务余额占 GDP 的比例为 56%，那么这个比例是高还是低呢？根据 IMF 的数据，我们可以看出，除了俄罗斯，中国公共债务余额占 GDP 的比例不但小于各发达国家，也小于同为金砖国家的印度和巴西。

需要注意的是，在 IMF 的口径中，政府总债务额（general government gross debt）包含所有政府未来需要支付的债务，包括贷款、债券、保险、养老金和标准化担保合约等诸多组成部分，但各国数据的具体组成不同，例如巴西、德国、希腊和日本的数据中包括养老金等社保债务，其他国家不包括，因此各国政府总债务额的统计口径并不完全相同。换句话说，假如考虑养老金等社保债务，那么日本和希腊等国的数字不会那么高，而中国的数字也不会那么低。

那么，中国养老金缺口占 GDP 的比例有多大呢？根据巴克莱银行的研究，在不同的情景假设下，截至 2011 年年底，中国养老金缺口占 GDP 的比例为 0 ～ 35%。

那么，即使按照最高限的 35% 来计算，中国公共债务余额占 GDP 的比例也仅为 91%，这个数字高于德国和巴西，但远低于日本和希腊。

国有企业资产价值

除了公共债务余额占比不高，中国还拥有一个很多国家没有的优势，即中国政府手中持有大量国有资产。对于国有资产给社会总体所带来的效益而言，各界存在争议，但从偿还债务的角度来说，这却是一笔可以使用的巨额财富。

但这里有一个问题，就是政府手中的国有资产，到底拥有多大的市场价值呢？由于政府缺乏这方面的权威数据，因此市场也只能将零散的资料拼接起来，并进行估算。笔者对此也进行了估算，结果如下：

620880 亿元的国有资产估值总和不但远远高于 263749 亿元的公共债务余额，也超过了 2012 年中国 519322 亿元的 GDP。不过需要说明的是，不同的估值方法常常会得出差异很大的结果，例如 2011 年全国非金融类国有企业实现净利润 16932.6 亿元，2013 年 4 月 19 日 A 股所有非金融股的市盈率为 21.49 倍。在这一市盈率下，非金融类国企的估值为 363882 亿元，与按照市净率估值出来的 543252 亿元有较大差距。

不过即使是按照 363882 亿元的数字，中国的非金融类国有资产依然是一笔庞大的财富，足以覆盖全部的公共债务，而且这还未将金融类国有资产纳入其中。另外，目前国有企业的很多资产可能并未计算在内，例如中国移动的牌照、工商银行的网点优势和很多国有企业的商誉等。假如再算入这些资产，那么现有国有企业的价值可能仍会增长。

强劲的经济增长与政府收入增长

公共债务余额占 GDP 的比例不高、数十万亿元的国有资产，这是中国应对债务危机的两个有利条件，但在此之外，中国作为一个新兴经济体，在经济增长和政府收入增长上还有着很大潜力可挖。

首先，从 1978 年到 2010 年，中国名义 GDP 的平均增速达 15.7%，实际增速在 10% 左右。未来名义 GDP 增速到底会如何变化取决于两点，一是实际 GDP 增速，二是通胀。

关于第一点，目前各界的看法相差较大，例如经济学家林毅夫认为中国经济还有很大潜力，未来 20 年有望维持 8% 的增长，这在学界和社会上引起了诸多争议。大多数人都认为，中国的实际 GDP 增速未来将出现趋势性的下降，比如从 10% 的水平降为 7% ~ 8%。

关于第二点，一些人认为，未来随着劳动力供给的减少以及宏观政策的宽松，中国的通胀将有所上升。但也有人认为，目前中国的投资率过高，未来可能出现严重的产能过剩，这会导致经济进入通缩。

通胀和通缩的争论目前仍悬而未决，但显而易见的是，通胀有利于缓解债务压力，通缩则相反。

不过，高通胀会危及社会稳定，笔者认为政府容忍较高通胀的可能性不大。通缩会造成经济下滑及失业，而央行拥有无限发行货币的能力，因此笔者认为通缩也是小概率事件。

综合来说，笔者认为未来中国经济可能呈现出一种温和通胀的局面，而名义 GDP 增速下降将是大概率事件。

然而，即使是趋势性的下降，中国在未来十年保持 10% 左右的名义 GDP 增速还是很有可能实现的。

这样的名义 GDP 增速明显慢于过去 30 多年的平均增速，但与众多发达国家和新兴市场国家相比，这已是一个相当高的数字了。

其次，根据笔者的研究，从 1999 年到 2010 年，全国全口径财政收入（包含土地出让收入和社保收入等进项，是广泛意义上的政府收入）在这 12 年间的平均增速达 19%，而同一时段中国名义 GDP 的平均增速为 14%。这使得在此期间全国全口径财政收入占名义 GDP 的比例逐年上升，1998 年时该比例为 20%，2010 年时该比例已达 35%。

从发展中国家的角度来看，全口径财政收入占 GDP 的比例大多不会超过 40%。假如未来十年名义 GDP 增速保持在 10%，全口径财政收入占 GDP 的比例稳定在 35%，那么全口径财政收入的年增速也会维持在 10% 的水平。

债务危机风险几何

综合以上三点来看，假如从资产负债表的角度来分析中国政府的债务和资产，那么中国政府一定是持有一张相当强劲的资产负债表。因此，中国短期内出现债务危机的可能性很小。实际上，即使是给中国降级的惠誉，其给予中国的评级也高于一般的发展中国家，例如金砖国家中的巴西、印度和俄罗斯，其评级分别为 BBB、BBB- 和 BBB，而中国降级后仍然是 A+。

然而，尽管债务问题在短期内不会对中国经济造成系统性危机，但这并不代表投资者可以对此高枕无忧。

首先，目前地方债务的稳定在很大程度上是展期的结果，而这种行为也是监管层允许的。

例如，中国银监会前主席刘明康在 2011 年年中曾表示，对于到期的平台贷款本息，"不得展期和贷新还旧"。但到 2012 年 3 月，中国银监会却发文表示在满足一定条件的情况下，平台贷款"可在原有贷款额度内进行再融资"。有了这个铺垫，2012 年大部分到期债务被展期。

按照国际标准定义，展期被视同于违约。如果是国力弱小的国家，这种行为可能引发资本市场的巨大动荡和资本外逃。展期的方法之所以不能持续，是因为该行为具有庞氏骗局的特点。如果未来经济发展迅速，政府收入大幅增加，那么这种局面可以继续维持。然而，一旦经济放缓，税收降低，房地产市场疲软，土地价格下降，那么政府的债务压力马上就会大幅提高。届时如果又动摇了投资者的信心，那么这一连串行为可能会引发资本市场的巨大动荡。

其次，相当规模的债务展期说明很多地方政府在借款时是不负责任的，因为其没有认真考虑债务到期和投资现金流回报的期限错配问题。另一方面，这也表明那些放贷的商业银行并不专业，因为没有一家专业的商业银行会在知道贷款无法如期归还的情况下放贷，何况是如此大规模的贷款。因此，有市场人士评论认为，中国的商业银行在放贷时表现得更像是政策性银行。

然而，地方政府和商业银行的这种不负责任的行为并不是出于非理性，相反，这是在现有制度下的理性选择。因为在目前对官员政绩的考核下，GDP 是最主要的指标，大多数地方官员都希望在最短时间内推动经济增长，因此扩大投资规模成为不二之选。但扩投资常常遭遇资金瓶颈，因此大多数地区都有融资饥渴症。

不过，官员的任期有限，而债务的期限可能长于官员的任期，因此可能出现一种道德风险，即本届政府用债务推动了本地经济发展，相关官员并由此获得了高升，而其留下的债务却要下任政府偿还。

银行存在的问题与地方政府相似，银行高管也受到短期利益的激励，发放了不负责任的贷款。

更严重的是，地方政府和银行这种行为的背后都有一个共同的假设，即中央政府会对这些贷款进行隐性担保，而中央政府本身对此也是含含糊糊。

这种局面导致的结果是市场默认中央政府会为地方政府和银行兜底，就像在城投债市场中，投资者默认地方政府会在本地城投债出现还款困难时伸出援手一般。这些行为滋生出了大量的道德风险，假如政府和市场不对此进行抑制，那么它便会像滚雪球一样膨胀，最终超过经济体的承受能力，甚至引发债务危机。

实际上，中央政府已经意识到了问题的严重性，因此采取措施限制了地方融资平台贷款余额的增长。但地方政府通过债务市场、信托和理财产品获得了新的融资，结果这导致城投企业的总借款额依然在上升，而投资者之所以敢借款给地方融资平台，其背后的假设恐怕也有部分是基于地方和中央政府的隐性担保。

综上所述，我们可以对中国的政府债务前景做如下判断：中国中央政府的债务风险不大，但是，除非中国经济继续高速增长（不确定），否则部分地方债务违约是可以预期的，而且这实际上已经大面积发生了（即展期）。

这些违约所造成的损失未来如何埋单，将是银行、投资者、地方政府和中央政府博弈的结果。

从这些角度而言，惠誉对中国信用的降级以及张克副会长的话，也就不难理解了。

（原载财新《中国改革》2013 年第 7 期）

中国财税改革的真实挑战

燕京华侨大学校长　华生

财经界也有另一类的空话、套话

　　我近期专门浏览了各类会议的议程和历年年会的介绍，看完后有一个感觉：现在政府开始意识到要少说空话、套话了，而财经界其实也有另一类空话、套话，并且仍在说个不停。前几年的发言拿到今年也一样可以用，不同的就是每年都有更加出位和耸人听闻的标题。永远旨在吸引眼球、哗众取宠的假大空，是不是也到应该改革的时候了？

　　坦白地说，现在媒体办的研讨会，其中很多话我都不太懂。比如今天这个年会，大标题是"重返民富之路"，我昨晚琢磨了半天，没有弄懂是什么意思。"重返民富之路"意味着我们曾经有过民富的时代，后来没有了，原来民富过，现在不富了，所以要寻找"重返民富之路"。但是就我活的这几十年和我读过的中国历史的这几千年而言，我没看到以前有过什么民富，所以不知道往哪儿重返。

　　从近处看，改革开放以来，民众中靠劳动挣工薪的普通员工，典型的如农民工，十年、八年前还是五六百块钱的月工资，现在都是几千块钱了。由于劳动成本持续增加，企业家都喊生产成本上升得太高太快了，所以很多产业要向东南亚转移。亚行和北大的一项合作研究认为，近年来实际工资的增长率已超过劳动生产率的增长率，因此我们显然不能说一线工人变穷了。那么，富人是不是变穷了？好像也不是。前两天我看央视评选的年度经济人物，大佬们赌一件不大的事情，张口就是拿一个亿起价，而现在一个贫困县一年的财政收入也就是一个亿左右，所以富人显然也没有变穷。所以，我就不明白了：我们今天那么多重量级嘉宾高谈阔论"重返民富之路"，想说的是什么意思？

再回到我今天参加的这个分论坛的主题，叫作"深化财税分权"，这个我也没有搞太懂。财税分权这是政府内部的事情，政府研究财税分权，中央政府、地方政府经常开会，他们也不请我们去，人家自己把这个问题该讨论的都讨论了，真是用不着咱帮他们操心。中国中央财政和地方财政的关系，如果和国际上比起来，比例很正常，跟别的国家差不多，中央财政占的比例并不算高，转移支付的情况其他国家也存在。我在英国生活很多年，它的中央财政的集中度比咱们还高，然后再做转移支付。中国的财税分权体制固然还有问题，比如需要减少专项转移，增加一般性转移支付，故确有改进的余地，但中央和地方之间永远有矛盾、博弈，这似乎不是我们要研究的主要问题，不需要我们去为某级政府争利益。

从整体上说，中国的财政税收体制是有问题，而且是大问题。但很可惜，就如我们现在的城市化问题、收入分配问题、国企国资问题、证券市场问题一样，媒体上讨论很热闹的往往并不是真问题，流行的反而是一些空话、套话甚至以偏概全、以假乱真的噱头。前几天一位媒体朋友对我说，好多话其实他们不采访自己也会说，只是迎合读者需要借名家之口罢了，因此他们自己去采访也觉得挺没劲。如果我们财经界拥有话语权的人落到这种空话、套话代言人的地步，不能不说是一种悲哀。

中国财政体制首要问题在于卖地财政

下面我先讲财政体制。中国的财政体制现在面对的首要问题是什么？我认为中国财政体制现在有三大问题。

第一个问题，就是要解决卖地财政问题。财政收入中相当大的一块是非税收入，而不是税收收入。税收是国家的法定收入，非税收入本来就不够正规，只能是偶然性和零星性质的。非税收入搞这么大，这就很不正常。同时，我们这个非税收入非常重要的一块是靠倒卖土地得来的。我们学的是香港的办法，香港的地本来就是官地，就是港府的地，我们这儿还不是自己的地，是征收了农民的地倒卖，所以准确地说咱们不是土地财政，我们是"倒地财政"。

这个倒地财政我觉得是财政体制改革的第一件事情。有没有决心、有没有毅力来动这个倒地财政，这是新一届领导人在经济上第一个大的挑战。很可惜，媒体，包括学界，对这个问题说法不一，起码没有把它视为重要问题，更不是首要问题，而去扯一些什么分权之类的鸡毛蒜皮。在我看来，新一届政府的改革如果说在政治上是反腐败，那么在经济上面能不能有突破，第一个试金石、最重大的考验，就是对倒地财政采取什么态度。不先对自己开刀，土地乱局就不能拨乱反正。就目前来看，可以说"倒地财政"在新型城市化的口号下还在蓬勃发展，媒体也在推波助澜，市场上炒作的基本也都是这一套。

其实，倒卖土地的财政是和原来的旧式城市化配套的东西，新型城市化是不能搞这个的，这是财经媒体并没有搞清楚的事情。这就跟计划经济一样，计划经济是专门为那个"一大二公"时代配套的，现在倒卖土地的财政也是为少数人服务，不能给新型城市化配套的。2006年我曾经给政府提过批评和建议，我说你们讲的新农村建设不是当今这个时代的主要矛盾，21世纪上半叶中国经济社会发展的龙头是新型城市化建设，抓住新型城市化建设才是抓住了城乡统筹的龙头，相应的新农村建设才有空间和合理性。

那么，什么叫作新型城市化？原来那个旧在什么地方？这个新又新在何处？我觉得政府还只是刚开始有了点儿模糊的意识，如果媒体和学界自己更糊涂就没希望了。当时我说，新型城市化最主要的就是要新在不能光有数量没有质量上，这就需要解决城市的科学规划和布局问题，特别是解决人口和户籍问题。旧城市化的要害就是土地的城市化与人口和户籍的城市化脱节，少数人利用土地发财牟利，把地价房价搞得很高。现在要搞新型城市化，其核心就是要让土地为外来人口落户服务，让土地的成本、城市化的成本大大地降下来，这样农民工和其他外来人口才可能安居落户，人力资本才能积累提高。但是直到今天，我看过的所有的文件都还基本没有这个内容，媒体上渲染的也是开发商怎么疯狂拿地为了迎接新型城市化——那不是迎接新型城市化，那是迎接旧式城市化。因为新型城市化首要是解决人落户的问题，解决土地制度的改革怎么转过来的问题，从过去为大楼大广场服务、为开发商赚钱服务、为城中村和城郊农民补偿服务、为囤了土地和多套房的城市精英服务，转到低成本地为城市化的主体即农民工及其家属和其他外来移居的人口服务，这才是新型城市化的本质。

财政体制要为新型城市化服务，我认为要打的第一个大仗就是改变倒卖土地的财政，但是现在这方面可以说还没有什么准备。如果没有这方面的准备和动作，所谓的新型城市化最后必然还是走老路，还是少部分人获益、大多数人被排挤在外的城市化，就是我们今天的状态。所以，我认为财政体制要改革，第一仗就是要动摇倒卖土地的财政。动摇这个东西会带出来一系列的问题，因为批评它是容易的，但是要替代它，问题是复杂的。我们现在土地还在招拍挂，如果按照中央文件里面说的"严格区分公益性和非公益性用地"（当然这个口号其实也是有问题的）去做，很快就没有经营性土地可卖了，就不能招拍挂了，那么城市建设、城市发展怎么办？现在我们在这方面可以说没有做任何准备。没有准备就只能沿着现在这条老路走下去，一方面被迫付出的土地补偿费越来越高，一方面招拍挂又进一步推高城市土地和房产价格，结果只会造成土地资源的集中和一部分人的暴富，从而堆积越来越大的资产泡沫、地方债务和金融风险。

中国财富榜上有那么多大房地产开发商，这在世界上都是少有的——只有中国香港有，因为我们是从香港学来的拍地模式。这个模式就是把土地资源集中给少数大开发商，所以中国财富排行榜才会有这么多地产商，政府一说新型城市化，地产股都上涨。我说这完了，这不是新型城市化，这是旧式城市化。许多人没有意识到，新型城市化其实首先是对财政体制的重大挑战，即我们的财政体制用什么来替代过去我们称之为"土地财政"的旧模式？土地如果不用征收和拍卖的方式，用什么方式？现在又有新的建议，说可以搞城郊农民自主城市化，还有人推荐深圳原住民自发城市化的模式。但深圳富起来的只是城中村的农民，他们成了千万富翁，甚至亿万富翁，深圳外来打工者是本地户籍人口的近十倍，房价那么高，有几个能安居？挤在工棚、握手楼和地下室里能叫安居吗？我们不能打着农民的旗号，为只占很少数的城郊农民谋利益。如果只是让少数人受益，只是让政府、开发商、城市精英以及城中村和城郊村农民这些既得利益者进一步分利，是解决不了新型城市化问题的。

这就是我说的第一个问题，就是我们倒卖土地的财政问题。现在土地财政在发达地区和大城市已经占很大比例，如果不从根本上动摇这一块，设计一套新的制度完全替代这一块，那么新型城市化拉动经济发展的设想就会完全落空，因为靠少数人发财拉动不了中国经济的持续增长。只有几亿农民工和他们在农村的家属、留守的儿童，还有大量从中小城镇转移到一线大城市的外来人口，这些人分享到了土地权利、住房权利、完全融入城市生活的权利，才会真正拉动国民经济的增长，才能够实现可持续增长。从根本上说，这本来并不是一个经济增长问题，而是他们自己的选择和不可剥夺的权利。他们是国民，他们在这个城市有工作，就有给自己搭一个窝的权利。所以我认为财政体制第一个问题，也是最大的挑战，就是对倒卖土地财政的态度和措施。

财政资源的歧视性分配与特权分配

财政体制的第二个问题，是财政资源歧视性的分配。这些可能都不是现在媒体上讨论的热点，但我认为这是主要问题。我们中国之所以贫富差距大到今天的程度，除了市场本身的马太效应，很重要的是因为财政资源分配加重了一部分人更好、一部分人更差的境况。财政资源的分配首先跟刚才说的我们的住房分配有关系。我们城市保障房主要是针对户籍人口，外来就业人口基本上住在地下室和工棚里面，教育方面现在还在争论外来人口能不能参加本地高考的问题，医疗更是向城市人口特别是体制内人口倾斜，社会保障体系也是如此，这一切大大加剧了我们财产和收入分配的不平等。客观地说，这一点是跟我们国家的计划经济历史相关联的，因为我们从计划经济时代保的就是城市户籍人口。当年很困难的时候，城市户籍人口有布票、有粮票、有油票，保证了至少最基本的供应，但其他人是没有的。我们的公共医疗资源主要是集中在城市，而且主要是集中在体制内，这些人口占据着绝大部分的医疗资源。所有这些过去习以为常的东西，跟我们的财政体制都是有关系的，就像广州市财政，稍微公开一点儿，马上暴露出来其财政里面有一部分资金，有几千万元是拨给省级或者市级机关幼儿园的，其实像这类财政资源分配严重不公平的现象太多了。其他国家财政资源的分配可以减弱市场本身分配所造成的差距，而我们的财政分配从整体上强化资源分配的不平等，这是我们财政体制的一个主要问题。

当然，这个改起来非常不容易，因为财政体制现在的分配完全是有利于城市居民的，特别是完全是有利于体制内人口的。体制内绝不仅仅是几百万公务员，更有文教卫生新闻出版等好几千万事业单位的从业人员，加上家属人就更多。这样会触动巨大的既得利益，其中就包括我们各界精英的利益，而且这绝不仅仅是权力精英，还包括我们的财经精英、艺术精英、体育精英、文化精英，都是这个体制的受益者，要动摇这个难度是很大的。所以，我一直说收入分配的改革第一步不能盲动，要放到后面逐步去撼动。

这是财政体制第二个主要问题，就是我们财政资源歧视性分配严重地强化了我们的贫富差距。

第三个问题，就是我们财政资源的特权分配，这个就更难了。现在新一届领导班子开始了新一波的反腐败浪潮，受到了各方面的欢迎和好评。反腐败本来就很难了，但腐败还只是非法的权力滥用，而特权是合法的权力滥用，因为特权是法规承认的，因而可说是合法的。而反腐败要深入，最后肯定会触及特权。实际上从一开头就触及了，比如说过去领导一出门就要封路，现在不封路了。这个碰的是什么？这个碰的不是腐败，碰的是特权。当然，这二者既有区别又有联系。总之，一个反腐败，一个反特权，后者可谓更难。这两件事真做到了，政治改革就完成一多半了。

我们原来的财政分配体制是向特权倾斜的。举个办公楼的例子，最近有的地方把办公楼搞得富丽堂皇，比人民大会堂还气派。这不是个案，全国的办公楼都膨胀，这就涉及权力的滥用。我曾经去过日本众议院议员办公楼（日本众议院议员不是我们的人大代表，首先人少，只有几百人，更重要的是谁在议会里面占多数谁就能组成政府，所以议员是真正的权力精英，他们的众议院议员至少相当于我们党的中央委员），他们的办公室，每个议员一间房，当中挂一个布帘隔一下，秘书坐外面，他坐里面。我还上了一趟洗手间，厕所很小，不太方便。反观之下，我们的财政资源用在特权方面的太多了，从办公楼到各种各样的楼堂馆所，到各种各样的培训中心、疗养中心，到给各种各样的权贵安排的休息、疗养、出游的地方，再到各种高档消费和各类礼品的馈赠，这些就是三公消费中公开和隐蔽的地方，耗费了我们财政资源相当大的部分。另外巨大的一块，则是维稳和花钱买平安的财政开支，花费的随意荒唐和支出的天文数字，更是令人瞠目结舌。

所以，反腐败的深入必然要碰到对特权的限制，包括对人均办公面积的限制，更不用说办公以外大量的设施、安排等支出。我曾经应邀去参加过美国国务院开的会。美国国务院自己是没有地方招待的，找一个公关公司安排全部议程，客人来了安排在商业化的宾馆里面，会议都是在外面开，而我们基本上都是用自己限制对外的内部设施。

所以，真正的财政体制改革在我看来是这三大问题。首先要突破的，我认为是第一个土地财政问题，因为它既是经济问题，也是社会问题、政治问题，而且它的收益很明显。我们现在想要经济增长，想要持续发展，必须解决倒地财政的问题，否则就不能前进，其他的问题只能是循序渐进。所以财政体制的真正问题，根本不是什么中央和地方分权，地方的钱是不是少了一点。我想全世界都有这样的问题，其他国家也都是转移支付的，中央财政占大头，各个国家都是如此，这是很正常的现象，我们不值得在这上面耗费脑筋。关于财政问题我就简略地说这些。

中国税制的问题不是总量问题，而是结构问题

下面我再讲税制。如果说财政问题上是一片混乱，税制问题上则基本是错误思潮占主导。刚才我们的主持人还在说结构性减税只见结构不见减税，我觉得这个套话其实并不客观。因为营业税改增值税实际上就是在降低增值税税率，我们原来增值税都是17%，现在推广到服务业、交通运输业，把17%降到了7%、5%，实际上也确实会减相当一部分税。

但是，我要说实际上中国税收体制的主要问题，并不是现在人们主要攻击的税负太重。在我看来并不多，中国的税收现在占GDP的20%多，在国际上无论怎么比都是非常正常的水平。我们的问题出在什么地方？出在税收以外的非税收入很多，所以加起来以后到了GDP的30%多。如果真正像我们刚才说的那样把非税收入（主要是土地收入）拿掉，税收的主要问题就不是砍总量的问题，就不是减税的问题。

当然，喊减税老百姓都欢迎。现在媒体上能看到的全部意见可以归纳为两句话：第一，要求减税，这所有人都欢迎，是个时髦的口号；第二，要求增加福利，大家也很高兴。要改善低收入人群的状况怎么办？要增加补贴和福利，所谓提低扩中。限高增税呢？那就难了，太多的人出来说这个不行那个有副作用，富人会移民之类，反正征不得。其实放

眼全球，现在美国和欧洲都有这个问题。美国和欧洲的全部难题就是一边要减少税收，一边要增加福利，所以美国出了财政悬崖，欧洲出了债务危机。因为如果把政府自我消耗中多吃多占的那块挤出来，政府本身实际上只是一个过路财神，它收多少就干多少活儿。你可以增加税收，然后增加福利，也可以减少税收减少福利，但是唯一不能持续的就是减少税收增加福利，这个是混不下去的，这也是今天美国和欧洲撑不下去的原因，它们至少在这一点上肯定不是我们学习的榜样。我们要在这么低的发展水平上学美国和欧洲的寅吃卯粮，靠堆积如山的借债过日子，那肯定是死定了。

因此，尽管这些话不受人欢迎，我仍觉得在解决了非税收入的问题以后，税收本身的水平恐怕是降不下来的。按照现在政府所承担的职能，包括对农村、对医疗、对方方面面大家所要求它花的那些钱，它这个税收减不下来。就像美国现在一样，共和党说税是绝对不能加了，砍不砍福利你们看着办。但如果税真不能加，只能砍福利。所以民主党和奥巴马说福利一定不能砍，因此必须增加税收，现在还在讨价还价、内斗纠结。

中国税制主要存在什么问题？和我们的经济一样，不是总量问题，而是结构问题。首先是税收之外的非税收入，把那一大块非税收入砍掉以后，税收这块在中国现在的发展水平上，20% 多是很正常的，因此中国税收最主要的问题是结构问题。什么结构问题呢？我们现在是以间接税为主体，基本上没有直接税，所以像调整经济结构一样，税收制度改革最主要的是调整税收结构，实现从间接税向直接税的转变。这个转变的口号大家也许不反对，但做起来没有一个人欢迎，包括我们在座的人。间接税都是老百姓承担的，你去买个馒头，买个消费品，都交税了，相对于收入，富人消费的比重小，所以他交得少，穷人的收入几乎全用于消费，所以交的比重就特别大。但是所谓间接税，就是没有直接从你口袋里面掏，真从口袋里面拿的时候，大家都不愿意。所以，中国现在工薪阶层当中只有 7% 的人交个人所得税，这 7% 的人当中有 90%

的人只交 5%，真正半角超过 5% 的个人所得税的人不到 1%。现在又有新建议，说把个人所得税起征点提到 1 万元，据说网民大多数都赞成。如果网民能代表民意，也就意味着中国人的偏好是最好取消个人所得税，因为现在这个样子已经只是很少的人在交，提到 1 万元是只剩百分之零点几的人交税。美国共和党右派那么强硬，新自由主义那么流行，还是多数人都得交个人所得税。

个人所得税如此，我们直接的财产税也是几乎没有。美国刚结束的大选辩论的话题是"欧洲社会主义和美国资本主义"，因为美国人认为欧洲的国家干预和再分配调节太厉害了，搞的是社会主义，美国人是不干的。其实中国的税收更热爱资本主义。我在政府的会议上就直截了当地说，中国的税收制度是世界上最热爱资本主义的税收制度了。因为我们主要对劳动和消费大众征税，对财产和资本基本不征税，所以劳动一辈子未必买得起一套房，但囤两套房就可以移民了。勤劳不能致富，财产可以暴富，中国何来创新发展？从税制来看，美国共和党右派的主张拿到中国来也是很左派了。我们没有遗产税，没有赠与税，也没有固定资产保有税。美国人炒股一年以内卖出的要交个人所得税，边际税率高达 40% 左右，长期炒股也要缴 20% 的资本利得税，金融危机中特殊优惠了也是 15%，我们这个税完全没有。当然我们中国人如果不喜欢这些税，也是可以的，但是贫富差距大家就得忍一忍，因为没有这个调节，贫富差距一定很大，而且越来越大。不少人爱说所有这些问题都是市场化改革不彻底造成的，好像市场化改革彻底了，问题就解决了。其实市场化发展到今天的美国和欧洲，其贫富差距在税收和福利调节之前也是很大的。美国在一次分配结束的时候，基尼系数也是 0.5 左右，是通过税收和福利的再分配才调到 0.4 左右。欧洲呢？在美国人眼里欧洲是社会主义，因为欧洲从 0.5 调到 0.3 以下，调低了 20 多个百分点。我们呢？刚才我讲了，我们的财政体制的再分配是强化了一次分配当中的不平等，税收该调节的完全没有调节，而且我们也不喜欢调节。所以中国现在的基尼系数，前几年我就说一定在 0.5 以上，最近有人说过了 0.6。

虽然缺乏准确的数据计算，但是我想中国基尼系数在 0.5 以上恐怕是没有什么疑问的，因为连人家完善的市场经济在二次分配之前也是 0.5 左右，我们肯定更高。

所以，我觉得我们税收体制要解决的真正问题不是大家喜欢听的自欺欺人的减税，而是怎样实现从间接税向直接税的转变。中国现在的税收制度相当于 18 世纪美国、欧洲的税收制度，就是对财产和资本基本不调节的税收制度，这不要说不是社会主义，也不是现代资本主义，还是原始资本主义，我们离现代资本主义还有很长的距离。现代资本主义从罗斯福新政开始，从欧洲社会民主主义开始，从劳工保护到个人所得税，到遗产税，到赠与税，到固定资产税，有一系列对资本——更不用说对土地——等财产和收入调节的措施。

所以，我开头为什么要抨击财经界流行的假话、空话、套话？因为当我们真正面对现实的时候，这个现实有时候是很残酷甚至是很丑陋的。我们经常要面对的是一个两难的选择，而两难才是现实经济的真实状态，也可说是经济学研究的真正课题，如果全是一难那就太好办了。因此坦率地说，如果我们的税收制度还停留在 18 世纪原始资本主义的税收制度层面上，我们的贫富差距必然越来越大。如果我们想改变这个状态，就必须在税收制度上做根本的重大的变革。

顺便说一个更难的问题，在没有直接税的时候，隐性收入的税收征管也是很难办的。只有当一个税收体制是以直接税为主体时，隐性收入才能提上日程。有人计算中国隐性收入是 8 万亿元、10 万亿元，相当于 GDP 的 20%，媒体上也热炒。但隐性收入如果真有这么多，居民收入占 GDP 的比例就不低了。你不能一边说隐性收入规模巨大，一边又说居民收入占 GDP 的比例太低，因为算上隐性收入的话就不低了。所以现在媒体上流行的许多套话其实都自相矛盾，就像一边说工资收入徘徊不前，一边又说企业用工成本上升太快一样，这二者不能同时成立。就隐性收入而言，我个人认为是巨大的，这也是老百姓的真实感受。如果没有隐性收入，全世界 27% 的奢侈品能被中国人买走吗？这一个指标就可说明我们隐性收入巨大。税收体制以直接税为主体，隐性收入才会成为税收征管的主要对象，同时它才能成为遏制腐败的主要工具。因为在西方国家，反腐败主要不是靠我们的纪委，很大程度上靠的是税务局。西方人最流行的一句话就是"税收和死亡一样不可避免"，所有人最害怕的都是税务，因为每个人都逃不脱。美国的富豪想移民，税务局都会先让他脱一层皮。

有话语权的人都在既得利益集团中

所以在财政税收体制方面，我们面临的挑战实际上是非常大的，其中有政府的阻力，也有包括我们自己在内的各界精英的阻力。因为讲既得利益集团，那不是别人，中国有话语权的人都在既得利益集团当中。房产如果开始收税，收 1%，很多人觉得已经很严重了。从第三套收，很多人就提出许多意见来，说这个有不合理之处。如果真像日本、韩国那样从第一套就收，甚至别墅收 7%，住一个一亿元的豪宅或别墅，每年交七百万元，每个月交六十多万元，我们很多人早就晕过去了。那种情况下还有多少人住得起豪宅？但是人家能够越过中等收入陷阱就是靠这套制度安排。我们现在设想的收入分配制度改革方案，包括我们唱高调，说套话，讲市场化，攻击别人，都可以，但是当所有这些东西落到我们自己头上的时候，落到有话语权的精英头上的时候，我们到底是什么态度？这是中国能不能真正前进的关键。

总而言之，我觉得今天这个年会，设一个财政税收的分论坛是设对了，因为财税体制改革确实是经济改革推进的一个关键之所在，所以有领导感叹过，翻开真实的财政史，那才是真正的惊心动魄。我住在英国的时候，每次大选，包括每年政府公布预算，所有人最关心的都是财政部部长的演说，因为他的演说里面讲税，全国人都停下来看明年的税又怎么征了，因为那是涉及每个人的利益的。你去搞选举，最多四年、五年投一次票，而且到时候可能还不去，你说今天我要送孩子上学，就不去投了，但切身利益是跟你每天都发生关系的，你的基本权利在这里。

所以，我觉得财政税收体制是经济改革的核心所在，但是这里面的难度我们要有充分的预计，它不仅是经济，也是社会，也是政治，解决好它既需要智慧，也需要勇气，而这些我们基本上准备得都很差。

所以，我个人觉得刚才我说的这些改革三五年内都很难，我希望能够在一两个问题上突破，比如在倒卖土地财政上突破，因为土地收益占我们财产和收入不平等的很大一块。要使这块收益不被我们的政府、开发商、城市精英以及城中村、城郊村的农民瓜分，而真正把城市化的成本降下来，让城市化的主体，即农民工和其他外来就业人口获益，能够走出这一步，大局就会有比较根本性的扭转。其他事情有待于我们统一思想，逐步形成共识，设计好制度，然后再下决心慢慢去做。

（根据作者在网易 2013 财经年会上的演讲整理）

影子银行挑战与对策

中国银监会银行监管三部副主任　张宵岭

影子银行和金融危机

影子银行兴起

自 20 世纪七八十年代以来，由于金融市场的发展、金融创新和监管环境的改变，影子银行在以美国为代表的发达国家迅速发展。

首先，20 世纪 70 年代末以来，受通货膨胀和存款利率管制影响，美国传统商业银行的储蓄流失，利润下降。由于能够降低银行融资成本并使资产转移到表外，资产证券化业务在此环境下应运而生。

其次，共同基金、退休基金和保险类等投资机构迅速成长，这些机构投资人拥有大量现金，需要安全、期限短和流动性好的产品进行投资。传统商业银行的支票账户已不能很好地满足这些机构的投资需求，货币市场基金和回购市场得以迅速发展以满足市场需求。

再次，20 世纪 80 年代后金融监管和法律体系发生了重大变化。一方面，美国金融监管经历了长达 20 多年的"去管制化"历程，逐步削弱并最终废止了格拉斯－斯蒂格尔法案（Glass-Steagall）对混业经营的限制。另一方面，巴塞尔资本协议对不同资产的差别化资本要求催生了监管套利。

以上这些因素使得影子银行业务在美国迅猛发展，逐步成为金融体系中的一个主导力量。2008年年初，美国影子银行体系的信用资产规模达20万亿美元，远超商业银行13万亿美元左右的资产规模。国际金融危机以来影子银行资产规模大幅萎缩，但2010年年初影子银行体系的信用资产规模仍高达16万亿美元，超过商业银行13万亿美元的资产规模。

金融危机与对影子银行的挤兑

国际金融危机从2007年春起由美国次级信贷大量违约为导火索逐步引爆，先后发生了一系列的事件，其中最具标志性的事件包括：（1）2007年夏季资产票据市场的流动性危机；（2）2008年年初批发融资市场的流动性危机和对投资银行贝尔斯登的挤兑；（3）2008年9月雷曼兄弟倒闭引起的金融市场大恐慌，导致针对批发融资市场和货币市场基金的挤兑，使金融危机达到高潮。这一连串的危机和事件涉及的金融机构和市场不尽相同，但贯穿其中的核心问题是金融市场发生了对影子银行的挤兑，使得依赖短期批发融资市场的影子银行机构和业务经历了严重的流动性危机，最终威胁到整个金融体系的安全，造成了史无前例的全球金融体系的系统性风险。

如果说美国1929年金融危机的集中体现是发生了对传统银行的大规模挤兑，那么这轮金融危机的表现形式则是对影子银行的挤兑。本轮金融危机暴露出影子银行体系发展中积累的巨大风险，已引起各国监管当局及国际组织的高度关注。

影子银行的脆弱性和系统性风险

何谓影子银行

影子银行的名称来自英文"shadow banking"的直译，其更确切的翻译应该是"影子下的银行"或"隐性银行"。世界各国的影子银行业务差异巨大且种类繁多，对其准确定义并取得广泛共识并不容易。金融稳定理事会下设的监管合作委员会负责对影子银行的监管制定国际统一的监管标准，专门成立了影子银行工作组。目前金融稳定理事会对影子银行的定义是：那些涉及传统银行体系之外的机构和活动的信用融资中介业务。美联储前主席伯南克在近期的一个讲话中把影子银行简单定义为非银行信用融资业务。金融稳定理事会的定义与伯南克的定义内涵接近，都抓住了影子银行的两个根本特征：一是涉及传统银行体系之外的机构和活动，二是涉及信用融资中介业务。

这个影子银行的定义有好几层含义。第一，涉及传统商业银行范围之外的机构和活动表明：（1）这些机构和业务不受跟传统银行相同的监管；（2）这些机构不能像商业银行一样从中央银行得到流动性支持，相关债权人不能像个人储户那样得到政府的存款保险等信用保护。

第二，信用融资中介业务这个界定排除了一些在传统银行业务范围之外但不具有信用融资性质的金融市场业务，比如投资银行和对冲基金从事的股市交易、外汇市场上的对冲等业务。

第三，这个定义并没有认定影子银行所受的监管不够严格，或者隐含负面含义。但是，如果根据以上定义对影子银行的机构和活动进行分类和分析，可以发现大部分归入影子银行范围的金融机构和业务活动所受的监管通常不像传统商业银行那样严格，甚至有些根本不受监管。

第四，影子银行的定义还表明从事影子银行业务的机构一般不从个人储户吸纳存款来融资，而是主要依赖批发融资市场来支持其运转。

金融稳定理事会关于影子银行的定义得到了国际金融界的广泛认可。值得注意的是金融稳定理事会的这个定义并没有推定影子银行业务具有高杠杆、高风险的性质或者游离于监管体系之外，而是锁定了其本质是银行体系之外的信用融资业务这个核心特征。根据这个定义，以下机构和活动可以纳入影子银行的范畴。（一）从事影子银行业务的机构：货币市场基金，部分对冲基金，部分投资银行，信托公司，财务公司，资产类票据通道，结构性投资载体，政府支持的金融平台（如美国的

"两房"），金融担保公司，金融租赁公司，消费贷款公司，等等。（二）影子银行产品和活动：商业票据，资产类票据，回购协议，证券租赁，信用类衍生品，资产证券化，一些监管套利活动，等等。

影子银行的脆弱性

影子银行的特征注定了其固有的脆弱性。

首先，像传统银行一样，影子银行的资产负债结构存在期限错配和流动性错配等方面的缺陷。影子银行机构通常发行票据或通过回购协议从金融市场上进行融资，再将融到的资金投资到收益率更高但期限相对较长的资产上。所以，其负债期限较短（往往是隔夜或几天），但资产期限较长，形成期限错配。同时，影子银行的负债往往是流动性很高的短期债务工具，债权人很容易提现。但是，其资产通常是期限长、流动性差的投资（如贷款）。这种期限错配和流动性错配使影子银行特别容易受到流动性方面的冲击。

其次，与传统银行不同，影子银行不受中央银行的流动性支持和政府的存款保险方面的信用保护。传统银行体系由于央行的流动性支持和存款保险制度，基本上摆脱了银行挤兑这个痼疾。但是，影子银行体系在这次金融危机之前没有这两方面的制度安排，这使得影子银行极易受到挤兑而出现流动性危机。

影子银行的系统性风险

影子银行的脆弱性和对批发融资市场流动性的依赖使影子银行体系隐含系统性风险，这在本次危机中暴露无遗。影子银行的系统性风险有以下几个来源。

（一）影子银行可能催生金融体系的高杠杆。影子银行业务的一些"催化者"，如单业保险公司和其他信用担保公司，为结构性债券和贷款提供信用担保，表面上降低了这些产品的信用风险，但事实是，这些产品的信用风险可能被低估，单业保险公司和其他信用担保的提供者根本难以承担其承诺的信用担保，这使金融体系中充斥着各种带有水分的担保，提高了整个金融系统的杠杆率。另外，回购市场中质押品的重复使用也提高了金融体系的杠杆率。

（二）影子银行与传统银行体系高度关联，提高了整个金融体系的关联度。美联储的一份研究报告显示，美国大部分的影子银行业务都是银行在背后支持的。由于有期限错配和流动性错配的缺陷，影子银行业务必须依赖传统银行的参与，由银行提供明确或隐含的信用和流动性支持，从而降低影子银行机构的融资成本。也正是影子银行与传统银行的"合作"，使得整个金融体系的杠杆率和关联度极大提高，积累了巨大的风险。

（三）许多影子银行业务是因为监管套利而发明的，所以其在资本、杠杆率和流动性等方面所受到的监管通常远远低于银行业务受到的监管，也不受日常风险评估和现场、非现场监管等审慎监管要求约束。同时，很多影子银行业务的本质是信贷业务，而许多影子银行机构缺乏信用风险的识别和分析能力，这使得影子银行业务蕴藏着许多风险。

（四）从业务模式上看，影子银行体系将传统银行吸收存款获得资金、发放定期贷款这一简单过程（"放贷－持有"模式），分解成以批发融资方式获得资金、多方参与的复杂的融资链条过程（"发起分销"模式）。通过这一中介过程，影子银行体系将高风险的长期贷款（如次级房贷）转换为看起来低风险的短期、高流动性的债务工具，这些短期、高流动性的债务工具通过交易流传到金融体系的各个角落。但是，整个影子银行的融资链条依赖金融市场上这些短期、债务工具的流动性和信用质量，一旦市场对这些短期、债务工具的信用质量产生怀疑，整个批发融资市场的流动性就会在短期内迅速消失，导致整个金融市场流动性的冻结，引发系统性风险。这点在雷曼兄弟倒闭后的金融市场大恐慌中得到了充分印证。

（五）影子银行活动可以放大经济活动的顺周期性。各国历史经验证明影子银行高速增长期是与信用周期的膨胀期密切正相关的，影子银行体系对经济周期的顺周期性起到了推波助澜的作用。

影子银行在中国

中国影子银行的业务和规模

近几年来，中国金融体系最重大的一个发展就是影子银行业务的迅猛发展和壮大。目前国内对影子银行的定义和认识还存在一定的争议和分歧，但中国影子银行业务的快速膨胀则是不争的事实。根据金融稳定理事会的定义，中国的影子银行业务基本包括以下机构和活动：银行融资通道类业务（银信合作、银证合作、银证保合作等），以监管套利为目的的银行同业业务，银行理财池业务，融资类信托，委托贷款，贷款公司，融资租赁，民间借贷和地下钱庄，当铺，担保公司，电子商务类贷款业务，等等。

关于中国影子银行的规模，由于定义和数据来源的差异，目前统计口径从10万亿元左右到36万亿元不等。因为每个影子银行业务都有融资和投资两条腿，在统计时应该避免把融资和投资混为一谈，出现重复计算。根据一些公开的数据，如果我们对影子银行业务的最终投资额做个简单加总，中国影子银行的规模保守估计应该在22万亿元以上，包括：民间贷款和贷款公司贷款（5.2万亿元），信托贷款（7.8万亿元），委托贷款（7万亿元），券商资管的贷款（2万亿元）。这个口径不包括企业债券（9万亿元）。如果企业债券的购买方是银行的理财产品或者信托产品，这些企业债券应该纳入影子银行的统计。由于缺乏更细致的数据，中国影子银行的具体规模难以精确测算，但保守估计应该有20多万亿元。

中国影子银行的业务特点

与美欧的影子银行业务相比，目前中国的影子银行业务有鲜明的自身特点。

首先，中国的影子银行业务大多是简单的信贷类业务，其典型代表就是信托公司的项目贷款、小贷公司的贷款以及民间借贷。

其次，中国影子银行业务的绝大部分业务是与银行密切相关的，甚至是银行主导的。比如近几年迅速发展的银信合作、银证合作、委托贷款，其主导力量无一例外都是银行。可以毫不夸张地说，中国影子银行业务的主导力量是银行，而产品主要是银行贷款的简单替代物。

再次，中国影子银行产品的投资者主要是个人，这点与美欧有很大不同。以银行的理财产品为例，中国绝大部分的理财产品购买人是个人，而美欧的影子银行市场主要是以回购市场和货币市场基金为主体的批发融资市场，其参与者主要是机构投资人。中国影子银行参与者主要是个人这个特点使得该业务面临较大的社会风险和道德风险。原本应该由投资人承担的风险，将大部分或全部转移到金融机构和政府身上，这隐藏着严重的道德风险，导致了信用市场上的价格扭曲和金融资源配置的效率低下。

最后，中国一些影子银行业务是简单的、本土特色的资产证券化业务。这些都说明中国的影子银行业务基本上还处在发展的初级阶段，批发融资市场的规模尚小，与美欧有较大的区别。虽然表现形式不同，但是，中国影子银行业务的本质与国外影子银行业务没有根本的区别，其核心都是银行外的信贷融资，这点是不可否认的。

如何看待中国影子银行

如何看待中国日益壮大的影子银行业务是一个非常重要的问题，因为客观正确的认识对把握经济金融形势和宏观政策的制定至关重要。

首先，影子银行的崛起是经济金融发展到一定阶段的必然结果。无论是 20 世纪 80 年代的美国，还是现阶段的中国，影子银行的发展都是阶段性经济金融发展的自然产物，是适应市场需求的结果。从这个意义上讲，影子银行应该是一个中性的概念，不包含负面的含义。

其次，中国近期影子银行业务快速发展的根本原因是传统银行体系已经不能满足实体经济增长的需求。一方面，银行业的资产规模从 2008 年年底的 62 万亿元迅速膨胀到 2013 年第一季度底的 138 万亿元。这种信贷扩张的速度和规模在世界经济史上是前所未有的，可以说近几年相对高速的经济增长是以巨额粗放的信贷增长为代价的。中国银行业的总资产规模已经是美国银行业的 2 倍左右，这种持续高速的银行信贷扩张显然是不可持续的。银行在资本充足率、贷存比和信贷额度等方面的限制使得银行有很强的动力将其资产表外化，而第三版巴塞尔协议新资本管理办法的实施将使整个银行业面临更大的资本压力。另一方面，民营企业，中小企业，近期受银行贷款限制的房地产企业，以及一些地方政府融资平台对影子银行的信贷有强劲的需求。许多影子银行业务就是因为这些需求应运而生的。

第三，近期影子银行的发展很大程度上是市场倒逼利率市场化的结果。由于 2004 年以来中国一直存在存款实际负利率的情况，储户对理财产品和货币市场基金等新型货币型投资产品越来越青睐，银行脱媒现象日益严重。这个情况与美国银行业在 20 世纪 70 年代末的情况非常类似。

第四，中国金融体系的一些结构性问题是影子银行业务发展的另一个原因。同业存款市场和委托贷款的发展很大程度上是因为中国的大银行和大型国有企业相对于中小银行和民营企业有更充沛的资金，在一定程度上充当了资金批发的角色。

第五，与其他国家类似，中国很多影子银行业务的崛起与监管套利密切相关。银行的融资类通道业务，如银信合作、银证合作以及同业代付等业务的根本推动力是监管套利。

第六，一些影子银行业务的兴起是因为新型经济活动的需求，也是金融创新的结果，比如电子商务类贷款业务。

中国影子银行业务崛起的影响

近几年影子银行的迅速崛起对中国金融体系的稳定、货币政策的传导以及实体经济的金融服务等经济金融的各个方面都产生了深远的影响。

首先，影子银行的崛起对宏观货币政策的传导机制产生了重大影响。

一方面，中国人民银行统计的社会融资总量中非银行信用融资占比已经从 2008 年的 28.5% 增长到 2012 年的 48%。2012 年新增影子银行信贷已占全社会总信贷增量的 1/3 左右。

另一方面，银行间同业市场和表外理财产品的发展使得银行间同业市场成为金融体系流动性创造的重要来源。2012 年年底，银行间同业资产（包括同业存款、同业拆借和买入返售及卖出回购）余额达 20 万亿元，银行同业市场已经成为中国金融体系最重要的批发融资市场和部分影子银行业务的重要资金来源通道。

以上两方面的发展使得宏观货币政策中的信贷规模调控等数量手段的效用越来越小，银行间市场的利率水平对金融体系流动性的影响日益显现。可以说，中国宏观货币政策目前正处在从数量管控向价格工具转换的过渡期，央行调控货币政策面临的挑战将越来越大。

其次，市场倒逼的利率市场化使得银行的负债成本和资产收益越来越市场化，存贷款基准利率的重要性一天比一天低。这对银行的业务模式、利润增长和风险管理等各个方面都带来了新的挑战。

再次，实体经济的融资渠道已经从对银行的绝对依赖转为多渠道、多元化。一些企业和平台已经越来越多地通过发债、信托等渠道进行融资，而这种行为在很大程度上推进了利率的市场化和金融市场的丰富与扩容，金融市场将在我国经济中发挥越来越大的作用和影响。

影子银行的对策和监管

国际上影子银行的监管动态

国际金融危机爆发后，世界主要经济体和国际金融组织加强了对影子银行监管的研究。金融稳定理事会成为国际上统筹影子银行监管的主要平台。金融稳定理事会影子银行工作组目前主要从五大方面推进不同类别的影子银行业务的监管改革措施。

第一类是针对与银行高度关联的影子银行业务的监管措施，由巴塞尔委员会负责制定；第二类是货币市场基金的监管改革，由国际证监会组织负责推进；第三类是"其他影子银行机构的监管"，由一个专门的工作小组来负责；第四类专门针对资产证券化，由巴塞尔委员会和国际证监会组织共同负责；第五类是回购市场和证券租赁等批发融资市场的监管，由一个专设的工作小组负责。

从这些工作组的构成看，金融稳定理事会针对影子银行的监管措施主要关注西方发达国家的影子银行业务形态，包括：与银行高度关联的影子银行业务、资产证券化、批发融资市场以及货币市场基金等。一方面是因为这些影子银行活动在这次金融危机中暴露出了很大的问题，另一方面是因为目前还是美欧发达国家主导国际影子银行的监管改革。尽管国际上在金融稳定理事会的主导下对影子银行业务的监管开展了诸多的改革，但是，这轮金融危机中暴露出来的批发融资市场上对影子银行的挤兑问题目前还没有得到根本解决，批发融资市场上的流动性隐患依然严重。

中国影子银行的应对和监管

中国影子银行的兴起有其客观的原因，并对金融体系的结构、实体经济的金融服务和宏观货币政策的传导机制等各个方面产生了深刻的影响。基于这个原因，应对影子银行的崛起不仅仅是一个监管的问题，而应该是一个系统性的全面金融改革和监管改革的问题，必须抓住问题的本质并有前瞻性的思维。

（一）首先要认识到影子银行有提高金融资源配置效率和放大风险的两面性。一方面，影子银行的兴起有其客观原因，是社会经济形态和金融市场发展的直接结果，有些影子银行的业务可以极大地提高金融资源的配置效率；另一方面，影子银行如果任其自由发展，野蛮生长而不加以规范，则蕴含着巨大的风险。

基于这个基本判断，对影子银行问题应该采取"疏和堵"相结合的方法，坚持市场化改革的导向，力求"开前门，堵后门"。对金融体系进行有针对性的改革，以疏导实体经济对金融服务的合理需求，对确实能满足实体经济需求同时风险不大的影子银行业务应该允许其发展，但要对其加以规范，并力求将其纳入监管体系。对那些可能导致系统性风险的影子银行业务和纯粹以监管套利为目的的影子银行业务要严格控制，甚至严厉取缔。

（二）加快利率市场化进程，推进资产证券化，推动并规范债券市场的发展，同时，改革信贷规模管控等行政管制式的监管模式。

近几年，中国影子银行业务崛起的本质动力是投资人对合理收益率的追求，实体经济对金融服务的需求，以及银行在资本和流动性方面的压力等因素。应该在这些方面推进改革步伐，以满足投资人和实体经济合理的需求，并引导固定收益类资产管理业务的规范发展。

利率市场化可以减缓银行储蓄脱媒的压力，并一定程度缓解金融资源配置扭曲和中小企业融资难的问题。中国的银行业近几年信贷快速扩张，各银行面临巨大的资本压力，目前相当部分的影子银行业务快速增长的根本原因是银行有很大的动力从事监管套利，包括将资产表外化，或者规避信贷规模管控。资产证券化可以给银行开启一个将信贷资产转移到表外，缓解资本压力的正规渠道，有利于监管机构对其进行规范和风险管理。

当然，资产证券化在这次金融危机中也暴露出了很多问题，但其在提高效率和分散风险方面的积极作用是不可否认的。应该尽快出台资产证券化的标准，对风险分担、定价和风险管理各方面进行规范，促进资产证券化业务的健康发展。债券市场的健康发展对完善我国的金融体系有至关重要的意义，应该着力培养一个公平、透明和理性的债券市场。目前，中国债券市场发展迅速，但公平合理的债券违约处置机制尚未建立，地方政府干预等非市场因素对债券市场的干扰很大，债券市场隐含较大的道德风险隐患，不利于系统性风险的防范。

（三）尽快建立一个统一协调的影子银行监管框架，避免"头痛医头脚痛医脚"的监管方式。由于影子银行业务的多变性和涉及环节的多样性，影子银行的监管应采取功能监管和机构监管相结合的方法，同时，大力强化主要监管部门之间的沟通和协作。影子银行业务的特点之一是多变和监管套利倾向，这使得功能监管更有可能较全面地覆盖影子银行的业务范围。但另一方面，机构监管的手段更加直接有效，所以，功能监管和机构监管相辅相成。更重要的是，由于影子银行业务形态有多变和跨部门的特点，应建立常设的"一行三会"的部际影子银行工作组，对影子银行业务的监管进行协调和沟通，减少不同部门监管的差异性，力求杜绝其在不同部门间的监管套利。

（四）重点防范与银行高度关联的影子银行业务，防止监管套利和风险传染，同时，应该允许银行设立子公司从事有限牌照的资产管理业务，规范银行理财业务的发展。与其他很多国家类似，中国影子银行业务的绝大多数与银行业密切相关，甚至是银行主导的。这就要求在银行的并表管理、表外资产的界定、银行对关联机构的隐性信用担保和流动性支持的资本计提等方面建立全面的风险管理框架，杜绝纯粹以监管套利为目的的银行通道类业务。

另一方面，应该允许银行设立独立的子公司专门从事固定收益类资产管理，规范银行的理财业务。目前中国银行的理财产品业务种类繁多，类似于美欧的货币市场基金和结构性投资载体的混合体，具有明显的资产管理业务的特征。可以考虑允许商业银行以子公司的方式从事有限牌照的资产管理业务，同时将具有刚性兑付性质的理财产品纳入表内，客观反映银行的实际风险。这有利于在银行与影子银行体系之间建立有效的防火墙，防范影子银行体系与银行体系之间的风险传递。

（五）建立对影子银行业务的全面监测体系，提高信息透明度。目前世界各国普遍缺乏有关影子银行业务的高质量数据和检测体系，迫切需要建立从宏观和微观两个方面收集影子银行业务活动数据的统计体系，掌握影子银行业务的准确动态。

要求影子银行加强对其业务活动各环节的全方位、多角度的信息披露，提高影子银行的透明度。要规定影子银行明确的信息披露周期和披露内容，特别是要加强对证券化、表外资产、杠杆使用等信息的披露。统一对影子银行的会计处理，实现标准化，便于监管部门和投资者的理解。

（六）对从事影子银行业务的机构进行直接监管，减少影子银行与传统银行之间的监管差异。同时，对金融机构间的同业市场实施前瞻性的规范和管理，消除系统性风险的隐患。

一方面，对主要的影子银行机构在资本充足、流动性标准和大额暴露方面提出监管要求，消除或减小影子银行与银行的监管成本差异。

另一方面，中国的银行间同业市场已经发展成为最重要的批发融资市场，成为为一些影子银行业务提供资金的重要通道，在影子银行体系中将发挥越来越重要的作用。这个市场存在不小的监管套利和流动性风险隐患，对这个市场上的监管套利行为和买入贩售交易中抵押品的使用等实施具有宏观审慎思维的、前瞻性的规范和管理，对防范系统性风险有非常重要的意义。

（七）尽快推进存款保险制度和金融机构破产处置机制等金融基础设施的建立。这轮金融危机的一个重大教训是各国在金融机构的危机处置方面的基础设施极其薄弱，危机时对破产的金融机构的有序处置能力严重不足，从而对金融市场和金融体系的稳定造成了很大的冲击，而中国在这方面更是远远落后于发达国家。存款保险制度和金融机构破产处置机制的建立可以从制度上确定金融机构债权人在金融机构破产处置时的权利和义务，有利于在金融市场上减少道德风险的隐患，促进固定收益市场的健康发展。

总之，影子银行业务的兴起对中国金融体系的结构、实体经济的金融服务以及宏观货币政策的传导等各个方面都产生了深远的影响。总体思路应该是坚持市场化导向，在防范风险的同时，引导影子银行业务更好地为实体经济服务，而影子银行监管的应对之策必须是全方位的，包含金融体系的全面改革、金融基础设施的建立和金融监管改革，是一项艰巨而复杂的系统工程。

（原载财新《中国改革》2013年第8期，
本文观点只代表作者，不代表中国银监会）

从垄断到平权

国务院发展研究中心研究员　张文魁

　　改革开放至今已经 35 年。在这不平凡的 35 年里，中国发生了高增长奇迹，经济和社会格局也因此发生了巨大变化。一方面，变化是积极有益的，另一方面，变化也意味着挑战。在改革开放 35 年之际，认真审视这些挑战很有必要。研究前沿距离的经济学家们认为，考察与前沿国家之间的距离，对于一个经济体在某一个时段采取合时宜的发展政策和制度，是有帮助的，而当与前沿国家之间的距离发生改变时，发展政策的调整和制度体系的重构就很有必要。尤为重要的是，促进起飞的政策和制度在发挥预期威力的同时，也会带来非预期的副产品，对副产品的处理是发展征途上一项无可回避的挑战。如何处理这些副产品以保持发展态势的持续，必须适时进入决策者的议程。其中一项副产品是，垄断和寡头力量不断积聚，而自由的、公平的竞争受到压制，甚至政府监管被俘获，这会蚕食持续增长和社会安定的基础。越来越多的人士已经意识到挑战的严峻性。在中共十八大之后的一年时间里，呼吁进一步改革以应对挑战的声音越来越强烈，并期望十八届三中全会能做出有针对性的改革筹划。现在，三中全会已经落幕，全会公报和全会通过的《中共中央关于全面深化改革若干重大问题的决定》进一步强化了市场化改革的方向，并将改革的范围向更广的领域延伸。我认为，与其载之空言，不如见之行事。是行事的时候了。

经济起飞的东北亚版本和东南亚版本

垄断和寡头与经济租联系在一起。不过，无论理论研究还是实证研究，对于垄断和寡头的看法仍然存在一些分歧，特别是全球一体化快速推进的情境影响了一些人的判断。比较一致的看法是，来自创新、差异化、起始阶段规模经济之外的经济租是有害的。现实观察能给人更有价值的启示，二战之后许多经济体都经历了起飞过程，但是，在处理垄断和寡头这个副产品方面却大异其趣，发展结局也因此存在天渊之别。我们所在的亚洲地区，东亚国家有着政府强势、人民勤劳的共性，但是，东北亚和东南亚在过去几十年里却出现了令经济学家们讨论不休的巨大分野。

东北亚的典型经济体是日本和韩国，我国台湾地区由于深受日本的影响也算是带有东北亚印记的经济体。日本开始经济起飞很早，在二战前工业就有相当好的基础。在其快速的工业化进程中，财阀体系形成，三井、三菱、安田等十大财阀基本上控制了日本的经济，并且与政治体系结成了紧密而不透明的关系。在麦克阿瑟管制时期，财阀遭到解散。尽管一些财阀的核心企业后来又以新的方式结成了企业集团，但是，财阀时期那种窒息经济和社会的垄断控制体系得到了有效的纠正，《禁止私人垄断及确保公平交易法》《经济力量过度集中排除法》等法律的实施有力地促进了自由竞争的复活，日本经济得以再现二三十年的景气奇迹。20 世纪 90 年代至今日本经济的低迷有许多原因，学者们一直在探究中，但是，日本前十家大企业在过去 20 年更替率之低，还有更多企业的"僵尸化"，越来越引起学界的注意。现在，为了恢复经济活力和增长动力，日本正在筹划推行大规模的结构性改革，其中的一部分内容就是要促使"僵尸企业"退出市场，进一步促进自由竞争和鼓励创业，让那些"平民化"的中小企业有更多的机会得到经济资源和获得成长空间。

韩国在战后快速工业化过程中也形成了一些大财团，它们对国家的经济和政治都有较大的左右局势的势力。财阀体制一方面促进了出口和经济增长，另一方面也形成了巨大的扭曲和失衡，包括过度投资、大举负债、掩盖低效、转嫁风险，最终在20世纪90年代末酿成系统性金融危机。而在后金融危机时期，韩国力推以自由化、竞争化为导向的IMF体制，在政府、金融、公司、劳动这四大领域果敢实施结构性改革，大财阀的垄断和寡头力量遭到显著削弱，向财阀倾斜的产业政策得到扭转，财阀们要么倒闭，要么实行自我革新，更加依赖市场。韩国在亚洲金融危机后积极推进的结构性改革，促进了韩国经济重拾升势，不过，韩国学界和政界普遍认为，破除垄断、抑制寡头的任务仍未完成，新任总统朴槿惠也誓言要进一步推进鼓励竞争的结构性改革。

东南亚则是另一个版本。东南亚经济体包括菲律宾、马来西亚、印度尼西亚、泰国等。我不把新加坡纳入经济起飞的东南亚版本之中，是因为要透彻分析这个有些神秘且非常年轻的城市国家实在不容易。我也不把文莱这样的产油国纳入东南亚版本，把产油国剔除是学者们做研究时的通常做法。与东北亚经济体一样，东南亚经济体在二战后也曾经历过一段高增长，尽管"雁行发展"让这些国家的起飞更晚一些。东南亚经济体的高增长也出现了垄断和寡头这个副产品，而且一度非常严重。无论是进口替代产业还是出口导向产业，国家补贴和其他资源的流向起初是鼓励竞争力的提高，但是，随着时间推移，获得较强市场地位的企业，或者那些更有渠道与政府结盟的企业，开始垄断国家补贴和其他资源，并排斥来自其他企业的竞争以强化其垄断和寡头地位。更加严重的是，其中一些企业进一步诱使政府在管制规则不明确的情况下将基础设施、公用事业、基础产业、资源开发、不可贸易的服务业等产业私有化，随后促使政府选择事实上的关闭市场、阻断可竞争性的政策。可以想象，在这种情况下，资本会流向那些具有垄断租的领域，竞争性行业反而凋敝，创业和创新受到压抑，可贸易的制造业部门无法持续赢得国际竞争力。因此，不少东南亚经济体在经过起飞阶段之后，经济增长开始失速，落入了所谓中等收入陷阱之中，一些国家还陷入了动荡不安的境地，然后要花较长的时间和较大的代价，才能重新回到较高增长的轨道。

当垄断与权力联姻

我们已经初步了解，在许多情形下，垄断和寡头的形成并不是来自自然垄断和规模经济，而是来自产业政策和政商联结，这与权力有关。当前沿距离非常大的时候，亲商的政府、向特定企业倾斜的政策，可能是有利于工业化和经济增长的，若那时政府还比较廉洁，效力会更大。

但是，副产品会不断积聚，并且随着与前沿距离的缩小，副产品的毒性将会急剧增加。如果说，自然垄断可以通过严格监管、业务分拆、构造可竞争性来缓解效率低下，减少生产者剩余和消费者剩余的净损失，且规模经济带来的垄断地位也可以通过分拆、业务限制、降低进入壁垒等方法来消解，而当垄断与权力联姻，问题就变得很严峻了。

垄断与权力联姻，既腐蚀经济也腐蚀政治。既然垄断与经济租有关，如果权力或明或暗地支持垄断，整个社会就会出现设租和寻租轮番加码的局面，不但经济增长会被阻断，腐败、不公平、两极分化、机会主义行为等问题也会不断恶化，整个社会就容易陷入动荡和失望之中。凯文·墨菲和安德烈·施赖弗曾经分析过寻租对经济增长的影响，他们的结论是，寻租行为能带来递增收益且具有高度的自我维持性（self-sustaining），清除起来非常困难；同时，寻租会扭曲资源配置和损害创新行为，因此会降低经济增长率。

一些拉美国家曾经的经历能够验证他们的分析。那些拉美国家在起飞阶段，即使在竞争性的工业部门，经济精英们也很快就垄断了进口替代补贴的现金流，并且巧妙地与政治精英结盟，借助国家权力获取生产要素和排斥市场竞争，从而构筑了垄断和寡头地位。与东南亚国家一样，资源、银行、电信、电力等许多不可贸易部门陆续被精英们所控制，而需要大量创新投入的制造业却被逐步放弃，增长陷入疲软，社会分化加剧，这不仅会使经济发展的进程停摆，也会刺激民族主义和民粹主义的崛起，使国家的经济社会政策大幅度摇摆，民众对立情绪强烈，社会陷入动荡不安之中。即使在这种情况下推行平权化改革，改革也容易变得激进和草率，进步主义运动会走向反面，不但不会推动经济发展和社会进步，反而会阻碍经济发展和社会进步。一旦陷入这样的境地，需要付出惨重的代价，花很长的时间才能走出来。

这些足以警醒中国。在中国的高速增长缩小前沿距离的时候，副产品毒性的增强却没有引起足够的重视。中国过去30多年的经济起飞，所积累的垄断这个副产品一点也不比其他起飞国家少，这在现实中很容易观察到。在我看来，中国反垄断的难点不在于垄断行业的改革，而在于如何遏制垄断与权力联姻。诚然，电力、电信、铁路、石油石化等垄断行业迫切需要深化改革，以引入更多的竞争和提高效率，但是，一定要看到这些行业可能存在着垄断与权力联姻，这种联姻披着高贵而又洁白的婚纱。更加严峻的是，在更多的其他行业，与权力联姻的行政性垄断破坏了本应自由和公平竞争的市场格局。不管是民营企业还是国有企业，一旦通过与权力的联姻而获得市场势力，就会妨碍自由与公平竞争，就会阻碍要素使用和财产保护方面的权利平等。与权力联姻的垄断者和寡头们在貌似市场经济的环境中成为特权者，所攫取的巨大经济租转化为高额会计利润。如果我们不采取行动，凯文·墨菲和安德烈·施赖弗所得到的结论有可能不幸被中国所验证。

许多东南亚国家和拉美国家的教训显示，垄断势力最喜欢也最容易盘踞于不可贸易部门。出于对垄断者的痛恨，一些国家选择在这些部门实行国有化。中国的不可贸易部门本来就是国有经济占主导，但中国的情况表明，其他国家的经历也证明，即使对不可贸易部门实行国有制，也并不自然而然地改变垄断格局。要知道，所有制是所有制，市场结构是市场结构，垄断行为是垄断行为，国有制顶多只会改变垄断租金的分配，并不会自然而然地消除垄断租金本身，更何况国有制还会导致另外的严重问题，如效率低下、服务质量低劣、需要国家巨额补贴。更进一步，国有制更有可能强化垄断与权力的联姻，更有能力排斥自由和公平竞争。在中国，不但自然垄断领域都由国有资本控制（这些领域显然存在严重的效率低下问题）而且在更多的非自然垄断领域，巨量国有资本也分布于许许多多的行业，行政性垄断也广泛存在。要破除垄断，要清除垄断与权力的联姻，对分布广泛的国有经济实施收缩性改革是必需的。

其实，我国借助于国有制和行政权力来排斥自由和公平竞争已经远远超出不可贸易部门。2006 年，国家有关部门将军工、电网电力、石油石化、电信、煤炭、民航、航运等七大行业划定为由国有资本绝对控制的领域，换言之，非国有资本一般不得进入这些领域，即使有少量进入，也不可以在市场当中占有多大的份额；同时，将装备制造、汽车、电子信息、建筑、钢铁、有色金属、化工、勘察设计、科技等行业划定为国有资本保持较强控制力，这些领域允许非国有资本进入，但显然要将非国有资本限制在从属地位。上述十几个行业绝大部分并不是自然垄断领域和不可贸易部门，这些行业如果对非国有资本采取排斥态度，即使能够在国有企业之间构造竞争，也仍然是远远不够的，这种高度同质化的竞争不能涉及更深的层面，更何况国家作为统一的出资人，可以通过企业合并重组的方式来限制竞争和消除竞争。在电网、铁路等自然垄断行业，尽管国有资本在相当长的时期内保持控制地位是可以理解的，但是通过分拆等方式构筑更多的竞争，仍然有很大的空间。在石油石化等资源性行业，如何使资源租更好地显性化并得到合理分配，必须纳入考虑之中，而对于与资源开采无关的下游业务，需要去捆绑化并开放竞争。总之，国有制并没有改变垄断，反而可能强化垄断与权力的联姻，因此我们不但要处理自然垄断，消除行政性垄断，还要改革国有经济。

垄断同盟的强大性

不但普通民众、中小企业能感受到垄断对经济和社会的危害性，恐怕连垄断者、寡头们自己都知道这一点。在那些长期深受垄断困扰的经济体当中，并不缺乏对垄断的批评之声，但是，垄断者往往会结成同盟，而且这种同盟一旦结成，就会越来越强大，以极力抵制各种破除垄断的力量。

垄断者、寡头们自己会结成内部同盟。在一个权利获得保障的社会里，具有相同利益的群体结成利益同盟、形成利益集团没有什么不正当的，但令人忧虑的是，垄断利益同盟由于攫取了足够的垄断租金，只要拿出其中一小部分来游说政府、影响社会，就可能改变社会均势，从而使垄断变得长期化、合法化。

一些发展中国家在经济起飞的时候，政府推行本土产业扶持政策和进口替代政策，那些获得政府资源注入和资金注入的本土企业，会尽量使政府支持长期化。如果国家的产业体系和贸易体系开放程度不够或者开放进度太慢，本土企业的竞争意识和竞争能力不能及时提高，这些企业就会逐渐养成吃优惠政策的习性，并使这种优惠垄断化。他们容易结成垄断同盟，形成强大的与政府讨价还价的能力，政府甚至被绑架。继而垄断同盟会不断向非贸易部门和资源性领域扩张，高度扭曲资源配置和严重窒息经济活力。

国有企业群体更容易形成垄断同盟，国有企业在很多时候可以优先获得国家分配的资源和资金、排斥平等竞争和优胜劣汰，但由于国有企业从国家手里拿走任何东西都不存在国有资产流失问题，即使这些资源和资金被低效地使用和无谓地浪费，也是"肉烂在锅里"，所以难以受到追究。同时，国有企业手里有一张绝好的牌，就是国有企业的职工群体，这个群体也可以加入到垄断同盟的行列中去。国有企业职工与国有企业高管有利益冲突的地方，但更有利益一致的地方，大家分食垄断租金，这就是最大的共同利益。因此，在许多经济体当中，国有企业职工的工资福利都明显好于私人企业，这并不是因为国有企业的效率更高，而是因为国有企业通过强化利益同盟得到的垄断租金更多，普通职工也参与分羹。

不光社会主义国家的国有企业是这样，资本主义国家的国有企业也是这样。20世纪80年代，时任英国首相撒切尔夫人大力推行国有企业的私有化，在很大程度上就是要破除盘踞在英国的包括国有企业职工在内的国有企业垄断同盟。那时，国有企业工会具有很大的势力，不断向政府要价以维护和强化不合理的既得利益，但是，这种垄断同盟严重损害了英国的竞争力，所以铁娘子才忍无可忍，断然改革。数年前，小泉纯一郎任日本首相时，对日本邮政等国有企业实施了改革，那时，日本邮政的职工和高管结成的利益同盟也非常严重，而垄断造成的效率低下、排斥竞争也早已为社会所诟病。所以，不管是社会主义国家还是资本主义国家，消解垄断同盟、破除垄断结构，都是一项十分棘手但又时常会碰到的任务。

最强大的垄断同盟当然是垄断者、寡头们与政府结成同盟，这就是前面所论述的垄断与权力联姻。政府权力可以通过强制力量获得税收，垄断者和寡头们可以明目张胆或者瞒天过海地获得垄断租金，如果这两个最重要、最稳定的现金流都流到一个同盟体当中，这个社会一定会非常扭曲、失衡。许多落入中等收入陷阱的经济体，恰恰是这样的情况。这个同盟中的政治权力者和经济垄断者，可以相互反哺，因此非常强大，同时不必通过生产的扩大和生产率的提升来获利，而是热衷于直接非生产性寻利活动，导致经济资源浪费在无助于生产效率提高和全球竞争力提升的无谓行为中，社会的创新精神和创造动能会受到压抑，对经济增长的可持续性将构成严重伤害。更重要的是，这样的垄断同盟能够便利地占据经济领域之外的许多资源，如政治资源、教育资源、传播资源、文化资源、卫生资源，以及其他重要的公共资源，形成赢家通吃的格局，强化赢家更赢、输家更输的马太效应，社会两极分化就会加剧，社会流动性就会受阻，不但会出现很多的"官二代""富二代"和"贫二代""农二代"，也可能出现"政二代"和"垄二代"，"二代化"继而演变为"三代化""代代化"，子子孙孙，无穷匮也。一个"二代化"的社会，是一个很糟糕的社会，将缺乏前进和进步所必需的活力和希望，会导致社会焦虑、社会挫折和社会对抗不断加剧，最终带来社会动荡并拖累发展进程。

　　垄断联盟会尽力寻找垄断的粉饰物，使垄断变得貌似正当有理。垄断不可怕，就怕垄断有文化。在一些发展中国家，垄断者通常使用的粉饰物就是保护民族产业、保障经济安全、掌握战略资源等。在一个全球竞争变得越来越激烈、民族主义越来越流行的年代，这种粉饰物非常亮丽。此外，意识形态也可以成为一种粉饰物，比如国有企业垄断同盟可以用意识形态来化解批评之声。因此，要破除垄断，必须要对维持垄断的理由加以甄别，必须要去掉那些粉饰物，才能使垄断者露出原形，才能使破除垄断的改革得到广泛支持。

　　在我国，垄断当然存在，虽然垄断同盟似乎并不明显，但在这方面保持一定的警惕也并非多余。在经济领域，不管是国有企业，还是民营企业，特别是那些规模较大、影响力较强的企业，如果占据了一定的垄断地位或者获取了一些优惠政策，他们会尽量联合起来排斥竞争，这样的情况还是存在的。特别是国有企业，还比较广泛地获得行政性保护，享有行政性垄断，他们会尽量形成合力来游说政府，强化保持和维持垄断。

　　我国的许多行政性垄断很有隐蔽性，或者拥有一些貌似正当的道理。在一些行业，垄断势力或寡头地位，貌似是在市场化经营中由于规模经济和先入优势形成的，但深究下去仍然可以发现是借到了行政权力的东风。如汽车工业曾经实行的目录制度，在很长一段时间里帮助先入者，主要是少数几个国有企业，来维持和巩固其寡头地位。这就是行政性垄断，因为它借助行政权力来排斥潜在进入者的可能竞争。通过行政权力限制竞争在服务业尤其突出，银行业是一个典型，行政管制设置了严厉的进入壁垒，价格竞争和其他方式的竞争手段也受到管制。无论是曾经的汽车制造业，还是当前的银行业，行政权力限制进入和竞争总能说出振振有词的道理，因为这些行业看起来好像是存在激烈竞争，但其实，这些行业的企业数量之多和市场集中度之低并不能反映竞争状况，行政权力在游说下容易夸大竞争，从而以政府产业政策的名义限制进入和竞争。这些都值得高度重视，并在未来加以解决。

不仅国有企业，其他国有单位，如国有事业单位、国家机关，在我国也是一个非常庞大的群体。国有企业有 4000 万左右的职工，国有事业单位有 3000 万左右的职工，国家机构有将近 1000 万的职工。这个大约 8000 万人的国有单位职工，与私营部门的职工相比，特别是与那些非正规就业人员和农民工相比，无疑享受着更加优厚的待遇。这种优厚待遇有一部分是来自更高的劳动生产率，但不可否认，也有一部分是来自垄断租金，是来自机会垄断、资源垄断、身份垄断等带来的租金，这些垄断导致了机会的不均衡、资源的不开放和身份的不平等，预先排除了自由的、公平的竞争。很难说这 8000 万人会结成垄断同盟，因为他们内部不同板块、不同层级的人物之间有利益不一致的地方，但是，他们也有比较共同的诉求，容易找到共同的语言，发出共同的声音。更重要的是，他们在政治上和社会上有着巨大的话语权和影响力。

下一步，如何对这些国有单位推行有力度的改革，是一项极为棘手的任务。

中国需要平权运动

如果垄断者和寡头们享有特权并且固定化，而社会上的其他分子失去合法权利和平等待遇，这个社会是无法持续发展、和谐安定的。许多国家的实践证明，当问题积累到一定程度，就需要在经济领域，继而在整个社会，推行平权化改革。美国是一个很好的范例。很多人都误认为，美国现在比较自由、比较充分的竞争局面，机会比较均等的社会，是一直就有的，或者是移民登上新大陆就与生俱来的。其实不是这样，这样的局面，这样的社会，是经过平权化改革才得以确立的。美国在大约 100 年前的西奥多·罗斯福时代，就开始了经济领域的平权运动，开启了美国的进步主义时代，从而为美国成为一个强盛的现代国家扫清了障碍，西奥多·罗斯福也因此被美国人尊为最伟大的四位总统之一，其巨大的头像被镌刻在拉什莫尔山崖上。

在 19 世纪下半叶和 20 世纪初，美国经济的高速增长形成了一些垄断和寡头企业，数量有限的托拉斯控制了许多重要行业，生产高度集中，市场的平等竞争受到了很大的妨害，强势利益集团成为赢家，而弱势利益集团的利益得不到应有保护，无论经济领域还是社会领域，强与弱的两极分化都非常严重，社会分歧也因此加剧。西奥多·罗斯福就任之后，致力于反托拉斯和推行经济领域的平权化，为经济的持续增长和社会的平衡发展确定了航向。其之后的两任总统都致力于反托拉斯、促进竞争和平权，并取得了巨大成绩。在随后的几十年里，这种平权化改革贯穿于几乎每一任总统的任期。平权运动有力地扭转了一度严重困扰美国的垄断横行、竞争受制、自由受压的现象，为美国的经济和社会不断地注入活力，使美国梦的实现大量体现于那些没有背景、没有势力的普通中小企业和平民大众的成功之中，全世界许多怀着梦想而一无所有的人都争先恐后来到这片土地，这成为美国确立强大全球竞争力的一个重要基础。

中国正处在与美国 100 年前相似的重要关口。那时，美国经过南北战争后 50 年的高速发展，国力空前强大，精英自我陶醉，而清醒者，如西奥多·罗斯福和他的同僚们，却洞察到无处不在的垄断所具有的毒害性，从而启动了将美国带向伟大国家的平权运动。

中国经过过去 35 年的高速发展，已经成为全球第二大经济体，综合国力今非昔比，国家自信不断提高。但是，高速发展也积累了很多垄断、不平等、不平衡等副产品，如果不及时清除这些毒性越来越强的副产品，有特色的社会主义就有可能变异为有特权的资本主义。

中国何时会出现自己的西奥多·罗斯福？这不得而知。但是，中国现在到了推行自己的平权运动的时候了。

在经济领域，平权运动的首要任务是破除行政性垄断，重组和监管自然垄断行业，清理垄断与权力的联姻，消除资源分配和经营保护方面的特殊待遇，促进平等竞争。自然垄断行业并不多，可以通过进一步拆分、重组和发展替代性竞争的方式来引入竞争机制，构筑有限竞争，并在不可竞争的环节设置严厉的规则，进一步强化政府监管。对于在市场化经营中由于规模经济和先入优势等因素而形成的垄断和寡头，可以通过强制分拆、限制合并、鼓励进入等措施来消解垄断、强化竞争。

对于行政性垄断，则需要斩断行政权力与有市场势力者之间的联姻。行政性垄断是典型的来自权力的垄断，不限制对经济过当干预的行政权力，就不可能消除行政垄断。我国并不是没有限制行政性垄断的法律。2007年，我国出台了《中华人民共和国反垄断法》，其中有一章专门针对行政垄断，但是，其内容仅仅限于处理地方政府阻止跨地区的商品流动等事项，属于明显的避重就轻。未来，我们有必要修改和充实相关内容，使那些借权力之手行垄断之实、阻碍公平竞争和经济发展的行为得到真正的限制。特别重要的是，行政性垄断主要存在于国有经济领域，因此，要消除行政性垄断，必须对国有企业实施大刀阔斧的改革，通过国企民营化的方式显著收缩国有经济战线，继续存在的大型特大型国有企业要重点发展混合所有制，促进公司治理的商业化，这样才能基本做到政企分开和国企的市场化经营，从而实现国有企业与其他企业的平等竞争、平等获取生产要素和优胜劣汰。

对我国行政性垄断的遏制，不可避免地要涉及国家治理转型。国家权力太大，国家权力缺乏约束和监督，将会滋生垄断和助长垄断。

国家治理转型至少需要构建一套可以自我实施的授权、限权、分权、制权机制。最近，十八届三中全会指出，全面深化改革的总目标是完善和发展中国特色社会主义制度，推进国家治理体系和治理能力现代化；必须切实转变政府职能，深化行政体制改革，创新行政管理方式，增强政府公信力和执行力，建设法治政府和服务型政府。

这些论述具有深刻意义。我们期待十八届三中全会的这些方针能够得到落实并且制度化，期待我国的国家治理转型能够启动。

经济领域的平权化一定要实现生产要素的平权，包括劳动力、资本、土地。劳动力一方面是最重要的生产要素，是创造力的来源，更重要的是另一方面，即他们是活生生的人，是经济增长和社会发展成果的归宿。令人痛心的是，我国的劳动力，我国的公民，存在严重的身份分割以及由此带来的非平权格局，农村人和城里人，国有单位人和私营单位人，有着巨大区别，这不但成为阻碍经济增长方式转型的一个重要因素，也成为阻碍社会活力释放和社会公正水平提高的重要因素。未来一定要推进劳动力的平权化改革、人的平权化改革。当然，这方面的改革不是孤立的，而是与国有单位改革、政府职能改革、财政体系改革密切相关。

在资本领域，最重要的非平权就是资本几乎全部由国家以及国有银行来筹集和分配，这样，资本的流向自然而然地向国有企业倾斜。因此，未来应该大力发展民营银行来改变这种格局。最近，国务院多次表示要发展一批民营银行，民间资本也显露出很高的积极性，希望这项改革能够早日落地。

土地是另外一项重要的生产要素，但是，在我国存在一种奇特的"地权分置"现象，即国有土地和农村集体土地所对应的权利严重不一致，农村集体土地被剥夺了商业化使用、进入建设用地市场的权利，从而使农村土地的拥有者不能确切地获得城镇化、工业化带来的土地增值收益，这不但无法优化土地资源配置、有效利用土地资源，同时也在不断剥夺农民的正当利益。

所幸，十八届三中全会已经表示，要建立城乡一体的建设用地市场，这意味着土地要素的平权化改革即将破题。

除了经济领域，社会领域也必须推进平权化改革，尽管这比经济领域的平权化改革更加重要，也更加艰难。破除社会领域的机会垄断和资源垄断，推进社会领域的机会开放和资源开放，才能使一个社会充满盎然生机。社会领域的平权化改革最重要的内容之一，就是要尽力遏制社会中的"二代化"现象，因为如前所述，一个"二代化"的社会，是一个很糟糕的社会。中国历史上的商鞅变法，尽管在学界有一些争议，但其大刀阔斧的"去二代化"改革举措，打破了贵族对土地和其他资源、对封爵和其他机会的长期垄断，使平民获得了前所未有的机会和通道，使整个社会爆发出一股奋发向上的动力，民众财富、民众士气以及国家财富、国家能力都有了一个大飞跃。

总之，当下中国的平权化改革不应局限于经济领域，而应该是全方位的。十八届中全会提出，要让一切劳动、知识、技术、管理、资本的活力竞相迸发，让一切创造财富的源泉充分涌流，让发展成果更多更公平惠及全体人民；要使市场在资源配置中起决定性作用，加快形成企业自主经营、公平竞争，消费者自由选择、自主消费，商品和要素自由流动、平等交换的现代市场体系，提高资源配置的效率和公平性。

这样的论述无疑是鼓舞人心的，我们期望，这样的论述能够早些从文字变为现实。

（原载财新《中国改革》2013 年第 12 期）

不安来自何方

联想控股有限公司董事长　柳传志

很多人都会问我这样一个问题：中国企业现在的生存环境，和我当年创业时的环境相比，哪个更困难一些？其实，这两者有着很大的不同。当年跟我同台领奖的很多人，现在已经销声匿迹了。经历了那样一个大浪淘沙的年代，我深深感受到新旧制度的强烈碰撞，以及中国的改革所释放出来的巨大能量。

联想在 20 世纪 80 年代创办。对我来说，业务上的困难都不算真正的困难，最难的是，怎么适应环境，怎么让企业活下去。

那个年代，中国正处在计划经济向市场经济转轨的时期，国家的法律法规不健全，立法和执法不能自洽，计划内企业和计划外企业所能获得的资源有天壤之别。计划内企业拥有生产批文、拥有外汇指标，而像联想这样的企业，只能用高价买指标，到黑市上换外汇进口零部件，这么做需要冒很大的政策风险，是"踩着红线的边"走。企业要把自己的目标想清楚，把政策研究透，确定做事的底线。但即便如此，联想也有过被处罚的时候，比如当年"300% 奖金税"的故事。

回想起来，那时候的环境非常险恶，但即便被罚，我们的心态和现在的企业也是不一样的。我们没有愤愤不平，因为对方确实是在按照制度办事；当然，我们也不觉得惭愧，因为很多规定与市场经济是相违背的；我们相信将来一定会改变。事实上，在我们因为"奖金税"被罚后没多久，这项规定就被取消了。

那个年代，计划内的企业没有真正的销售，采购渠道由国家提供，价格由国家确定，卖给谁也都分配好了，开一个"订货会"就全部解决。企业就是一个生产厂，人的积极性被禁锢，产品永远处在短缺的状态，企业没有竞争力，一个大浪就可能被冲得片甲不留。

而联想被关在计划体制外面，没有背景，没有靠山，困难得几乎寸步难行。但正因如此，我们没有像体制内企业那样身上被绳子捆着，我们努力研究市场，研究环境，设定目标后，千方百计谋求发展。我们在这个过程中不断研究企业运作的规律、管理的规律，逼迫自己走上了市场经济的道路。因为我们对规律的总结，因为经历了这样的千锤百炼，联想才能够从那个年代里走出来，走到今天。

改革开放经过了 30 多年，中国的经济环境也发生了巨大的变化，各个领域都确立了新的法律法规，改变了过去没有规定或者规定明显不符合市场经济的状况。但新的问题也随之出现：执法不公、官员索贿的现象时有发生；政府机构的办事效率快慢之间差别很大，一些法规赋予了执法者很大的人为裁决空间等。比如，有些规定将所有违例项目由轻到重全都罗列在一起，相应的处罚从低到高是一个很宽泛的区间，于是执法者就有很大的解释空间，这些"空间"会引起人的不安。

企业家为什么不安

联想创业的早年间，中国是完全没有规矩，大家可以胡来；而今天一个突出的问题是，有了规矩之后，有人按规矩办，有人不按规矩办，这就形成一种不公平。

选择性执法是当前企业家们抱怨最多的问题，也是不安全感产生的一个主要来源。人们往往会有这样的担心：提了意见会不会得罪某些人？他们想找企业的问题，多多少少总还是可以找到的。另外，一些资源分配会带有个人关系色彩或一定的倾向性，有寻租的成分。

联想一贯注重说到做到，做企业要合法合规。我们从来不说过头的话，不承诺自己做不到的事情，这可能是联想到地方投资还比较受尊重的原因。同时，我们有一套制定战略的方法，非常强调从战略上规避风险。联想控股目前所进入的行业，都是受国内外政治经济影响小、更依靠市场竞争的行业，比如农业、食品行业。国家鼓励土地流转之后，各地政府对发展农业都很支持，只要我们把获得的利益让利一部分给农民，同时又注重企业文化和产品质量等问题，就不太会受到那种"争夺资源"的困扰。

企业家对于重庆事件普遍有强烈的不安，主要原因是地方政府不按规则做事。打黑维护社会秩序原本是好事，但根据其需求选择打黑对象并罗织罪名，这就太可怕。

企业家应在法律框架下认真发展企业，照章纳税，更好地解决就业，不断推动国家的经济建设，树立良好的商业道德风尚。在此之上，大的企业要更好地履行社会责任，开展公益事业，这些是应当鼓励的。如果让企业家处于一种不安的状态，一些企业会变得更注重钻营与政府的关系，而不是好好运作自己的企业，这对经济发展是不利的。所以，我们特别希望政府能够对经济、政治、社会和文化进行系统的设计。

褚时健曾将一个亏损企业做成了当时中国的利税第一大户。从企业管理的角度来说，我们是尊重他的。后来他因贪污被判无期。他贪污当然不对，但当年对他的处理，国家确有值得反思之处。像褚老先生这样的企业管理者，实际上是一只能下金蛋的鸡。过去很少去考虑这样的鸡是怎么选拔和培养出来的，只知道鸡偷吃了米就要杀掉，没有想过如何保护、扩大这种生产力。

企业与环境之间就像孵小鸡

我经常会打这样一个比喻：企业与环境之间的关系就像孵小鸡，最适合小鸡孵化的温度是 37.5 度，太高或太低都不行。

改革开放以前，好比是在 90 度的高温下，那个时候没有企业能够存活；等到我们 1984 年创业的时候，温度可能到了 40 度，只有生命力极其顽强的小鸡才能被孵化；后来温度逐渐朝着更适宜小鸡孵化的温度调整，不过近些年温度又有所升高。对于国家来说，不能要求小鸡的生命力有多么顽强，而应把环境的温度调整得更加合适，而企业作为小鸡则应该思考怎样使自己的生命力更顽强，能在较恶劣的环境中生长。

如何营造一个适合企业生存发展的环境？这需要政府在十八大之后，从最高层推进切实有效的改革。这很不容易，需要最高领导层统一思想，进行系统设计。经济、社会、外交以及军事等不同层面，各级政府、不同政府部门之间，达成共识并不容易，如何进行系统设计，是一件非常复杂的事。

近些年，越来越多的人开始移民，我想他们并不是真的想背井离乡，很多人依然认同"中国发展的机遇期并没有丢失"，仍然希望在中国继续发展事业。但同时，他们也对自身的财产感到不安全。

企业家对环境的要求总体上就两点，一是产权有保障，二是把"规矩"定好，定得正确，然后大家都按着规矩做事。定规矩时要减少可解释的空间，在执行中尽量减少人为因素。此外，政府本身的架构过于庞大，这样会影响效率，加大财政支出，应该适当缩减。

我不担心的事情

对于现在很多人所说的中国人口红利消失的问题，我并不担心。中国人是非常聪明的。改革开放以后，中国人的能量逐渐发挥出来，表现出了"很强的模仿能力""很强的上进心"，这些都是中国经济发展的核心动力。此外，我也不认为中国人"创新能力低"，我们才积累了多少年？我觉得只是时候未到。

中国的人口红利虽然在降低，但不容忽视的是，这些年来，国家积累了很多财富，中国企业家也积累了很多资本和经验。劳动力成本虽然增加了，但企业可以把总部设在中国，然后去国外设厂，还可以把欧美企业的管理经验跟中国企业的实践结合起来。

改革开放以后，外国企业在中国办厂，为中国培养了一大批管理人才。中国企业近些年也开始走向国际舞台，学习全球管理的经验，中国现在可以在全球视野下考虑发展的战略，在全球范围内排兵布阵，中国企业家也逐步具备了全球管理的能力。这些都是中国现在拥有的财富，善加利用，给予正确的引导，我相信中国的经济一定会发生更大的变化。

改革开放释放了中国人的积极性，换句话说，中国经济发展最根本的动力，就是改革。如果政治体制改革与经济体制改革相配套，我们就还有进一步释放能量的空间。

十八大提出建设社会主义市场经济的核心问题是处理好政府和市场的关系，说得对极了。政府主要是规则制定者，不要亲自动手，要尽量减少对市场的直接干预，对市场上的所有企业——无论国有企业还是民营企业——要平等对待。如果能处理好这些关系，中国经济就还有很大的潜力可以挖掘。

我不同意中国经济的增长速度将放缓的说法。

比如说中国的房地产业，不仅是住宅地产，还包括商业地产、工业地产、旅游地产等，都还有发展空间。同时，这个行业还能拉动能源、建材、消费等一系列产业。中国农产品的价格，特别是品牌食品的价格也有可能进一步提升。中国消费者的需求会升级，从吃饱穿暖到穿得更好，吃得更精致，各种电子产品都已经成为快速消费品。在这些基本消费需求之上，城市建设、清洁能源、医疗产业等都还可以做得更好、更精致。

联想控股已经制定了明确的中期战略，致力于在不同行业打造出更多的卓越企业，在2014年—2016年成为上市的控股公司。我们选定的几个行业，包括消费与服务、化工新材料和现代农业，都顺应了国家大的发展趋势。

但是我们不会追求短期回报，所涉足的实业，培育期短则四五年，长则七八年，有的还会更长。这样的布局能够使联想控股的力量逐渐爆发，保持企业利润的长期持续增长。我们希望联想控股上市后，能够给股市带来一股清新的风。

（原载财新《中国改革》2013年第1期）

房地产市场何处去

中国老年科技工作者协会国土资源分会

土地与环境专业委员会主任　郑振源

　　2000 年以来中国人均 GDP 超过 1000 美元，社会消费结构升级，由吃穿转向住行。城镇化加速发展，近十年来，城镇人口平均每年增加 2100 万人，再加上居住条件改善、农民工市民化的需求，住房需求无疑是最大的内需，住房建设无疑是最大的民生工程，以住房为消费终端的产业群的发展无疑是扩内需、稳增长的重要动力。

　　但是，如今的房地产市场却不是这个样子。

　　经过十年兴旺发展，2011 年全国存量房的房价收入比达到 7.19 倍，京沪深等一线城市更接近 20 倍，远超国际 3 ~ 5 倍的合理水平，广大

2003 年至 2010 年住宅用地、商服用地、工矿用地供应量和价格一览

年份	2003年	2004年	2005年	2006年	2007年	2008年	2009年	2010年	2003年至2010年	
									合计	占总供应量比重（%）
国有建设用地供应面积（公顷）										
总供应量	286437	257960	244269	306806	341974	234185	361649	432561	2465801	100.00
住宅用地	63752	59690	55145	65154	80175	62030	81548	115273	582766	23.60
普通商品房	36251	42756	37993	47976	59630	46362	69090	97888	437947	17.80
商服用地	53676	43831	29591	32125	57751	26532	27571	38905	309983	12.60
工矿用地	116379	106757	109814	156435	141723	92918	141486	153978	1017691	43.60
土地价格（出让金；万元/亩）										
住宅用地	39.85	44.65	45.32	54.88	75.41	76.52	——	——	56.10	1.92
普通商品房	46.06	50.33	49.56	60.90	83.37	83.83	——	——	62.30	1.82
商服用地	23.65	35.91	42.24	43.90	58.07	73.88	——	——	46.30	3.12
工矿用地	8.36	8.79	9.21	7.95	10.37	13.44	——	——	9.70	1.61

注：土地价格平均数据为2003年至2008年数据，且"合计"数据为"平均值"数据，"占总供应比重"数据为"上涨倍数"数据
资料来源：2003年至2010年各年中国国土资源年鉴

城镇居民（包括非户籍居民）买不起房。近两年的调控，抑制了房价的疯涨，却也一度造成销售量下降、市场疲软，商品房开发投资增速和新开工面积下降，产业萎缩，并冲击关联行业，拖累经济增长，而房价却没有回归到与居民收入水平相适应的合理水平，广大居民仍然买不起房，没有起到扩内需、保民生的作用。

中国需要一个有活力的、健康发展的房地产市场，源源不断地为不同收入水平的居民提供不同档次的商品房、租赁房，满足他们的住房需求，以实现扩内需、惠民生、稳增长的目标。

房价要回归合理，唯有降低土地和税费成本

房价高涨的原因，政府认为是投资、投机性住房需求炒起来的，因而采取了限贷、限购的调控措施。实施两年，固然抑制了投资、投机房的需求，但同时也造成房价下行的市场预期，购房者持币观望，成交量下降，市场萎缩。房子卖不掉，就阻断了房地产商的资金链，一些房地产商退出市场，一些有实力的降价，以价换量。甫一降价，有支付能力的住房刚需就入市购房，使市场转旺；市场一旺，房价又涨。政府一再声言调控不放松，有的地方甚至加上限价、限利润的措施，使房价不能涨得太多。但是，房价也不能压得太低，低到把开发商的利润全压掉，开发商就要退出市场；低于开发成本，开发商就要赔本破产，银行坏账就要增加。所以，现在的调控措施只能在开发商利润幅度内，来回博弈，不可能使房价回归到与居民收入水平相适应的合理水平，也就是说，不能形成有活力的房地产市场。

房价是由土地成本、税费成本、建安成本（含前期工程费用、绿化和基础设施费用、管理销售费用等）和开发商利润四部分组成的。开发商利润必须保持在社会平均利润率之上，否则就没人愿意进入房地产市场。建安成本，在目前工资在涨、建材工料也要涨的情况下，没有多大降价的空间。所以，要使房价回归到与居民收入水平相适应的合理水平，唯有降低土地和税费成本一途。

土地计划配置制度是地价、房价高涨的根本原因

先说土地成本。2000 年到 2010 年，70 个大中城市商品住宅价格上涨 86%，而住宅用地地价涨了 163.5%。（资料来源：国家统计局）地价上涨是房价上涨的主要原因。

地价飞涨是从 2003 年开始的。有人说这是 2002 年起土地出让实行招拍挂所致。实际上，招拍挂只是一种竞争性的价格形成机制，通过竞争定价，使价格更接近于它的稀缺程度。价格主要决定于供求关系，土地供不应求，价格才上涨；招拍挂不过使地价更真实地反映土地的稀缺程度而已，而非地价飞涨的根本原因。

有人说是货币超发，流动性过剩和低利率、负利率所致。2003 年到 2009 年，中国的货币供应量年均增长近 20%，超过同期 GDP 增长率近 8 个百分点。货币供应与 GDP 增长的差额大部分转化为通胀。持续的高通胀使长期的低利率降为负值。长期的低利率、负利率又鼓励通货离开投资回报率低的制造业，转向回报率高的房地产市场。2009 年到 2010 年，为刺激经济，政府更砸下 4 万亿元、10 万亿元，大部分投资贷款进入了国企、央企。资金雄厚的央企又将约 20% 的贷款投入房地产市场，连军工企业也炒起了房地产，于是，一时间"地王"频现，大幅度抬高了地价，进而抬高了房价。房价涨得快又引起投资、投机房需求的增长，进一步推高了房价。所以说，货币流动性过剩、低利率、负利率确是地价、房价高涨的重要原因，但不是根本原因。因为地价涨得快，投资回报率高，资金才会大举进入房地产业。地产投资回报率高的原因是住房用地短缺，供不应求，这才使地价上涨，抬高投资回报率。所以说，住房用地短缺、供不应求是房价上涨的根本原因。

中国国土广袤，可利用的住宅用地极多，而全国每年增加的住宅用地不过 6 万～8 万公顷，其中还有约 2/3 是使用存量建设用地，怎么会短缺呢？细究下去，住宅用地短缺是 1998 年《土地管理法》规定的

土地用途管制制度，更确切地说，是这种土地计划配置制度造成的，是土地供应被政府垄断的垄断性房地产市场的必然结果。

现行的土地用途管制制度是以严格保护耕地、严格控制建设用地为首要目标而制定的。它对住房用地供给有两条限制。一是空间的限制：城市居民的住房建设只能使用城市国有土地，而城市国有土地能建住房的地段又为城市规划所限定；城郊集体土地不得建城市居民用房，农村住房也不准卖给城镇居民。二是指令性控制指标的限制：为控制建设用地，中央每年都制定一个土地利用计划，规定各省市自治区的新增建设用地总量指标，再由省市自治区分解、分配到各市县。建设用地指标是指令性的，不得突破，突破了就是违法用地，突破超过 15%，就要行政问责。

中央下达建设用地指标的多寡，主要不是基于对建设用地需求的预测，而是按以供定需的思路，在满足保障粮食安全的耕地需求之余，才确定新增建设用地总量指标，所定的计划指标本来就少。

1999 年到 2006 年下达的建设用地指标只及实际新增建设用地量的 80%，平均每年有 20% 的缺口。2003 年到 2005 年正是房地产业蓬勃发展的时候，还逐年减少了总量指标，2005 年—2008 年又连续四年零增长。中央只下达当年新增建设用地及占用农用地、耕地的总量计划指标，这些指标用在工业用地和住宅用地上各占多少，是由市县政府来分配的。招商引资来的项目是市县经济发展的根本，其用地指标是市县政府要优先供应的，而且为争夺项目，都要削价供地。地价便宜，项目用地多，用的指标就多，余下可供应房地产市场的就少了；而且，为了补回招商引资项目削价供地造成的土地出让金损失，还有意地对房地产用地"半饥饿"供应，以抬高出让金，这样就造成了住房用地短缺，地价上涨。

由表可见，工业用地出让金单价只有住宅用地的 1/6，而供应的土地却占到总供应量的 43.6%；住房用地供应量只有 23.6%，单价高到 56 万元 / 亩；普通商品房的供应量更少，地价更高。这充分说明垄断性的土地计划配置制度造成的住房用地人为短缺是地价、房价高涨的根本原因。

开发商囤地不是住房用地短缺的主要原因

有人说，计划供应的住房用地指标并不少，是开发商囤地才造成住房用地短缺。但是，据国土资源部调查，截至 2004 年年底，全国有闲置地 26.37 万公顷，其中因权属纠纷、动迁困难、规划变更等政府工作原因批而未供的占 51%，开发商囤地的只占 27.3%。开发商囤地的原因，一是房价涨得快，即时开发不如延期开发，延期开发不如不开发获利更多，所以囤地；二是拿地时楼面价高，遇到房价下降的预期，为了避险也就囤而不开发。为消灭闲置地，近年政府做了大量工作，对囤地的开发商采取罚款、限期开发、逾期收回等行政措施，但即使全部生效，也不能改变住房用地短缺的基本形势。要有一个平稳的土地市场，才能从根本上解决开发商囤地问题。

大规模建设保障房不能降低地价、房价

为解决广大城镇中低收入居民的住房问题，从 2008 年起，政府启动了大规模的保障性住房建设，并对保障房采取划拨供地、减免税费等措施以降低成本。国家计划"十二五"期间要新建 3600 万套保障房，覆盖率达到 20% 左右。如此大规模的保障房入市，提高了总体的房地产开发投资和房屋销售面积，肯定能拉低住房的平均价格，但是，这并不能降低普通商品房的价格。

一是因为保障房建设挤占了普通商品房的用地指标。国土资源部对保障房用地的态度是优先满足、应保尽保。2010 年以来还增加了城镇村建设用地指标，并且明言要增加普通商品房土地供应，但是，规定的城镇村建设用地指标在扣除保障房等用地指标后，还有多少能用在普通商品房用地上，能否满足普通商品房建设的需要呢？这就很难说了。普通商品房供地不足，价格还会上涨。

二是为了吸引开发商参与保障房建设，许多地方采取出让商品房用地配建保障房的办法。建造保障房利润薄，开发商自然会把建造保障房所减少的利润加到商品房头上，从而抬高商品房的价格。

而且，各地对保障房的供应对象都有严格限制。刚进城的外来人口、农民工、刚毕业的大学生纳税或交社保费不到一年就不能申请公租房，收入超过保障房的供应标准、但又买不起商品房的"夹心层"的住房需求也不能解决。所以，现行政府援助与市场供给的住房配置制度并不能降低地价，也不能做到"无缝衔接""全覆盖"解决全体居民"住有所居"的问题。

降低地价要靠开放竞争、城乡统一的土地市场

以上分析说明：地价高涨的根本原因是政府垄断房地产土地供应。那么，降低地价的治本办法就是在制度上重塑房地产市场，破除政府对土地供应的垄断，让集体土地（建设用地使用权）入市，建立城乡统一、开放竞争的地产市场。城镇居民和开发商可以按照他们预期的住房需要寻找所需土地，且有众多的土地供应者向他们供应土地，通过竞争使地价、房价日益趋向供需平衡的均衡价格。这样，土地价格才会（自然会）回归到真实反映其稀缺程度的价格水平。

中央已经看到这一步。2007年中共十七大报告就提出"加快形成统一开放竞争有序的现代市场体系，发展各类生产要素市场，完善反映市场供求关系、资源稀缺程度、环境损害成本的生产要素和资源价格形成机制"。

2008年中共十七届三中全会又重申"逐步建立城乡统一的建设用地市场"。2011年"十二五"规划纲要也把"促进……生产要素在城乡间自由流动……完善城乡平等的要素交换关系……逐步建立城乡统一的建设用地市场"作为"十二五"期间要完成的任务之一。

为此，需要修改《土地管理法》和《物权法》，赋予集体土地设定和处分建设用地使用权的权利；赋予农村宅基地使用权人处分（出租、

出让）其宅基地使用权的权利；修改《土地管理法》第 43、第 63 条，让集体土地也能进行非本集体成员所需的非农建设；修改《宪法》"城市的土地属于国家所有"的条款，使城市建设规划区内的集体土地（包括城中村土地）也能参与城镇住房建设。

修改这些法律条款也意味着使所谓小产权房合法化。小产权房能够向农民工、外来人口和所谓"蚁族"提供政府未能提供的廉租房、廉价房，能够降低房价，其作用已广为人知，反过来也证明了建立开放竞争、城乡统一的房地产市场的可行性和必要性。

调整并减少房地产开发、交易环节的税费

现在的房地产开发交易有 11 项税、57 项费，税费占房价的比重一说是 20% ~ 30%，一说是 15% 左右，无论哪种统计口径，税费总是房价的重要组成部分。

细究税费的内容，据一份《房地产开发项目报批报建费用明细表》，可以发现税费重复征收和苛捐杂税太多，而且重开发、交易环节，轻保有环节。最近传来好消息：财政部准备对房地产交易环节征收的税种进行简并，并逐步推开房产税。这个消息绝好，可能降低交易环节税负，从而降低房价，希望尽快实行。

另外，各种收费也应当及早清理。费是政府对房地产投入资金、劳务、工本等的补偿，不能指望从收费中赚钱。现在税费重复征收十分严重，如既收土地使用税，又收土地使用费；既收耕地占用税，又收耕地占补平衡费（或称土地开发费）、新菜地建设基金；既收城市维护建设税，又收水、电、气、热的各种增容费、市政配套费；既收固体垃圾排放费，又收垃圾托管费。有些收费定价过高，如购买地形图开支，要降下来。

总之，要使房价降下来，还需要按正租、明税、清费的原则对房地产的税费进行清理。

重塑房地产市场可能遇到的风险

1. 冲击耕地保护的风险

构建城乡统一、竞争开放的房地产市场可能的风险之一是冲击耕地保护。许多人反对集体土地进入房地产市场也是顾虑耕地会保护不住。其实，这是过虑了。

面临住房供应严重不足的形势，一旦开放集体土地进入房地产市场，肯定会出现蜂拥入市建房的情况。但是，这种情况不会持久。市场自有市场的调节规律，在住房建设接近供需平衡时，建房占地自会放缓，以至停止。

集体土地建房是否必然大量占用耕地？在城镇常住人口年年增加，城镇规模年年扩大，而且在城市还有集聚效应时，城市扩张定然采取"摊大饼"的方式，所以，无论国家建设还是集体建设，占用一些耕地是必然的。然而，农村中有大量空闲宅基地、破产闲置或低效利用的集体建设用地，只要确权，赋予集体土地的建设用地使用权、宅基地使用权等可以入市流转的权利，这些土地自会按照市场需求，用于住房建设，不需占用耕地。而且城镇房价降低，农民工可以举家进城定居，农村可以腾出更多的宅基地来建租赁房、商品房。再说，征收耕地占用税和加强规划管理，也可以调控集体土地的建房活动，使集体土地建房占用耕地不至于失控。不过，现行的规划方法得改：一则规划不能以严格保护耕地、严格控制建设用地为目标，而要以统筹协调耕地保护、住房建设和生态建设的土地需求为目标；二则规划方法得改，不能再做指标分配式的规划，要改做公众参与式的规划。现行指标分配式的规划貌似严格，但脱离实际，得不到实施，起不了规划调控的作用。

2. 减少地方财政收入的风险

构建城乡统一、竞争开放的房地产市场，政府就不需要征这么多地来建设保障房、商品房。地价降低，土地出让金也随之降低，这样一来，肯定会减少政府的出让金收益。目前，地方政府对土地出让金的依赖已如此之深，城市基础设施建设、土地整治、水利建设、教育基金等都要靠土地出让金收益支付，还有上万亿元的地方债指望用土地出让金偿还，减少出让金收益肯定会危及地方财政收入。这是政府反对集体土地入市的主要原因，也是政府要求分配集体土地增值收益、要求农民集体补交出让金以换取小产权房合法性的呼声四起的原因。

然而，无论根据马克思地租学说，还是根据市场经济理论，只要允许集体土地进入房地产市场，土地开发收益就应当归土地所有权、使用权人所得，政府没有站得住脚的理由要求从中分一杯羹。政府可以征收与国有土地同样的税收来募集财政收入，却没有理由要求分享集体土地的开发收益。

所以，要避免减少地方财政收入的风险，需要推进以取代"卖地财政"为目标的财税制度改革，调整涉地税费，征收房地产税，为地方政府建立起与其事权相匹配的、稳定的税源。这也是重塑房地产市场必须同步实施的一项改革。

（原载财新《中国改革》2013 年第 2 期）

司法改革的两个风向标

上海交通大学凯原法学院院长　季卫东

从国家秩序演变的角度来观察，中共十八届三中全会审议通过的《中共中央关于全面深化改革若干重大问题的决定》（以下称《决定》）中有个耀眼的亮点，这就是司法改革。可以说，在推进法治中国建设的鲜明旗帜之下，新一轮司法改革正蓄势待发，矛头直指现行体制的根本弊端。

两大顽疾

众所周知，当代中国司法体制始终存在两大病灶，即地方化与行政化。

首先来看地方化的问题。由于各级地方法院在人事、财务以及设施等方面完全受制于同级党政权力，案件管辖的范围也取决于行政区划，审判活动不可能独立，因而也就很难公正。司法的地方保护主义四处蔓延，不仅严重损害了法院的信誉，也使得国家秩序碎片化。

因此，《决定》中提出推动省以下地方法院、检察院对人财物进行统一管理，并让司法管辖与行政管辖适当分离，目的是通过司法体制逐步去地方化的举措确保实施规范的统一性，建立起"法律共同体"。

这样的改革是完全必要的，也获得了国内外舆论的好评。但也存在这样的隐忧：司法行政权一旦集中于省高级法院，会不会使最高法院的协调能力反倒更加弱势？由此可见，去地方化改革在 2014 年具体实施之际，还面临着另外一个重大课题，这就是如何合理地、有效地重构最高法院与各省、直辖市、民族自治区高级法院之间的协调机制，进一步明确最高法院在全国法官人事考评、晋升以及司法预算方案审查方面的管理权限。

再来看去行政化。审判权与行政权纠缠不清是中国传统制度设计的特征，官僚机构的思维方式、管理技术以及垂直监督的逻辑始终支配着办案过程，使得司法独立原则根本就无从树立，保障权利与义务关系明晰性、稳定性的法律文书的既判力也无从产生。《决定》在去行政化方面，其改革力度是空前的。最突出的一点是，通过办案责任制明确审判主体，改变"审者不判，判者不审"、责任归属不清楚的乱局。

因而从 2014 年开始，司法改革将会主要采取两项非行政化的举措：其一，重新定位审判委员会，矫正"多头处理一案""集体会议审判"之类的流弊；其二，重新定位上下级法院的关系，矫正超越审级制度的监督机制，明确审判权之间的相克性。

这就在实质上把审判独立的概念从法院系统作为整体的独立拓展到法官作为个人或合议庭的独立，构成 60 年来前所未有的变局。与此相应的各种步骤如果逐一落实，势必在法院体制上导致革命性的变化。

在去行政化改革之际，为了确保司法独立与司法公正相辅相成，防止司法腐败乘机作祟，《决定》还推出了若干配套举措。例如建立符合专业特点的司法人员分类管理和身份保障制度，使法官、检察官等法律专业系列与行政官的公务员系列渐次分离；通过审判过程和检务的透明化、判决理由和案例的公开、执行情况的公开以及制度化司法参与等方式杜绝渎职枉法现象；改进司法职权的配置，健全分工、制衡以及整合的机制等。这里需要特别强调的是，律师将在维护公民和法人合法权益，以及提高司法的质量和信誉等方面，发挥类似苏格拉底式"牛虻"那样的重要作用。

　　但也不得不承认，在当今中国，司法权仍然是非常弱势的权力，并且缺乏足够的信誉和权威。要弥补这样的缺陷，除了提高司法人员的准入门槛和专业素质、增加公正程序和证据规则等"天平砝码"之外，还必须使审判机关获得护宪的"尚方宝剑"。十八届三中全会的《决定》，实际上已经把对违宪现象进行审查和追究责任的正义之剑授予法院了。从宪法具有最高权威、要进一步健全宪法实施监督机制和程序、一切违反宪法和法律的行为必须予以追究的表述，可以合乎逻辑地推出一个结论，这就是从2014年起应该开始筹建司法性质的违宪审查制度。

　　只有建立起司法性质的违宪审查制度，关于完善人权司法保障的命题才能真正落实，冤假错案的纠正和责任追究才不至于流于形式，行政执法与刑事司法才能有效衔接起来，法律、规章、规范性文件备案审查制度才能启动和顺利运作。也只有在这样的脉络之中，我们才能准确领悟"普遍建立法律顾问制度"的含义。随着法治国家建设的进展，政府和企业都必须普及法律顾问的制度安排，以预防不断增大的违法风险，应对日益增多的维权诉讼。尤其是"政府律师"的设置和扩大，当会成为今后法律职业发展的一种趋势。

两个风向标

　　司法改革之所以成为重组政府与市场之间关系、改造国家权力结构的切入点，并非某个人一时心血来潮，而是由社会发展的客观规律所决定的。既然改革开放已经到达一个崭新的阶段，市场将在资源配置中发挥决定性作用，那么自由选择和公平竞争就势必成为时代的主旋律。为此，必须转变政府职能，最大限度地减少行政部门对微观事务的干预，改变以"事先审批"为基本特征的管理方式。在取消审批的地方，市场机制将发挥调节作用，但也很容易导致被放任的自由以及力量对比关系决定一切事态。针对这种蜕变的可能性，必须通过明确的游戏规则来保障竞争的自由和公正，并对脱轨行为进行"事后矫正"。因此，在市场起决定性作用时，政府的权限不断削减，相应的，法院不得不扮演起更加重要的角色。

市场竞争机制必然促进社会的功能分化和阶层分化，形成不同的利益群体，导致利益集团多元主义的政治格局。在这里，各种诉求的表达、协调以及凝聚共识就成为治理的基本任务，而国家权力只有保持中立性、客观性，才能为不同的利益群体所共同接受乃至信任。为了避免政府与某个集团勾结在一起或者占优势的群体倚强凌弱，法治就成为社会各界的最大公约数。民众将要求法律面前人人平等，要求任何个体或团体都不得享有超越法律的特权。为了确保法律的执行不偏不倚，民众还将要求司法独立、程序公正以及辩护权的充分保障。

由此可见，在争执的两造之间处于第三方地位的法院，理应成为最典型的中立者、最理性的判断者，理应成为宪法和法律最直接的实施者、最可靠的守护者。

尤其值得留意的是，在由市场来发挥决定性作用的地方，社会活动的主体往往都是在微观层面进行合理选择的"经济人"，不存在所谓"超越的主体"。因此，决定市场绩效的是每一个体进行判断之际的具体合理性的程度，人们很容易忽视宏观调控的长期合理性。这种问题在产业市场还不太明显，因为企业作为有目的性的组织，不可能完全放弃宏观的视点。但在金融市场，不是政府监管，而是自由竞争的个体所进行的理性选择才被认为是系统稳定的基础。特别是在金融工程学和信息技术增加个体风险预测、损益计算的能力之后，上述观念得到进一步强化。但是，2008 年起源于美国次贷问题的世界金融危机已经证明：微观的合理性也会孕育宏观的不稳定性，因此，市场还需要非市场性的制度作为宏观视点的基础，并借以形成和维护市场的秩序。

在哈耶克看来，这种制度基础并不是事先设计出来的且基于完全合理性假设的计划、审批事项以及行政监管系统，也不是被创制的法律体系，而是基于有限合理性的自生秩序，特别是像英美普通法那样不断生长、不断发现、不断整合的判例群。作为市场基础的制度必须加强个人行为规则与社会秩序之间的相互作用。科斯也从交易成本的角度强调认定和配置权利的司法性规则以及审判制度的重要性。

不妨推而论之，在市场尤其是金融市场的运作中，法院基于宏观视点对个案进行具体判断的活动就构成了非常重要的制度条件，否则将诱发无穷的投机行为和无序竞争。这也能在一定程度上说明为什么真正具有全球辐射力的国际金融中心大都出现在普通法系国家或地区，例如伦敦、纽约、香港、新加坡。

从这个角度来考察上海自由贸易试验区的制度创新，可以发现，最关键的领域是金融的自由化和国际化，最有意义的试验则是更加彻底的司法体制改革。

不难想象，新型金融市场的孕育根本就无法局限在28平方公里有余的试验区。因为没有跨越疆界的流动性，推行金融制度改革的目标就无从谈起；而一旦容许很大的流动性，试验区的设置就会失去意义，改革中的风险实际上是很难有效控制的。

由此可见，在自贸区的框架内进行金融制度创新的试验，重要的并不是金融工程技术层面的精致化作业，也不是全球金融市场的模拟，而是"法律特区"的形成。也就是说，在自贸区范围内排除现行体制的各种难以逾越的障碍，推行非常彻底的司法改革，整备国际金融中心所需要的商事规则、专业法院以及其他各种制度条件。

总而言之，观察今后中国司法体制改革的走势，可以有两个很重要的风向标。一个是在自由贸易试验区内，能否根据国际金融中心乃至要素市场有效运作的需要，建立起可以完全对接全球经济体制的、真正独立的、专业化的审判系统，并以此带动司法模式的转换。另一个是在自由贸易试验区外，能否根据维护宪法、法律权威以及实现人权的需要，进一步健全能充分保护财产权、强制履行契约、防止冤假错案的体制和机制，逐步形成司法性质的违宪审查制度。

只要确实达到了上述这两项指标，法治中国建设就将水到渠成。

（原载财新《新世纪》周刊2013年第51期）

高校青年教师群体忧思录

文史学者　艾青椒

3 月 15 日，中国社科院文学所年仅 36 岁的青年学者张晖因患脑出血和急性白血病突然病故，这让所有认识或不认识他的关心青年知识分子生存处境的人都痛感惋惜。这一事件在中国知识界和媒体中持续发酵，《南方周末》《东方早报》《中华读书报》和《南方都市报》等报刊都出版纪念专辑，哀悼和追思这位逝世前已经出版学术专著四部、古籍整理著作一部、编纂著作三部的杰出青年学者。

张晖身后留下弱妻稚子老父，更是让很多在生存困境中苦苦挣扎的同道中人感同身受。当然，我们不能将张晖的病逝简化为职称、住房、收入等物质性指标，若如此，无疑矮化和窄化了拥有广阔精神世界的张晖的学术生涯。但是，张晖在博士毕业后的这几年又确实处于一种极度紧张的境地，这种焦虑敲骨吸髓般压榨了一个青年学者的心力、体力与脑力。张晖的硕士导师张宏生教授在纪念文章中特别指出："工作以后，对生活的压力，做事的艰难，他（指张晖）越来越有痛切的感受。近些年来，每一次见面都能感受到他内心的无奈，感受到他的那种深深的无助感，那是一种有所感觉，却又无法明言的东西。"

这或许是每一个从校园走向社会的青年都要面临的处境，但是，对高校青年教师这个群体而言，因其在学术链条中的低端位置而伴随的低收入和高强度的工作量，以及他们（尤其是人文学科的人）因知识追求而形成的高度敏感的个性（除非内心特别强大或者极度超脱，比如皈依佛门等），这群人很容易感受到生存境地与社会（包括家庭等）期待之间触目的落差，以及由此带来的无助感甚至屈辱感。毫无疑问，张晖是一个精神世界强韧的人。他曾在2012年年底"六合丛书"（他的随笔集《无声无光集》亦为其中一本）新书发布会的演讲中感慨道："好的人文学术是研究者能通过最严谨的学术方式，将个人怀抱、生命体验、社会关怀等融入所研究的领域，最终以学术的方式将时代的问题和紧张感加以呈现。目前来讲，有识之士都已经感觉到现有的古典文学研究陷入了困境，陈陈相因不说，选题僵硬且没有生气、没有时代感，已经进入死胡同。与此同时，有理想有抱负的研究者在学术体制中开展学术活动的时候会感受到很多不如意，甚或有一些较大的不满，但学者没有将这些不满内化为学术研究的动力，提升学术研究中的思考能力，而是通过酒桌上的牢骚或者做课题捞钱等简单的方式，将不满发泄掉了、转移开了。"

正如廉思的新作《工蜂：大学青年教师生存实录》所呈现的那样，关于"如何认知自身社会地位"的问卷调查，在5138位受访的高校青年教师中，84.5%的人认为自己处于社会中层及中层以下，其中36%的人认为自己属于"中下层"，13.7%的人认为自己处于"底层"，仅有14.1%的人认为自己处于"中上层"，0.8%的人认为自己处于"上层"，另有0.6%的受访者未回答此问题。虽说自我认知与社会认知之间会存在一些差异，但这些数字仍然让我们震惊，一个被誉为"象牙塔"里的精神贵族的群体，本应该是引领社会文化风潮的群体，结果却普遍地将自己归位为社会中下层，归位为转型中国的"学术民工"，以如此的自我认知和精神状态，这群人如何可能在"金权主义"盛行的今日中国开创出一片自主的天空？一个充满挫败感和下行感（所谓中产的下流化）的知识群体，非但不会有梁漱溟所言的"吾曹不出如苍生何"的士大夫精神，也不会有丁文江上世纪 20 年代在燕京大学演讲《少数人的责任》时倡导的精英意识，无法自我提振的精神世界自然就会在威权主义与消费主义两股潮流的挤压之下日渐崩解，自利性的犬儒主义成为一种普遍性的心态。

精神劫难

正如社会学者应星在《且看今日学界"新父"之朽败》一文中指出的那样："自 1990 年代中期尤其是自新世纪以来，随着中央财力的大大增强，国家调整了对学界的治理技术，一方面加大了对学界的资源投入，另一方面通过'数目字的管理'增强了大学的行政化，以包括各类各级课题、基地、学位点、奖项等在内的各种专项资金来有意识地引导学界。如今，大学已经成了一个新的淘金之地。如果说新父们当年还能够咬紧牙关克服清贫的话，那么，面对大量可以用学术成果去争取的资源，他们再也按捺不住了，十分积极地投入了这场持久的资源争夺战。在这个过程中，诞生了一批名利双收的学术新贵，他们不仅头上顶满了各种头衔和荣誉，而且住上了豪宅，开上了名车。然而，在这些耀眼的光辉背后，却是空前的堕落：虽然他们著作等身，但在课题学术的引导下却是言不及义，空洞无物，且剽窃成风，学风败坏；虽然他们荣誉环绕，却是以彻底破坏避嫌原则或启动利益交换及平衡的'潜规则'为代价的；虽然他们争来了博士点、重点基地、重点学科，却是以赤裸裸的行贿为铺路石的。学界腐败之深已不亚于商界和政界，而尤有过之的是，学界的腐败却很少得到体制的追究。"被应星所批评的这种现象，确实是支配当代相当一部分学院和科研机构的基本逻辑。青年教师正是处于这种现实之中。

在这种数目字管理的驱逐之下，高校已经公司化，以竞争体制内的资源为主要目标，高校青年教师成为学术生产的主力军。

"50 后"学者许纪霖在《我们这一代知识分子》一文中曾尖锐地指出："我们这代知识分子很少有感恩之心，觉得自己是时代骄子，天降大任于斯人也，有不自觉的自恋意识，得意于自己是超级成功者。其实我们这一代人不过是幸运儿，世无英雄遂使竖子成名，'文革'浩劫造成了十年的人才断层，我们不过赶上了好时代而已。这十年留给我们一大段空白，差不多在世纪之交，当十七年（1949—1966年）一代人逐渐退休时，我们这一代就开始在各个领域全面接班，成为最资深的领军人物。这不是我们这代人炉火纯青，有了这个实力，而只是时代的阴差阳错。但这代人自我感觉太好，缺乏反思精神。被揭露出有抄袭、腐败的丑行，第一个反应不是自我反思，而是自我辩护，一口咬定一点问题都没有！这代人缺乏道德感。在观念的启蒙上是有功的，但是没有留下道德遗产，很少像民国那代知识分子那样有德高望重之誉。"青年教师就生活在由刚性的课题管理体制和柔性的父权式（家长式）人际结构构成的学院文化之中，他们要实现学术和精神上的双重突围何其困难。

前几天，笔者给一位在某高校中文系任教的朋友打电话聊天，他大吐苦水，谈所在省份出台的扭曲的职称评审细则，比如要求学术成果的被引用率、被媒体报道率之类，又言及所在学校的权力主宰一切资源的现状，以及对青年教师评价标准的唯课题化、唯奖项化。这位很有才华的朋友不愿意同流合污，常被看作"无能之人"，领导时时敲打，外加冷嘲热讽，在这样极端的氛围中，明哲保身或洁身自好都几乎没有多大的空间。这种日常性的精神劫难与深度压抑是最折磨青年教师的重要因素。

教师分化

高校青年教师于是迅速地分化、分层，甚至分道扬镳。一些人迅速地熟悉并适应体制的弊端，如鱼得水地在学院体制里"上行"，获取各种类型的课题、人才计划等，其中有一些青年学者仍然对学术抱有敬意，他们倡导布迪厄所言的"用国家的金钱，做独立的研究"，但是这种研究取向往往不太容易得到鼓励。另外一群人则彻底与学生阶段的学术理想切割，迅速向所谓变味的"应用性研究"靠拢，成为一群道貌岸然而斯文扫地的生产伪学术的知识分子。

还有一部分学人则对高度行政化抱持一种本能性的心理抵触，也深刻地认识到了上世纪 90 年代以后项目、课题管理体制对高校多元生态的破坏，谨慎地将自己定位为自甘边缘者，既非坚决而激烈地反抗这套体制，也不是完全退出体制，而是追求最低限度的生存状态。他们或者通过兼职、培训、撰稿等来谋求基本的生活，或者干脆就将生活尽量地简化。毫无疑问，这部分教师和前述青年教师相比，他们在物质生活、学院内的知名度和成功指标等各个方面都有巨大的差距，他们逐渐就会产生一种"相对剥夺感"，或者愤愤不平之感。

还有一个为数极少的群体，他们完全沉浸在学术所构建的人文世界之中，将那些以学术换取"稻粱"的人视为不耻之徒。自然，这个群体的人都是内心世界特别强大的个人，他们注重的是大学原本意义上的精神使命，是学术薪火相传之地，他们是一群"士之读书治学，盖将以脱心志于俗谛之桎梏，真理因得以发扬。思想而不自由，毋宁死耳"的读书人，怀抱"为知识而知识、为学问而学问"的求真态度，以及"独立之精神，自由之思想"的人格理想，重视教学，重视与学生之间的心智交流。

体面而有尊严的生活

如今的大学校园正在形成一种与上世纪 80 年代的大学校园极其不同的学院文化，后者往往是一个相对松散的同人共同体，自由散漫和理想主义的气质相互交融，学术和文化生活被赋予一定的神圣感，形成的是一种相对松弛而自足的精神世界。

上世纪 90 年代以后的学院体制，或者强调政治意识形态，或者倡导去政治化的学术研究（比如史学倾斜于文献整理的学术计划）的课题、项目、计划大量出现，工具理性开始主导学院体制，追求美好的物质生活成为学院主流价值，大学陷溺在疯狂的资源竞赛之中。正如《南方周末》两年前的一篇深度报道《教授的"围城"》所呈现的那样，高校紧箍咒式的课题、项目等各种理性的规划机制对知识人的束缚，并不会随着职称问题的解决就得到一劳永逸的缓解，这似乎成为一个无法退出的"游戏"。

现在，"民国范儿"成为一种怀旧热潮，民国优秀大学的风度越来越引起世人的向往。无论是何兆武的《上学记》、何炳棣的《读史阅世六十年》等回忆录、口述史，还是叶文心的《民国时期大学校园文化》、易社强的《战争与革命中的西南联大》等研究著作，以及十多年前陈平原、夏晓虹等学者编撰的《北大旧事》等，都在纷至沓来地叠映成一种民国大学的影像。不管这种风潮如何被质疑为一种浪漫化的历史记忆或历史想象，我们都可以根据一些历史研究的成果发现，在大部分时段内，民国大学的教师收入确实足以让这群知识文化的传承者与创造者，在一个急剧动荡的时代仍然可以维持一种体面而有尊严的生活。

根据湘潭大学历史系青年学者陈育红的《民初至抗战前夕国立北京大学教授薪俸状况考察》这一课题的研究成果，上世纪 30 年代北平一户普通人家每月生活费平均只需 30 元左右。即便是较为有钱的知识阶层，全家每月生活费 80 元也已经相当宽裕。以主要食物价格计算，1930—1936 年，大米每斤 6.2 分钱；猪肉每斤 2 角钱；白糖每斤 1 角钱；食盐每斤 2 ~ 5 分钱；植物油每斤 1 角 5 分钱；鸡蛋每斤 2 角钱。北京大学教师在 1931—1934 年的月薪收入统计显示其平均月薪在 400 元以上，薪俸最高者可达 500 元（外教更高达 700 元），最低 360 元；副教授平均月薪在 285 ~ 302 元，最高 360 元，最低 240 元。而当时的大学教授则普遍在校外还有数份兼课收入，光兼课收入几乎就能满足全家较为宽裕的生活。历史学家郭廷以曾经说，"一九三七年前五年，可以说是民国以来教育学术的黄金时代"。这种黄金时代除了学术自由且有充分保证之外，也跟物质生活、业余生活的丰富有关："优厚的薪俸使北京大学的教授们吃穿住行等基本生活方面都具备了极高水准。教授住的房子大，每月花房租费六七十元者不少见。食物支出方面也很充裕。一个大学教授的薪俸除了抚养五口之家外，还能请得起五个佣人。他们大都还会有闲情逸致去'下饭馆、看戏、泡茶座，逛琉璃厂买书籍、碑帖、文物'。"

松绑

青年教师难道就注定了"工蜂"的宿命？这也未必，高校体制虽然造成了对个体的压抑，但体制毕竟也是由个体形成，或者说"我们就是体制"，若个体对这套体制的规则文化有了相当的了解，就不会过度地顺从这套体制，尤其是当他知道顺从（服从）就意味着某种变相支持的时候，他会在道德上形成某种挣扎感。最可贵的就是内心良知上的觉醒，这正如张晖生前所言，重要的不是无休无止地抱怨与牢骚，这种负面情绪只会不断地掏空甚至撕裂学院中的自我，而是将对体制的不满转化成追求真学术的动力，同时在尽可能的范围内对体制弊端采取一种相对疏远甚至抵抗的态度。将自己定位为体制的中等生或许就是一个明智的选择，既不做遵从"赢者通吃"逻辑的优等生，也不做连基本考核都无法通过的差等生，在完成学院体制基本的考核之后，尽量去做自己想做的事情。这正如著名学者崔卫平在西北政法大学的演讲《为什么你所站立的地方正是"你的中国"》中指出的那样："你是现实存在的一种，没有人能够无视你、漠视你。在这个世界上，你是一个终端，世界是在你的面前打开的，你不是无足轻重的，不是可以抹杀的。我想说的是，你不是没有力量的。许多幻觉将我们捆住了。有些东西像符咒一样，从内部将我们镇住；像噩梦一样，将我们的四肢魇住。让我们以为自己是不存在的，是没有力量的，不产生任何效果的。好像人与人之间有了一种区分隔阂：一些人从正面看起来是人，但是从背面看过去，却拖着一条长长的尾巴，他们不是充分的人似的，只有自惭形秽的份儿。

事情不是这样的。改变这种状况，需要你自己的配合和努力。像尼采说的，每一个人都有他的良辰吉日，那我们选一个良辰吉日，来解除自己身上的种种符咒、魔障，种种看不见的绳索和链条，然后出门，在蓝天下深呼吸，说一句生活真好，我们每一个人都很好，我们不是生病的，我们不是令人羞惭的。"

超越了幻觉，我们才能回到蓝天下的真实生活之中，通往自我内心和真实世界的学问之门才会真正地在我们面前打开。现在最需要的不是"有为"式的学术 GDP 主义，而是无为而治的放任，营造一个人文的自由散漫的氛围，提供最基本的学术环境，给每个青年教师松绑或者解咒，同时在物质上提供充分的保障，让人的内心世界先自由自在起来，不需要那么功利地计算一切，容忍一些奇思异想甚至离经叛道的行为和言论，重拾学术传统，培养多元化而又相互融合的学术文化，让那些怀抱理想的年轻人投身到学院有一种内心的归属感和认同感。

（原载财新《中国改革》2013 年第 6 期）

中国土壤重金属污染面面观

广东省生态环境与土壤研究所研究员　陈能场
广东省环保基金会研究员　陈彦鸿

所有供应人类的食物都受到土壤安全的影响。在诸多土壤污染类型中，农田土壤重金属污染最受瞩目。近年来，媒体的报道、学者的呼吁和污染信息的披露，将土壤重金属污染这一议题炒得火热。人们开始忧虑，土壤重金属污染问题是否已经危及人类的健康。加之信息的不对称，公众更加感到茫然，甚至恐慌。

中国土壤重金属污染的面积到底有多大

近年来，重金属污染稻米和蔬菜的新闻频频见于报端。环保部门、官员和学者也不时公布或透露中国耕地的受污面积。

早在 2006 年，原国家环保总局在电视会议上公布，中国耕地遭受重金属污染的面积占耕地总面积的十分之一，年生产重金属污染粮食 1200 万吨，直接经济损失 200 亿元。2011 年 10 月，中国工程院院士罗锡文应邀演讲时透露了另外一个数据，称全国 3 亿亩耕地（占全国耕地总数的六分之一）正受到重金属污染的威胁，而广东省未受重金属污染的耕地仅有 11% 左右。2011 年 11 月 7 日，在广州召开的 2011 年中华环保民间组织可持续发展年会上，环境保护部总工程师万本太透露说，目前中国的环境污染仍然严重，全国受污染的耕地约有 1.5 亿亩，污灌污染耕地 3250 万亩，固废堆占地 200 万亩，合计约 10% 的耕地面积重金属超标问题突出。更有学者认为中国耕地重金属污染的面积达到耕地总面积的五分之一，有 2000 万公顷。

对土壤污染的认定涉及土壤污染本身的定义，面积估算更涉及调查方法和精度、重金属分析方法标准以及点样面积转换和计算问题，还有不同重金属的污染叠加问题等。

对于调查方法，日本分为"概况调查"和"详细调查"。"概况调查"针对全国农田，水田按照 1000 公顷一个点、旱地按照 2000 公顷一个点的比例进行，以掌握农用地土壤有无污染。"详细调查"每 2.5 公顷（长宽各约 160 米）取一个点，旨在掌握该调查地区内农用地土壤的特定有害物质造成污染的实际状况，以便进一步研究对策，研制排水标准等。

中国台湾将土壤污染调查分为四个阶段：第一阶段以 1600 公顷为 1 单位网格；第二阶段以 25 公顷为 1 单位网格；第三阶段针对中样区（25 公顷）调查结果，对重金属含量偏高地区或认定有污染地区，再以 1 公顷为 1 采样单位进行更细密的调查；第四阶段是在第三阶段调查结果达第 5 级以上的地区，更加细致地继续定期监测及调查，并追查污染源。调查结果显示，在 116 万余公顷农田的土壤中，砷、铬、汞、镍、铅、镉、铜、锌八类重金属达第 5 级污染标准的面积合计 1024 公顷，扣除铜、锌以外的六类重金属达第 5 级污染标准的面积合计 319 公顷。在 2000 年公告《土壤及地下水污染整治法》后，台湾针对该 319 公顷土壤进行查证调查及依法公告列管作业。采样分析结果显示，达土壤污染管制标准的农地约 282 公顷；而达土壤污染监测基准，但未达土壤污染管制标准的农地约 138 公顷。

2006 年，原国家环保总局、国土资源部等联合开始在全国范围内展开土壤重金属污染摸底调查，这是中国首次针对土壤污染的全国性普查。

不过到目前为止，调查结果还未正式公布。以往土壤污染普查的采点是 6 公里采一个点，进一步的调查据说是 1 公里布置一个点，比对日本或中国台湾的细致调查，加上土壤重金属污染特别是水型污染具有局部性的特点，可以看出，目前公布中国大陆耕地土壤污染的实际面积为时过早。个人推断，这也是为了避免国内外公众和媒体的误解。

土壤重金属污染的环境标准与污染界定

2007 年 9 月下旬，在国务院新闻发布会上，时任农业部副部长高鸿宾在回答中外记者有关土壤污染与农产品安全关系的问题时说，目前中国正在执行的土壤环境质量标准是全世界最严格的，甚至高于欧盟，高于美国、日本这些发达国家。

单从数值看，中国对土壤中重金属限量的控制，尤其是对镉和汞的控制标准的确比世界上任何国家都要严格。《土壤环境质量标准》（GB15618-1995）规定，中国对土壤中重金属镉、汞的最大限量标准（强制标准）分别为 0.3mg/kg 和 0.3 ~ 0.5mg/kg。相比之下，一些国家的土壤重金属的最大允许浓度标准则宽松得多（见表）。

各国（地区）土壤污染标准比较

	砷	镉	铬	汞	铜	镍	铅	锌	说明
	As	Cd	Cr	Hg	Cu	Ni	Pb	Zn	
中国（1995）	25	0.3	200	0.3	100	50	50	250	pH6.5-7.5,总量
	30	0.3	300	0.3	100	50	80	250	pH<6.5,总量
中国台湾地区（2000）	60	5	250	5	200	200	500	600	总量
日本（1970）	15a	1d	–	–	125a	–	–	–	
韩国（2007）	–	1.5a	4a	4b	50c	40c	100c	300c	管制标准
	–	4a	10a	10b	125a	100c	30c	700c	整治标准
英国（2002）	20	2	130	15		75	450		农业区,总量

注：a.0.1M盐酸提取；b.1M盐酸提取；c.王水测定总量，d.陆米稀含量。单位：毫克/公斤
资料来源：引自日本专家报告

即便是表中数值最低的韩国的镉管制标准，也是中国镉标准的 5 倍，何况其测定方法是 0.1M 盐酸提取，而中国的标准是全量。因此，实际倍数估计还要高一些。

如果按照中国的镉标准，日本的水田都处于镉超标的污染状态，因为其所测定的 3041 个地点的镉平均浓度是 0.4mg/kg，且这个数值还不是全量，而是 0.1M 盐酸提取的测定值。日本概查判断 288 个点为污染

地点，土壤镉平均浓度是 1.0mg/kg；而将 2753 个点划为一般地点，土壤镉平均浓度是 0.4mg/kg。同样的，其调查的 774 个旱地点镉平均浓度为 0.3mg/kg，如果按照中国的土壤镉标准判断则属于污染。

事实上，中国土壤类型众多，从南到北性质差异很大，土壤环境容量也各不相同，相差数倍到数十倍。因此，必须从区域土壤类型和性质出发，制定中国土壤环境质量的土壤污染监测基准和土壤污染管制标准。由于中国使用的是全量值，因此，如果要将目前污染土壤（特别是厂矿周边高浓度的污染土壤）中的镉超标浓度修复到 0.3mg/kg，即使技术上可以达到，费用上也存在困难。

事实上，中国北方土壤的 pH 值很多都在 7 以上，土壤中含镉 0.3mg/kg 一般不会造成农产品镉超标；而南方中低度镉污染（Cd <1mg/kg）的水稻田土壤，从我们在韶关地区的试验来看，在水稻后期有效的水分管理下也不会生产出镉超标稻米。

因此，我们建议，如果检测基准按照目前的数值不变，那么管制标准则可放宽一些，同时，将土壤重金属的污染控制与修复的重点优先放在因食物链而影响人体健康的污染因子（如镉）上，以及对作物生长有较大影响的元素上，这样，对土壤污染的监控和修复就较有可操作性。

土壤重金属污染与人体健康的关系

媒体对土壤污染和食品重金属超标的报道大都会与健康效应，比如癌症、痛痛病、水俣病相关联。如"土壤重金属污染集中多发，多地出现'癌症村'"，"癌症村遍布全国，重金属污染触目惊心"。但事实上，并非所有重金属都会导致癌症。由于没有区分说明，这样的报道容易造成误解。

痛痛病的确是由镉的食物链污染所导致的严重疾病，但一般情况下人体健康受损很难严重到这个程度，因为它是长期高镉摄取量所导致的后果，只有厂矿周边的严重污染可能导致这一病症，如日本神通川痛痛病区居民的镉摄取量高达 600ug/ 天 / 人。

相反，公众和媒体却忽略了对达到痛痛病程度之前人数众多的人体健康受损的关注，也就是"低剂量长期摄取"给人体带来的健康危害，如肾病（肾功能不全）、肾结石或其他病症（见图）。

镉的负面健康效应

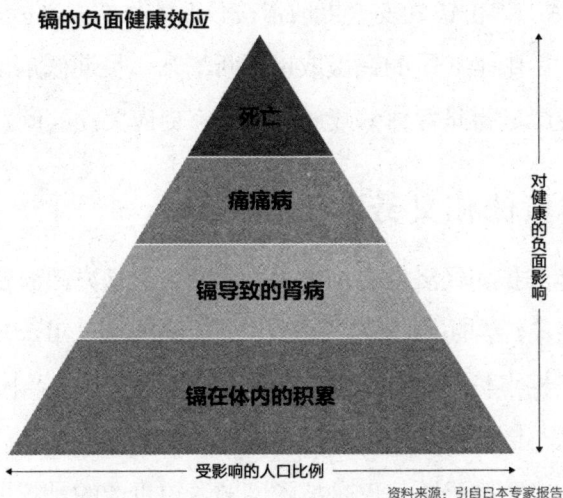

资料来源：引自日本专家报告

以镉为例，肾是镉的靶器官，人体吸收的镉三分之一会累积在肾脏中，四分之一在肝脏中。当人体累积的镉达到 2g 时，至少有 5% 的人的 β-微球蛋白（β-2M）会超过 1000μg/g 肌酸酐，尿中镉浓度超过 10μg/g 肌酸酐，此时他们就有可能成为痛痛病患者，反推算过来，相当于 50 年间每日镉摄取量 110μg（0.11mg）。当日摄取量为 50μg（0.05mg）时，肾皮质镉浓度可以达到 50ppm，尿中镉浓度可以达到 2.5μg/g 肌酸酐，这会导致 4% 以上的人肾功能不全，随后，持续的镉摄取将导致死亡率增加。

因此，对重金属超标食品的食用并不会立即导致人体健康受损，但长期的哪怕是低剂量的摄取也将会导致人体健康受损，比如以低分子蛋白尿为特征的肾功能不全。在当前安全粮食和污染粮食没有得到监控和分流的情况下，一般公众面临着这一长期低剂量的累积风险。

中国很多早期开发的有色金属矿区附近的居民就存在镉污染的健康问题，也有报道估计一些工业发达省份（如广东）居民的镉摄取量已经接近甚至超过联合国粮食及农业组织（FAO）／世界卫生组织（WHO）规定的 7μg/kg 体重／周这一数值，而且需要指出的是，这一数值是 1989 年规定的，虽然在 2010 年 6 月的食品添加剂联合专家委员会（JECFA）第 73 次会议上仍然维持这一数值，但在同年 3 月，欧洲食品安全局（EFSA）评价镉的安全摄取量应该改为 $2.5 \mu g/kg$ 体重／周。从文献报道可知，中国居民的镉摄取量不断攀升，长期低剂量的镉摄取所带来的人体健康危害是媒体、政府、科学家更应关注的问题。

态度、责任和义务

要使环境保护和经济发展相协调，需要各级地方政府负起责任。按照《重金属污染综合防治"十二五"规划》的要求，重金属污染防治已是当前和未来相当长一段时期内环境保护的头等大事。"十二五"期间，中国财政将以百亿元为单位增加对重金属污染防治的投资。

重金属污染防治已不仅仅是技术问题，更重要的是管理和制度的问题，对一切污染都要从源头上进行控制，避免污染事件发生。

企业有责任主动降低资源消耗和减少污染物排放，走环境友好之路。对于置法律于不顾，不肯在环保方面下功夫，严重破坏周边环境的企业，必须依法给予严厉制裁。

要让舆论监督发挥作用，信息公开是关键。媒体的批评和监督，正是公众关注环保和参与环保的表现。

专家在回应环保问题时，应以务实求真的、科学的、理性的态度，冷静、客观地评估每一宗污染事件。

公众应持有正确的环保理念，转变有损环境保护的生产、生活方式，树立新的伦理道德观念，为当代也为子孙后代留下适宜居住和发展的绿色家园。

（原载财新《中国改革》2013 年第 6 期）

关键中的关键

中国社会科学院公共政策研究中心主任　朱恒鹏

　　过去一年间，决策者连续出台了一系列促进医疗健康产业发展的政策，释放出非常积极的信号，而《中共中央关于全面深化改革若干重大问题的决定》（以下称《决定》）关于市场机制地位的论述，已令医疗卫生体制改革的方向非常明确。

　　《决定》指出："经济体制改革是全面深化改革的重点，核心问题是处理好政府和市场的关系，使市场在资源配置中起决定性作用和更好发挥政府作用。市场决定资源配置是市场经济的一般规律，健全社会主义市场经济体制必须遵循这条规律，着力解决市场体制不完善、政府干预过多和监管不到位问题。"这段论述应当成为健康产业发展和医疗卫生事业改革的总体指导方针。

　　此前，国务院出台了《关于加快发展养老服务业的若干意见》《关于政府向社会力量购买服务的指导意见》《关于促进健康服务业发展的若干意见》，其中坚持政府引导、市场驱动的主旨方针清晰可见，对开放医疗服务市场，特别是鼓励社会资本进入医疗服务领域的信号也已十分明朗。

　　《决定》中明确提出："鼓励社会办医，优先支持举办非营利性医疗机构。社会资金可直接投向资源稀缺及满足多元需求服务领域,多种形式参与公立医院改制重组。允许医师多点执业,允许民办医疗机构纳入医保定点范围。"根据全会精神和文件表述,未来社会资本举办非营利性机构,利用土地税收等优惠政策"优先支持"理所当然;对于高端、专科等资源稀缺领域和各种多元需求领域,可以"直接投向";可以参股、控股、托管、买断等"多种形式参与公立医院改制重组"。整个是"可以,也可以,还可以,都可以"的节奏。

下一步怎么走?从中央而言,业已提出加快事业单位分类改革,加大政府购买服务力度,推动公办事业单位与主管部门理顺关系和去行政化,逐步取消学校、科研院所、医院等单位的行政级别,建立事业单位法人治理结构,推进有条件的事业单位转为企业或社会组织等一系列具体举措;对地方而言,探索符合地方特色、响应中央改革号召的改革框架也正当其时。

推进公立医院改革可促进经济增长

目前,中国经济将进入"结构性减速"阶段,服务业劳动生产率增长速度低于工业劳动生产率增长速度,以往 10% 左右的经济增长速度将很难再现。同时,随着人口老龄化社会的加速到来、人均收入水平的不断提高,市场对医疗服务业需求的增长将快于对一般服务业需求的增长,这对医疗服务业乃至整个健康产业来说意味着重大的发展机遇。

然而,受制于此前长期难以打破公立医疗机构的垄断,非公立医疗机构一直未能摆脱政策束缚,获得充分发展,其促进就业的巨大潜力一直被抑制。据世界卫生组织统计,中国香港、日本、德国、英国等地区及国家的医护比均超过 1:4,芬兰、挪威、加拿大等国家的医护比超过1:6,而中国仅有 1:0.9,明显偏低。目前,中国约有医务人员 247 万,护士 224 万,如医护比按照 1:4 计算,至少还应增加 740 万护士岗位。显然,如果放开社会资本办医,健康产业未来十年还有望释放出不低于1000 万人的就业机会,这也是让中国走出以高能耗、高污染、高征地推动高增长，同时低改革力度的"四高一低"困境，避免落入"中等收入陷阱"的重要措施。

大幅削减"公医"势在必行

自 2009 年启动新一轮医改以来，改革的重心在医疗保障体制改革，即医疗服务的"需方"改革，而以公立医院为主体的医疗机构改革，即医疗服务的"供方"改革，进展相对缓慢。供方改革严重滞后体现在两个方面：一是作为医疗健康行业核心资源的医生还是束缚于国有事业编制身份，没有获得自由执业权，这极大地抑制了其生产力，更带来资源错配，优秀医生集中在（大城市）三甲医院，社区医疗机构缺乏受居民信任的医生，无法形成分级诊疗制度；二是国营医院垄断医疗服务的格局没有改变。中国所谓的"公立医院"实质是国营医院，绝非国际通行意义上的由政府代表、医生代表、社区代表、社会贤达等共同构建出良好法人治理结构的公立医院，而是政府举办、政府管控、官员特权享有的医院。

中国今天的公医主导体制体现为"国营医院 + 国有医生"。改革方向应该是，大规模减少国营医院的数量，改制为民营的营利性或非营利性医疗机构，所谓"去行政化"，即是把中国的"官办、官控、官享"的国营医院改成真正意义上的公立医院。同时，所有医生最终都应该成为自由执业者。可以有一部分国有医院，但绝不应该有国有医生。台湾医改的路径对大陆有启示意义。台湾在逐步建立全民医保体制的过程中，医保覆盖人口比例与公立医院病床的市场份额呈现明显的反方向发展趋势，通过逐步建立全民医保体制，台湾地方政府以发展社会保险来替代兴办公立医院，使台湾医疗体制逐渐由政府直接筹资兴办医院提供服务转向了政府筹资补需方、民营机构提供医疗服务的模式。在上世纪 50 年代，台湾公立医院的病床占有率高达九成，1980 年下降至 46%，2010 年后，公立医院的病床占有率仅剩 34%；若以健保申报金额来衡量医院的服务产出，公立医院在 2010 年的市场占有率仅剩 31%，而民营医院的市场占有率则高达 69%。

台湾医疗服务机构走向民营主导的过程，大幅度减轻了政府的财政负担。萧庆伦教授指出，1998 年，中国台湾政府财政投入占医疗卫生总费用的比例仅为 24.6%，远低于同一时间英国（73.7%）及加拿大（68.7%）等国家的政府财政投入比例。2010 年，台湾的医疗保健支出仅有 24.3% 来自政府财政。而台湾的医疗服务质量、宏微观医疗绩效以及患者满意度均居世界前列。

大力引入社会资本参与公立医院改制

《决定》中提出的"鼓励社会办医，优先支持举办非营利性医疗机构。社会资金可直接投向资源稀缺及满足多元需求服务领域，多种形式参与公立医院改制重组"，以及"推进有条件的事业单位转为企业或社会组织"，已为公立医院改制之路指明了方向。

引入社会资本参与公立医院改革，不同于一般意义的"引入社会资本办医"。后者的思路是，通过允许社会资本成立非公立医院，引入竞争机制，为目前处于主导地位的公立医院带来压力，从而"倒逼"其进行内部治理机制的改革。这也是我们最熟悉的一种改革思路。在改革开放过程中，正是通过允许非公有制经济的发展，来"倒逼"公有制经济的内部改革，进而提高了公有制经济的效率。然而，简单地将国企改革经验移植到公立医院的改革中并不恰当。

几年来，"引入社会资本办医"取得了一定的成效。但从接诊量来看，公立医院的主导地位未被撼动。原因在于，公立医院事实上的垄断地位及其对优质医生资源的控制，使得非公立医院无法与之竞争。此时希望公立医院内部建立起法人治理结构，也根本不可能。

正确的改革措施是通过引入社会资本参与公立医院改革，以股份制形式对公立医院实行改制，令国有资本逐步减少并最终退出医院。这相当于将公立医院的人才以团队的形式整体挪出体制，通过保留其编制保障其既得利益，这一方面是改革温和过渡的稳妥形式，另一方面又能切断计划体制的自我复制。如果现有的企业医院及相当一部分公立医院得以成功改制，国有事业编制对医生群体而言，其价值自会大大减退，顺势为下一步更广泛地推进改革减少阻力。也唯有如此，才能使公立医院真正建立起法人治理结构，彻底打破公立医院现有的行政垄断地位，在各种医疗机构中建立起竞争机制，真正促进健康产业的发展。

（原载财新《新世纪》周刊 2013 年第 51 期）

十五年完成户籍改革

美国华盛顿大学地理系教授　陈金永

随着中国进入城镇时代（已有一半以上的人口居住在城镇），"城镇化"梦是中国梦的一个重要组成部分。健康的城镇化可以促进内需，发展经济，有利于改变目前对出口和投资过度依赖的发展模式。同时，这十多年来，中国的流动人口迅速扩大，已形成一个有两亿多庞大人口的"二等公民"群体，不利于社会稳定。根据国家发改委正在起草的城镇化规划，农民工市民化位居五个重点之首。农民工市民化是指务工经商的外地农民工在打工地定居并被纳入城镇公共服务体系，转变为当地居民。这项改革需要设计一张路线图，长期推行渐进的、有深度的户籍改革。

如何推行有深度的户改？我在这里提出初步构想的路线图与时间表，重点是勾画出主要的原则与步骤，也包括一些可操作的措施，希望借此抛砖引玉，引起大家对这一题目的进一步关注及讨论；当然，这里还有许多技术性的细节要具体化。但我认为，逐步、渐进、稳步地废除户籍所带来的公民等级差别，不仅是非常必要的，而且是可行的。

这个户改方案提出的步骤与目标是：从 2015 年开始，大概用 15 年的时间解决流动人口的问题；15 年后，所有的国民在国内可以自由迁移，国内没有分等级的户籍制度。具体的做法是：所有大中小城镇首先向外地大学毕业生开放当地户籍登记，然后向有熟练技术又有稳定就业的农民工开放，再逐步有序地向其他农民工开放，最终使所有的流动人口市民化，可以举家永久性迁移。

关于落户名额及先后次序

2012 年，城镇中的流动人口（包括大学毕业生）约有 2.3 亿。粗略推算，到 2030 年，以农民工为主体的流动人口会达到 3 亿多（见图）。用 15 年的时间来改变这 3 亿多人的户籍，即平均每年要解决大约 2000 万人的户籍问题。

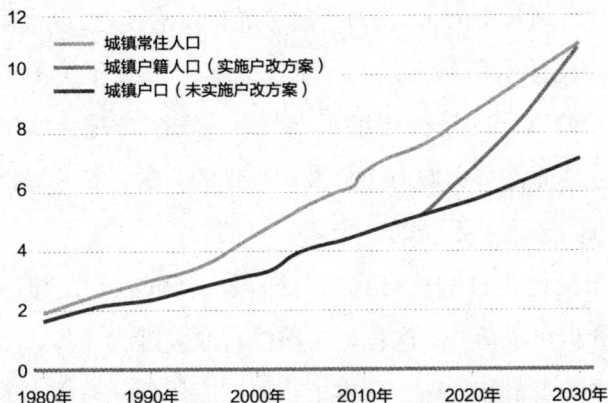

1980年至2030年城镇常住人口、户籍人口增长的趋势及估算
单位：亿人

- 城镇常住人口
- 城镇户籍人口（实施户改方案）
- 城镇户口（未实施户改方案）

注：城镇常住人口与户籍人口两者之差，即为"流动人口"；2012年后数字为作者估算
资料来源：1980年至2012年数据根据《中国统计年鉴》和《中国人口统计年鉴》不同年份的资料编制

每年这 2000 万个名额应该怎么来分配？我认为，可以借鉴国外（例如美国、加拿大）吸纳国际移民的做法，参考深圳积分入户的构思和具体做法，建立一个入户的优先程序。大概可以这样：年轻的大学（含大专）毕业生是第一优先，然后是熟练技工及稳定的自我就业劳动者，最后是低技术民工（包含"普工"等）。这是个先易后难的方案，比较符合中国的情况与财政经济可以接受的能力，以及社会的期望。虽

然有人认为这种做法可能会歧视低技术民工，但我认为这样做比较能够照顾到中国目前已存在的情况，有利于推行户改。

我认为，招纳年轻的大学毕业生落户应是双赢的，因为大学毕业生大都是社会福利的主要纳税者，将户籍这扇门向外地大学毕业生打开，能得到的社会经济利益是显而易见的，应该尽快推行这种学历型人才入户的措施。在美国，不少州（和城市）政府与企业都认识到，要发展高产值的地方经济，就需要有大量的大学毕业生。留住本地的毕业生，吸引外州的毕业生来就业，接受部分合适的外来但在美国上大学的毕业生，都是重要的政策。年轻的大学毕业生也是未来中产阶层的主要来源，是美国人口长远发展策略的重要部分。

但是在中国，直到最近，各地对外地大学生开放的户改措施（如上海的居住证积分制度、东莞的积分入户制度），每年吸纳的人数都非常有限（只有几百到几千人），相对于每个城市都有 10 万以上的外地大学毕业生，这实属杯水车薪。只有深圳在去年（2012 年）下力气推行户改，并通过积分入户的途径接纳了十几万人（主要是大学毕业生）落户，远远超过其他许多大城市类似做法吸纳的人数，在户籍制度向外地大学生开放方面迈出了重要的一步。

农民工市民化关键的一环在第二阶段：降低入户门槛，使民工中的相当一部分也可以落户，这也是实质性户改关键的一步。上述用于大学毕业生落户的逻辑和理由，基本上也可以应用到让有技术的民工落户的政策上。中国的产业要升级，走向高端层次，也迫切需要大量受过更好教育的熟练工人及有能力操作高技术设备的技工。老板也需要技术熟练的劳动者，也要留住他们。技术工可以拿到较高的工资，也有能力缴纳城市社会福利的费用，这基本上也是个双赢的做法。给有技术的民工"上户口"同时会促使大量的民工向技术工人的方向转移，有力地调动未入户民工的积极性，包括投资在自身的人力资本上，争取入户。从更长远一点看，这会大大提高中国工人的总体技术水平，增强中国的国力。

用大概七八年的时间来解决上述两个群体的户籍，然后再集中精力解决其他民工的户籍问题。届时，随着总体教育水平的进一步提高，民工的自我努力，加上年轻人口的逐年递减，教育水平低的非熟练工人会大大减少，而中国的国力十年之后会更强，可以为社会公平的实现投入更多财力，从而为解决普通民工的户籍问题提供有利条件，为低收入民工提供多一些福利（下面再谈社会福利成本的问题）。

总的来说，要让有稳定工作的民工享有本地户籍，让他们可以定居下来，做比较长远的打算。要让他们享有国家的失业保险、养老保险等，让留守丈夫、留守妻子更多地可以到城里来，让他们的子女也可以像当地居民的子女一样就读当地公立学校，而不会遭受歧视。民工有了本地户籍，可以全面参与城镇公共事务管理，也可以像城里人一样自由择业，发挥各自所长，生活有保障，没有太多后顾之忧。这样的城镇化才能扩大中产阶层、扩大内需，才可实现"城镇化—经济增长"的良性循环。农民工在城镇落户后，有了稳定的定居预期，就可以转让在农村承包土地的经营权，放弃已经闲置的宅基地、耕地，这也会大大提高农村土地的生产和生活利用率，这对于土地稀缺的中国来说尤其重要。

农民工市民化的公共成本估算及负担程度

推进农民工市民化，究竟需要投入多少公共成本（也就是政府的财政负担），这个成本是否可以承受，经济效益如何，都是非常重要的问题。一个普遍的看法认为农民工转户进城成本太大，社会（政府）难以负担。我认为，这是一个误解。最近几年，有几个比较详细且全面的、用现成的公开统计数据来做的估算，其结果是每人市民化的成本大约是小城市 2 万元，大城市 10 万元。2010 年，国务院发展研究中心在四个大中城市做了一个更细致的调查分析，得出的结果是：一个典型农民工市民化（包括相应的抚养人口）所需的公共支出成本总共为 8 万元左右。上面两组估算的结果大致吻合，即每人市民化的成本约为 8 ～ 10 万元。

下面我们就用上限 10 万元来算一下全部流动人口市民化的总成本及其对国家经济与财政所产生的影响。

如果要在一年内把所有 2.3 亿流动人口的户口都转换成城镇居民户口，总成本是 23 万亿元（10 万元 × 2.3 亿），是 2012 年中国国内生产总值的 44%，这是一个天文数字，中国无法承受。但是，如果是用本文所建议的 15 年的时间来做的话，考虑到 2030 年流动人口将达到 3 亿左右，平均每年大约要转换 2000 万人，每年的总成本是 2 万亿元，占 2012 年国内生产总值的 3.8%，这也是一大笔负担。

但是，这个算法是假定流动人口在一年内把上面所说的 10 万元的社会福利、公共服务都花光。实际情形不是这样的：10 万元的福利是流动人口落户之后在剩下的生命年数内所花的。目前，农民工的平均年龄为 27 ~ 30 岁，假设他们的"余生"是 40 年。这 10 万元要用 40 年来分摊，即每年是 2500 元。如果平均每年要转换 2000 万人，总成本也就是 500 亿元，约占生产总值的 0.1%，大约是 2008 年北京奥运会支出的五分之一，国力应该是完全可以负担得起的。

更加合理的做法是，算出市民化的成本占政府财政收入的比例。我算了一下，500 亿元占 2012 年财政收入的 0.4%。当然，这只是第一年的成本，这个成本是每年递增的，到了方案的最后一年（第 15 年），成本会累积到占 2012 年财政收入的 6%。尽管这样，我认为这还是可以负担得起的。就算是最高的 6%，也只是过去两年政府财政收入每年增长率（2011 年为 23%，2012 年为 13%）的一小部分。

撇开数字的讨论，我们也可以看到，现在大部分的民工都很年轻，平均年龄不到 30 岁。他们可能需要的城市福利主要是公房（特别是成家之后），中期是儿女公共教育的福利，支出较大的社保（养老、医疗）主要是在后期。初期主要还是处于付出、缴费的阶段，而不是享用的阶段。也就是说，在方案初期，市民化的费用支出并不多，农民工到城落户初期可能是净贡献——主要是缴费，而不是领取福利。在当前城镇户籍人口（尤其在大城市）严重老化，以及"现付现支"的养老、医疗财政制度下，年轻民工的福利贡献可以填补由户籍人口老化所造成的城市福利财政缺口。

更加重要的是，农民进城后工作平均每人每年为城市创造的社会产值，肯定是上述 2500 元市民化年平均成本的几倍，甚至几十倍，远远超出市民化的成本及他们的工资。外地民工落户安居后有长远的预期，会对自身的人力资本追加投资（即学习技术），也会对居住城市的社区做出"投资"，进行消费。这样，他们为城市创造的红利会更高。这也是为什么健康的城镇化会创造纯利，并带动经济持续发展的主要原因。这有异于那种以卖地炒楼扩张城市土地的短期的、泡沫化的城镇化，也有异于一些拉美国家中，农民进城但没有就业的城镇化。

中央政府要扮演主导与推行的角色

在户籍改革中，中央必须起主导与推行的作用。目前，户改基本上放权给地方，因此户改也局限在地方非常小的范围内。在许多开放户籍给农民、民工的地方，其政策的对象基本只限于本省（市）的农业户口人口，基本没有触及核心群体，即外地民工；就算对本地民工放开，很多条件也很苛刻，例如强制农民"土地换户籍"。根据我这几年的观察，这些地方的户改算不上有实质性的进展，有些还被扭曲成"农民上楼，政府卖地"的政府工程。

因此，户籍改革是一项关乎全局发展战略的重大措施，迫切需要中央坚强的领导、统筹与介入，不能单靠地方有限度的户改。中央政府一方面要有全局的顶层设计，另一方面要大力带头推动与统筹，综合配套，包括加大财政投入，积极推动与监督，必要时制定法规。目前，农民工在城市落户遇到的问题，大部分是广义的生活保障问题（公房、教育、社保、土地等），这些带有全局性的问题需要中央的领导和统筹，以及财力的分配，不能单靠地方。实质性户改要求打破地域界限，使跨省农民工都可以落户，将不可避免地涉及跨地方及各行政区域的事权与财权、人口管理的问题，需要在一个更高的层次上统筹规定与执行，中央应该考虑成立一个有权有责的户改领导机构，长期专职推行户改事务。

中国经济要想进一步发展，一定要改变以出口、投资为主的模式，建立强大的国内人力市场、产品消费市场和统一畅通的国内市场，这项任务中央政府责无旁贷。美国经济力量之强大，有赖于百年来其联邦政府努力建设统一的国内市场的成果。因此，中国的户籍改革主体必须是来自异地的劳动者与家庭，需要从全国全盘考量，需要在中央层面做出积极的布局与安排，并且实施与监督。

大中小城市户改的政策

近年来，国务院提出实行"分类户口迁移"政策，鼓励农民工到中小城市落户，最大的 40 个城市户籍不开放。不少人对此政策寄予厚望，认为这是走有中国特色的城镇化道路，可以避免"大城市病"。我认为，这是一个误区，这个政策基本上是沿用上个世纪 20 年代"控制大城市人口规模"的老路。现实情形是：国家的投入仍然主要向大城市倾斜，大城市相对发展快，大部分农民工并没有按照政策往小城镇走，而是按照就业岗位往大城市走；在目前地方财政以土地收入为主的情况下，地方政府也没有能力开发小城镇，因为小城镇的地卖不出价钱。

大城市发展较快，在中国目前这个发展阶段，有它本身的经济规律。大城市的规模经济效应大，人口与企业的聚集也节省了交易成本。我很赞同许小年博士的说法，实现聚集效应的主体应该是企业和城乡居民，而不是政府的政策，因为政府官员不可能掌握那么详尽的信息，他们不知道哪些企业具有规模效益，企业在什么城市投资好；他们也不可能知道农民该进大的城市还是小的城市才能找到工作，才能安居乐业。这些都应该让企业与农民工自己、让市场去决定，而不是由政府一刀切，控制大城市的人口规模，鼓励农民工落户小城镇。

所以，我的建议是，实质性的户改要同时在所有城镇推行，包括北京、上海、深圳等特大城市，因为这里有更多的就业机会。

本文的建议是希望用一个渐进的做法，扭转城镇常住人口与户籍人口的数量差别不断扩大的恶劣趋势，并用大约 15 年的时间使两者的缺口逐步消除，重新回到同一点上，使中国的城乡人口在 2030 年回到正常的状态，没有户籍之分，就像其他国家一样，国民在本国内自由迁徙。在 2030 年之前，每年我们可以通过检视城镇常住人口与户籍人口的差距来判断户改的进度。如果差距小了，那就是前进；如果差距大了，那就是后退。

总的来说，这个方案是为中国创造一个双赢的局面：对国家和农民工都有利。逐步、渐进、稳健的户改不但会为中国经济增添新的巨大的动力，也是建立一个公平社会、现代化国家，圆中国梦的必经之路。

（原载财新《中国改革》2013 年第 6 期）

变革中国养老体系的政策组合

哈佛商学院高级讲师和布鲁金斯学会高级研究员　罗伯特·普森

　　过去 15 年，中国在扩大养老保险覆盖范围方面取得了巨大进展。1997 年以前，国企为职工提供的是所谓的历史遗留养老保险，并不需要定期缴费。1997 年以后，中国建立了养老保险缴费体系，2011 年覆盖了超过 2.8 亿城镇居民。近年来，中国为农村人口建立了养老保险体系。截至 2012 年年底，农村养老保险体系覆盖的人口达到近 4.6 亿。

　　按照目前的设置，中国的养老保险体系实际上由四个主要的子系统组成。城镇企业职工基本养老保险体系（UEPS）覆盖的是城镇职工，主要是大型民企和国企职工。农村基本养老保险体系允许农民自愿向个人账户缴费，并由地方和中央政府给予补贴。农村基本养老保险体系的结构，与新建立的且规模较小的城镇非就业居民基本养老保险体系的结构相似（这个系统有时被看作城镇企业职工基本养老保险体系的组成部分）。最后，公务员养老保险体系覆盖了政府机关和事业单位的大部分职工，他们不需要缴费。

　　但是，这些养老保险体系面临着艰巨和紧迫的挑战。有些挑战是中国深层次经济和人口结构变化趋势造成的结果；另一些挑战来自中国养老保险体系的设计，尤其是管理分散的问题。

中国目前的养老保险体系有哪些挑战

按照目前的设置，中国的养老保险体系面临着诸多紧迫的挑战。从长期来看，目前的安排是不可持续的。

人口结构的不利因素

中国过去一直享受着"人口红利"，即就业人口庞大，退休人员相对较少。人口红利使中国可以用目前的养老保险缴费来支持养老保险支出。但是，这一有利条件很快会随着人口老龄化而逆转。

截至 2013 年，中国 13.9 亿人口中有 68.1% 属于劳动年龄人口（15 ～ 59 岁）。相比之下，德国的劳动年龄人口占 59.8%，美国占60.7%，日本占 54.6%。2013 年，中国 60 岁以上（含 60 岁）的人口仅占 13.9%。相比之下，美国 60 岁以上（含 60 岁）的人口占 19.7%，德国占 27.1%，日本占 32.3%。2013 年，中国 60 岁以上人口与劳动年龄人口的比例是 1:4.9，这个比例很容易用目前的养老保险缴费来支撑养老保险支出。

但很遗憾，这一有利的人口结构因素将快速恶化。中国 2010 年最新人口普查的结果显示，老龄人口的增长速度正在加快。根据中国统计局的数据，中国的劳动年龄人口占总人口的比例在 2010 年达到峰值，2012 年的绝对值减少了 345 万。根据目前的预测，中国 65 岁以上（含65 岁）的人口在 21 世纪 30 年代初将翻一番。到 2050 年，如果政策没有大的调整，中国的劳动年龄人口与退休人口的比例将低于 1.6:1。

人口结构压力会给政府管理的养老保险体系以及退休人员的家庭养老支持带来巨大负担，即子女需要照顾年迈的父母和祖父母，也就是4-2-1 问题：即一个孩子必须照顾两位父母和四位祖父母。随着中国公共卫生事业的持续发展，中国人将更加长寿，这一问题会变得更加严峻。

人口结构的变化并非中国独有的问题。其实，与中国相比，2050年欧盟、日本、韩国和新加坡的劳动年龄人口与退休人口的预测比例更低（情况更糟糕）。中国的独特之处在于，这一人口结构变化发生得太快，远远快于发达国家，这就意味着中国在人均收入远低于发达国家的时候就必须应对人口结构变化带来的负面影响。

中国将是最早进入老龄化的发展中国家之一。因此，中国必须尽快应对养老保险体系的挑战，原因是这些挑战将给政府财政带来巨大压力，并拖累经济增长。

管理过于分散

按非公务员职工的养老保险支出计算，中国的养老保险体系中最大的部分是城镇企业职工基本养老保险体系，主要覆盖大企业的城镇职工，包括外企、民企和国企。近年来，中央政府又建立了两个自愿缴费的养老保险体系：分别针对农民和城镇非就业居民。即便是在城镇企业职工基本养老保险体系内，管理也非常分散。城镇企业职工基本养老保险体系由省市政府出资和管理，基本规定常常大相径庭。

城镇企业职工基本养老保险体系管理分散和缴费期长（至少缴费15年）的问题是中国劳动力流动的主要障碍。根据中央政府最新的指导意见，个人从一个城市移居到另一个城市，理论上可以获得其个人累积的养老保险福利。但是现实情况是，将累积的养老保险福利从一个城市转移到另一个城市有很多行政障碍。例如，没有一个集中的记录保管系统，每个地区对是否符合条件都有自己的规定。

因此，在实际操作中，个人移居新城市后，其养老保险的转移接续将很有可能面临极大的障碍。首先，个人通常必须被迫放弃一部分累积的养老保险福利。其次，新城市可能有不同的规定或对同一规定有不同的解释。最后，移居可能会重新设置领取养老保险的时间，也就是说，个人必须工作更长的时间，才可以领取承诺的养老金。所有这些后果都可能让个人放弃到另一个城市寻找更好的就业机会。

养老保险体系和户口制度的相互作用增加了劳动力流动的障碍。任何中国人要在一个地区永久居住，并获得领取社会福利的权利，都必须有当地户口。因此，拥有农村户口的人没有权利在他们工作的城市领取社会福利，包括城镇企业职工基本养老保险体系给予的福利。

由于没有养老保险，没有当地城市户口的人就很难永久地移居到可以提供更好工作机会的城市。

此外，目前分散的系统是不公平的。在城镇居民中，中央政府或政府部门的职工可以享受公务员养老保险体系所提供的丰厚的养老金，还不需要缴费。甚至在城镇企业职工基本养老保险体系下，较富裕城市的居民每月也比其他地区的居民享受更高的养老金，原因是各地的平均生活成本不同。

总体而言，公务员养老保险体系或城镇企业职工基本养老保险体系覆盖了中国成年人中不到一半的人口。其他人要么没有养老保险，要么只有近年来建立的自愿缴费农村基本养老保险或城镇非就业居民基本养老保险。2009年年末推出的农村基本养老保险体系增长迅速，但是城镇非就业居民基本养老保险体系的覆盖面要窄得多。尽管如此，由于参加这些自愿体系的人缴费金额很少，所以即使加上政府的补贴，养老金也很低。

资金不足

在大多数城市，城镇企业职工基本养老保险体系的资金来自单位缴费（称为社会统筹缴费）和职工缴费。单位的缴费比例是职工工资的20%，个人的缴费比例是工资的8%。单位缴纳的部分被地方政府纳入统筹资金，用以支付目前退休人员的养老金。换句话说，单位缴纳的部分被明确用于现收现付的固定收益计划。相反，职工缴纳的部分被存入个人账户。退休后，职工每月有权利领取该账户中一定比例的养老金，基于139个月的年金系数。

但是，大多数地方政府都发现，社会统筹的缴费不足以支付目前的养老金，包括1997年引入城镇企业职工基本养老保险体系以前的历史遗留养老保险。这些地方政府的应对方法是从个人账户"借款"，以支付承诺给目前退休人员的养老金。个人账户的大部分缴费实际上都被挪作他用。预测表明，个人账户的资金缺口高达90%。这就是普遍的"空账户"问题。

因此，城镇企业职工基本养老保险体系目前主要是现收现付的模式。这样做的后果很严重，因为前面已经提到，中国享受人口红利的时代已经结束，这将倒逼政府注资并投资养老保险资金，以应对即将到来的人口结构挑战。

更严重的是，"空账户"这一普遍存在的问题损害了中国职工对养老保险体系的信任。虽然地方政府会对这些个人账户付予利息，但许多职工怀疑最终能否领取个人账户里的本金，更不用说政府承诺的本金加利息。

投资选择有限

即使个人账户的资金实际上被用于投资，而不是被用来支付目前的养老金，这些资金也只能购买中国国债或存入银行，而且两者的利率都很低。回报很低是因为在过去十年，这些"安全"投资的利率由于各种政策原因被政府压得很低。由于投资回报低和中国工资快速上涨的问题，预计养老金替代率相对就较低。也就是说，个人退休后的养老金与其工作期间平均收入之比相对较低。例如，个人账户每年的利率大多是2%，但银行存款目前每年的利率是3%左右。

因此，个人账户每年4%的回报可以使目前个人账户的养老金收入几乎翻一倍，但这些回报仍然赶不上工资上涨的速度。为了补充城镇企业职工基本养老保险体系支付给职工的养老金收入，中国政府又引进了另一个储蓄工具——企业年金。这是一个有全额资金保障的职工福利个人账户，相当于美国的401（K）账户。支持企业年金的单位必须向这些个人账户缴费，职工可以自己选择是否缴费。退休以后，职工可以从账户中提取这些资金，可以一次性提取，也可以一年提取一次。

不幸的是，企业年金在中国并不流行。2012年共有1847万个账户，仅占城镇企业职工基本养老保险体系人数的6%。参与比例低可能是由单位和职工向企业年金缴费的税收激励不足造成的。例如，虽然企业年金的投资收益免税，但许多类型的投资收益在基础所得税体系下已经免税，包括中国证券交易所转让上市股票的资本利得和国债利息。因此，企业年金的额外税收补贴，即投资收益免税，对大多数人来说吸引力相对较小。

此外，企业年金的投资选择受到严格监管：建立企业年金的单位不能将资产的 30% 以上用于投资股票，这一规定直到近期才有所松动。另外，至少要将资产的 20% 用于投资货币市场工具。这些限制降低了投资的潜在收益和职工潜在的养老金收入。

中国是如何陷入这一困境的？

包括人口结构在内的多个因素造成了中国养老保险体系目前的困境。

人口结构的不利因素

中国预期的人口结构挑战是上世纪 60 年代开始的人口结构变化以及 70 年代政府推行的政策所导致的。

在上世纪 60 年代，由于死亡率大幅下降，出生时的预期寿命从 45 岁提高到 60 岁，其结果是中国人口的大幅上升。随后不久，中国的生育率从 60 年代末的 6 胎下降到 70 年代中期的 4 胎。此后，生育率逐渐下降至 2013 年的 1.6 胎，远低于大多数人口统计学家认为种群更替所需的 2.1 胎。

上世纪 70 年代初，中央政府开始推行"晚、稀、少"政策。通过全国范围内的大规模公共卫生和宣传项目，政府鼓励人们晚婚晚育、间隔生育和少生育。现在看来，"晚、稀、少"政策在缩减家庭规模方面比较成功。

1979 年，在邓小平的领导下，中央政府制定了广为人知的计划生育政策。在这一政策下，部分居民（主要是城镇居民）被正式限制只能生育一胎。这一政策也有例外，尤其是许多农村家庭可以生育二胎。后来，即使是在城市，如果夫妻双方都是独生子女，也可以生育二胎。与其他因素相比，计划生育政策的准确效果还存在较大的争议。根据某些估算，这一政策导致中国少生了 4 亿人，而另一些估算则认为，这一政策仅导致中国少生了 1 亿人。

管理过于分散

中国养老保险体系的分散是政策有意选择的结果，也具有历史偶然性。养老保险体系分为几个子系统（城镇企业职工基本养老保险体系、农村基本养老保险体系和城镇非就业居民基本养老保险体系）是合理的政策选择造成的。

在上世纪90年代，无论是从经济还是从行政的角度，要将城镇企业职工基本养老保险体系的覆盖范围扩大到农村是非常困难的。例如，28%的强制缴费对农民来说是完全无法承担的。相反，城镇企业职工基本养老保险体系的分散管理，即各省市自己管理养老保险，主要是历史原因造成的。在1997年改革以前，大多数养老保险由国企在地方管理。从很大程度上来说，1997年年底的养老保险改革旨在覆盖这些国企职工，包括下岗职工和在民营企业工作的职工。因此，把养老保险统筹放在地方对中央政府来说是影响和负担最小的决定。但是，当上世纪90年代初建立城镇企业职工基本养老保险体系的时候，中国国内的人口流动趋势才刚刚开始加速。因此，当时养老保险体系对省际和省内人口流动的影响没有引起中央政府足够的重视。无论如何，中央政府已经决定加快农村向城市的人口流动，不过，由于没有决定进行户口改革，这加剧了分散的养老保险体系对劳动力流动的制约。

资金不足

根据1997年以前的养老保险体系，国企职工不用缴纳任何费用就可以领取养老金。这种养老保险是所谓"铁饭碗"的组成部分，在这一体制下，国企职工可以享受稳定的工作和丰厚的福利。1997年的改革实行了新老划断，当时已经退休的人员可以按原计划领取养老金，1997年以后退休的人员可获得一部分原来的养老金，但其余的部分要按新计划领取。

1997年的改革把这些历史遗留的养老保险纳入了新建立的城镇企业职工基本养老保险体系。管理养老保险的地方政府必须用目前单位缴纳的费用（社会统筹缴费）来支付历史遗留的养老金（以及任何其他的应付养老金）。但是，在大多数情况下，参加城镇企业职工基本养老保险体系的职工太少，单位的缴费无法完全覆盖现有的历史遗留养老金。与此同时，地方政府面临着各个方面的财政压力。因此，许多地方政府决定将个人账户里的职工缴费用来支付目前退休人员的养老金。

这在政治上是个权宜之计，但是，地方政府的这一决策让城镇企业职工基本养老保险体系对许多单位和职工失去了吸引力。单位和职工要向城镇企业职工基本养老保险体系缴纳工资的28%，而这些缴费的大部分都被用于支付历史遗留的养老金。作为交换条件，地方政府未来承诺的养老金数额相对较低，而这根本没有资金保障。

实际上，目前的单位和职工要为两个养老保险缴费：他们自己的养老保险和历史遗留退休人员的养老保险。因此，许多职工和单位都试图通过低报工资等方式来逃避或减少参与城镇企业职工基本养老保险体系。这一行为在小企业或个体户中尤为明显，原因是它们的收入有限。但是，这一行为会造成恶性循环：参与率低会让支付目前的养老金更加困难，需要更多地从个人账户中挪用资金，这会进一步降低目前职工对养老保险体系的信任，导致更多的人不愿参与。

投资选择有限

中国经历了增长奇迹和现代化，但是中国的资本市场仍处于欠发达状态。因此，中国老百姓的投资选择非常有限，尤其是考虑到对养老保险资金投资海外的限制。前面也提到，银行存款的利率很低，而且通常赶不上通胀的速度，导致实际回报率为负，这也造成中国国债的低利率。中国的股市波动性太大，让很多中国养老保险计划的参与者望而却步，而中国的养老保险计划又不能投资国际股市。

改进养老保险体系的建议

改进中国的养老保险体系需要多项改革齐头并进。

政策组合1：增加中国的劳动力人口

面对即将到来的人口结构变化，中国需要采取前瞻性改革，增加中国的劳动力人口。具体步骤如下。

第一，修改计划生育政策。在制定计划生育政策（以及"晚、稀、少"政策）时，中国政府官员对人口爆炸灾难的担忧是合理的，原因是1980年中国的人口已经接近10亿。当时的某些研究显示，中国的资源只能支持7亿人，控制人口显然是个紧迫问题。但是，鉴于中国的经济增长，至少在推动政策层面，这些担忧已经明显过时了：中国完全有财力支持现有的人口。此外，前面也提到，继续实行计划生育政策将加剧人口结构变化的挑战，养老保险资金也不足以提供给大多数老百姓。

有迹象显示，中国政府可能会重新考虑计划生育政策。国家人口和计划生育委员会是执行计划生育政策的机构，现在已与卫生部合并为国家卫生和计划生育委员会。去年（2012年）11月，现已离任的胡锦涛总书记在向中共十八大提交的报告中，删除了"保持低生育率"的文字。即使中央政府不愿意取消计划生育政策，也至少应该考虑进行改革，扩大政策例外的情况。例如，如果夫妻双方都是独生子女，通常可以生二胎。这一例外可以扩展为只要夫妻一方是独生子女，就可以生二胎。更加激进的做法是，让所有中国家庭都可以生二胎。

尽管如此，修改计划生育政策对中国人口总数的影响很可能是有限的。首先，计划生育政策让核心家庭成为文化习惯。其次，整个东亚地区的生育率都很低：日本和韩国的生育率都在1.4以下（含1.4）。即使是在人均GDP与中国相似的泰国，生育率也仅有1.6。因此，即使中国现在就放开生二胎的政策，生育率也很可能会低于种群更替所需的2.1。这一预测是把双刃剑。一方面，如果政策变化对人口总数的影响相对较小，改变计划生育政策在政治上会更加具有可行性；另一方面，如果政策变化实际上效果不大，即使改革，中国的人口结构挑战也将继续给养老保险体系带来压力。换句话说，仅仅改变计划生育政策对于解决中国严重的养老保险问题是不够的。

第二，推迟退休年龄。增加中国劳动力人口的另一个办法是推迟退休年龄。目前，男性城镇职工的退休年龄是60岁；女性管理或专业技术人员是55岁，其他女性是50岁。这些退休年龄制度是上世纪50年代开始实行的，因为当时的出生时预期寿命只有 45 岁。但是，此后的出生时预期寿命已达到 73.5 岁，如此低的退休年龄是不可持续的，也是不合时宜的。实际上，中国的退休年龄比国际标准还低。经合组织（OECD）成员国的平均退休年龄是男性 64 岁，女性 63 岁。中国女性的退休年龄几乎比所有经合组织成员国都低。

因此，中国的政策制定者应该考虑逐步将女性的退休年龄推迟到 60 岁，与男性相同，只要目前超过 45 岁的女性不受这一政策变化的影响就行。由于女性是中国劳动力队伍中不可或缺的组成部分，政府应该将男性和女性的退休年龄平等化。除了推迟最初的退休年龄，政府还可以考虑逐步将退休年龄的延长（男女都适用）与预期寿命的延长挂钩。一种考虑是预期寿命每延长一年，退休年龄就延长两个月。推迟正常退休年龄既可以改善中国养老保险体系的财务状况，也可以通过提高中国城市相对较低的劳动参与率，为经济增长做贡献。

政策组合 2：集中管理养老保险

第一，回收地方政府的养老保险管理权。最近，有一些令人欣慰的迹象显示，中央政府正在关注劳动力流动和养老保险分散管理之间的关系。

2009 年，国务院颁布了指导意见，明确表示参加城镇企业职工基本养老保险体系的职工在移居其他城市后，有权转移养老保险的两个部分，即大多数社会统筹部分累积的资金以及个人账户累积的资金。但是，前面也提到，这些职工在目前城镇企业职工基本养老保险体系分散的结构下，由于行政障碍，很难转移累积的养老保险。此外，有些地方政府还允许单位将向城镇企业职工养老保险体系的缴费降至 20% 以下。

因此，审慎的做法是，中央政府收回城镇企业职工基本养老保险体系的控制权，并将缴费标准化。中央政府有资源建立一个全国性的城镇职工数据库，这是建立全国性养老保险体系关键的第一步。然后，按照下面政策组合 3 的建议，中央政府才能逐步转向前期资金较为充足的养老保险体系。

当然，地方政府可能会反对丧失对城镇企业职工基本养老保险体系的控制权。但是，中央政府也会接收这一体系的所有债务，包括在"铁饭碗"时代承诺支付的历史遗留养老金。这一交换是合理的，原因是目前城镇企业职工基本养老保险体系的债务比资产多。这样做还可以防止地方政府挪用资金。如下所述，农村和城镇非就业居民的配套养老保险计划也将逐渐被纳入全国性的养老保险体系。

第二，统一各类养老保险计划。从长远来看，养老保险体系的各个组成部分，即城镇企业职工基本养老保险体系、农村基本养老保险体系和城镇非就业居民基本养老保险体系应当统一。领取养老保险的条件和福利水平应当尽可能保持一致，包括法律解释和全国政策的执行标准。但是，现实是各种养老保险计划福利水平的真正均等化还需要几十年。因此，在真正均等化之前，中央政府应当允许福利水平根据各省市的平均生活水平而有所差异。

养老保险的统一将铲除中国劳动力流动的大部分障碍。降低养老保险计划的差异对中国大量的农民工尤其重要。根据目前的统计，中国的农民工人数在 1.5 亿至 2.6 亿之间，大多数人由于是农村户口，不能参与城镇企业职工基本养老保险体系。更广义地说，中国政府应当重新考虑养老保险体系和户口制度的关系。

政策组合 3：转向有前期资金保障的养老保险体系

如上所述，城镇企业职工基本养老保险体系目前是基于现交现付的原则：社会统筹部分肯定是现收现付的，个人账户部分为了支付目前的养老金也被大量挪用。随着中国人口的老龄化，现收现付体系将很快变得不可持续。如果中央政府接管历史遗留的养老保险，就应该可以把现在的缴费用于投资，以支付未来的福利。因此，中央政府应该考虑将城镇企业职工基本养老保险体系转变为部分资金有保障的体系，具体做法如下。

第一，对于在划断日期后至"十三五"规划（2016—2020 年）结束前参加工作的职工，以 2017 年为例，他们的养老保险应该是有全额资金保障的。尤其是单位缴费（社会统筹）应当预留并用于投资，而且投资回报应当足以支付未来承诺的福利。

第二，现有职工的养老保险应该有一部分是有资金保障的：在某个划断日期前累积的福利，以 2017 年为例，在职工退休的时候用未来的收入支付。但是，从 2017 年开始，单位缴费的社会统筹部分应当预留并用于投资，以支付 2017 年以后累积的福利。

第三，中央政府应当制定一项新的法律，明确规定 2017 年以后参加工作的新职工和现有职工向个人账户缴纳的费用不得被借用或使用。中央政府应当继续在 13 个省（市、自治区）完成现有个人账户资金的落实工作。

这三条建议将产生巨大的转型成本。目前，退休人员的养老金是用目前的养老保险缴费支付的，今后需要寻找其他资金来源。当 2017 年以前参加工作的职工退休的时候，仅有一部分养老保险是有前期资金支持的，其余部分也必须寻找其他资金来源。虽然没有精确计算这些转型成本，但很可能需要几万亿美元。不过，随着目前这一代人的退休，这些成本可以分摊到很多年内来支付。

当然，养老保险的这些转型成本必须放在中国其他重要财政目标的背景下考虑。好消息是，中央政府的财政状况不错：2013 年 4 月，中央政府报告的外汇储备大致是 3.4 万亿美元，2012 年中国公共债务占GDP 的比例约为 46%。虽然在政治上不太容易，但中央政府可以将更多的资源投入养老保险体系。例如，政府可以将国企首次公开上市筹集资金的较大比例用于支持养老保险。更广义地说，中央政府必须容忍债务占 GDP 的比例上升以及外汇储备的下降。

以上建议的改革实际上并不会增加中国地方和中央政府的总债务——中国的地方政府债务已经成为一个巨大的挑战。实际上，1997 年以前退休人员的历史遗留养老金债务只是从地方政府转移到中央政府，以利于更高效地解决这一问题。中国政府对 1997 年以后退休职工的养老保险债务现在也存在，只不过没有相应的资金支持或正式的记录。这些建议将使目前隐性的养老保险债务显性化。

当养老保险债务显性化后，中国的政府官员可以更清楚地看到这一问题的严重性，以及为何这一问题必须在近期加以解决。与此同时，政府官员应当意识到，如果正确实施，这些建议可以基本消除 2017 年以后累积的没有前期资金支持的所有养老保险债务。那些养老保险的前期资金将大部分由单位和职工缴费所支持。这些资金将放在单独的统筹账户中，由下面所讨论的专家来投资。

政策组合 4：建立更好的长期投资工具

中国是一个储蓄大国，但老百姓缺乏多样化的投资工具。改革可以包括以下内容。

第一，全国家社会保障基金理事会（社保基金）应当投资养老保险资产。由于目前养老保险资金的投资回报率较低，如果不提高缴费水平，就很难保证足够的养老金收入。因此，在 2017 年以后，中国政府可以把所有养老保险缴费在国家层面放入两个不同的统筹账户中，一个是单位缴费账户，一个是职工缴费账户，并指定社保基金作为这两个统筹账户的主要投资人，在承担审慎风险的基础上，获得高于银行存款的回报。

社保基金已经拥有一支有经验的专业投资团队，而且可以投资海外证券。例如，社保基金最近开展了一个试点项目，开始使用广东省个人账户的 1000 亿元（160 亿美元）来投资。具体而言，社保基金应当建立一个平衡的基金，其中一半资产用于投资多元化的优质中国债券组合，包括民营部门和政府债券，另一半则广泛投资全球股票组合，包括相当比例的中国股票。这一平衡的基金在承担合理风险的基础上，应当提供高于银行存款的回报。与此同时，社保基金用养老保险账户的资金投资中国的股票和债券，可以加速中国资本市场的长期发展，这也许会为建立一个更加理性而不是以短线投资为主的中国股市创造条件。

第二，扩大对企业年金的税收补贴。中国还必须建立养老保险储蓄的第二支柱：即个人通过单位提供的养老保险计划，进行有税收补贴的储蓄。前面也提到过，单位可以代表员工设立一个投资工具，即企业年金。但是，目前采纳这种计划的单位非常少，主要原因是税收补贴不足。为了鼓励更多的职工参与企业年金计划，中国政府应当增加相关的税收激励。例如，单位缴费可以用于抵扣税收，而职工缴费可以从应税收入中扣除，等退休后再征税。这些税收激励应当是有条件的，即账户里的资金必须长期投资，例如 10 ～ 20 年。此外，政府官员应当重新考虑对企业年金计划严格的投资限制。

税收激励会带来一定的财政成本，然而，这是鼓励单位为职工提供更有吸引力的企业年金计划所必需的。企业年金的参与率提高不仅可以增加养老储蓄，而且可以培养一批长期投资者，帮助中国股市从交易型转为投资型。

（原载财新《中国改革》2013 年第 9 期）

我国农村基层政权建设亟须解决的几个问题

中国社会科学院农村发展研究所教授　于建嵘

农村基层政权是整个国家政权体系的基础。自 20 世纪 80 年代 "撤社建乡" 以来，作为基层政权的乡镇就在落实党和国家的农村政策、促进农村经济发展、维护农村社会稳定等方面发挥了不可替代的重要作用。农业税取消后，乡镇政权面临着重要的改革机遇，但经过综合改革的乡镇政权没有真正实现服务型政府的建构目标。不少乡镇政权仍然将主要精力和大部分资源用于应对上级下派的行政性事务，没有时间和能力向广大农民提供公共服务。因此，税费改革后，基层干部大多在自上而下的各种指令、任务、考核、应酬中疲于奔命，无暇也无兴趣关心当地农民的疾苦、问题和今后发展。尤其是近年来在经济发展和维护稳定的双重压力下，农村基层政权面临着权力 "悬浮"、"维稳" 异化、"与民争利" 的现实困境。这些困境严重制约了基层政权职能的有效发挥，并在基层治理中造成了日益严重的紧张关系。

一、权力"悬浮"

目前，我国最基层的政权组织是乡镇政权，它包括党委、政府、人大等主要机构，代表国家权力对广大农村地区进行治理。设立乡镇一级政府，不仅影响了传统乡村自治权的发挥，也让国家财政背上了沉重的包袱。近年来，国家采取的取消农业税、实施各种惠农政策以及推行乡镇综合配套改革等一系列措施确实起到了一定的作用，原乡镇政府的"主要工作"已经消失，与农民的直接冲突也相应减少，这在一定程度上缓和了农村地区的社会矛盾。不过，基层政权功能异化和结构性退化的问题并未得到有效解决。与税费改革之前相比，问题的表现形式略有不同，归纳起来其中之一是基层政权的"悬浮化"。取消农业税之后，很多中西部缺乏资源、经济发展相对较差地区的基层政权，其收入来源主要靠国家的转移支付，它们会把主要精力放在如何维持自身的生存运转上。为此，一些学者将基层政权的特性概念化为"维控型"政权。对于向农民提供公共产品和公共服务，基层政权既没有能力，也没有动力。在这种情况下，基层政权与农民的关系日益疏离，逐渐成为"悬浮"于农村社会之上的一级政权。周飞舟教授认为，税费改革后，基层政府的行为模式由过去的"要钱""要粮"转变为"跑钱"和借债，基层政权从过去的汲取型变为与农民关系更为松散的"悬浮型"。乡镇政权正在走向"不作为"，这使得基层治理的能力严重弱化。

尽管乡镇政权长期以来扮演了基层政权的角色，但就当前中国的现实情境而言，真正的基层政权应该是县级政权。一方面，乡镇政权缺乏完整的制度架构与权力设置，它没有法院、检察院、纪检委等机构，而县级政权具有完整的组织和制度设置，具有独立承担相应权责的权力基础；另一方面，县的地域和人口比较适中，可以作为一个"综合经济体"来较为平衡地发展经济和统筹财政，而乡镇在财权、事权等方面都要依附于上级部门。因此，县级政权才是承接国家与民众的完整的基层政权。

在现阶段，县级政权在很大程度上仍然是向上负责的政权机构。它的合法性来源于中央政权自上而下的政治授权，它以国家力量为后盾，并在压力体制下成为国家政权的重要而基础性的组成部分。这是目前县级政权的"支撑点"所在。但是，这种支撑逻辑下的县级政权更多的是一种维护社会"刚性稳定"的强制性力量，除了经济建设之外，民众自发的、自觉的制度性社会和文化力量的支撑点尚难以找到。

因此，基层组织一旦弱化，应对风险的能力和社会控制能力就严重不足，导致基层政权的有效性无法得到保障，而有效性的缺失又导致基层政权的合法性受到严重冲击。这主要表现为信访案件和群体性事件的高发，基层治理陷入困境。有些地方甚至出现了黑恶势力的沉渣泛起，地下教会和其他邪教在农村蔓延，在地方经济发展和社会秩序重构中兴风作浪。因此，对当前基层面临的治理问题需要引起高度重视。

二、"维稳"异化

"维稳"的本意是采取一些措施使人们的生产、生活秩序以及社会治安秩序等不发生失序或动荡不安。现在这个词已经偏离了其原初的意义，变成了一个异化了的概念。在很多基层党政干部眼里，"维稳"中的"稳"更多的是一种政治意义上的"稳定"，甚至有些干部干脆直接将其理解为保持自己政治前途的"稳定"。当前，基层维稳在运行机制、理念和方式三个方面都存在异化现象。

其一，维稳运行机制异化。当前，中国的社会稳定是一种"刚性稳定"。其中，压力维稳是"刚性稳定"的运行机制。具体而言，压力维稳机制依托于当前中国特有的"压力型体制"，通过政治承包的方式，将维稳责任自上而下地层层分解给地方各级政权组织，并且维稳压力在传递过程中遵循自上而下的单向度运作路径。这样，一方面，乡镇政权作为压力型体制最末端的一级政权，相比于其他层级的地方政权组织承担着更多的维稳压力。以信访为例，面对"信访潮"汇集北京的情况，中央一级往往面临着很大的压力，于是会采取各种措施试图将信访压力下放给地方。在这个过程中，省、市、县、乡四级政权组织承担的压力大小是不同的。一般而言，省、市两级主要起传导作用，承担的压力相对较小；而县、乡两级，尤其是乡镇一级却是压力的末端，承担的压力相对较大。另一方面，中央不断向下施加维稳压力并加大考核与责任追究力度的初衷也是为了将矛盾化解在基层，让基层党政干部尽量解决民众反映的问题。但这种做法在实际运行过程中可能会出现意外后果，即基层政权为了完成上级下派的维稳任务，会采取各种方式和手段，甚至采取非法手段，这不但不能解决访民反映的问题，反而成为他们进一步上访甚至采取极端行为的缘由。这样，压力维稳运行机制出现了异化，使得上级施加的本来促使基层政权向好的方面改变的良性压力，变成了促使其向更坏的方面改变的恶性压力。这也是当前的农村基层政权没有实现其建立服务型政府的改革初衷，反而将主要精力和大部分资源投入到维稳中，出现"维稳"之乱的主要体制性原因。

其二，维稳理念异化。当前，维稳的概念泛化，部分基层党政干部将维稳视为保持自己权位稳定的代名词。一些基层党政干部为保住自己的政治前途，应付上级对稳定工作的考核，将原本由宪法和法律赋予并保障的属于公民权利范围的一些正当行为纳入"维稳"的范畴之中，从而出现"维稳是个筐，什么都往里装"的乱象。在异化了的维稳理念下，基层干部把绝对稳定作为管治目标，片面地理解和践行"稳定压倒一切"的理念，经常把民众正当的利益表达行动看作破坏社会管治秩序的"不稳定因素"。在20世纪80年代末期，邓小平提出"稳定压倒一切"的口号有其特定的国际、国内环境，在当时也确实起到了一定的积极作用。但随着社会形势的发展，"稳定压倒一切"已经日益脱离其被提出的时代背景，以此为原则制定的维稳政策的弊端也愈发明显，尤其是在经过较长时间的宣传动员和强力灌输之后，"稳定压倒一切"已经固化为一种思维定式。"在这种思维定式中，稳定似乎成了一种终极性的否定因素，一切都要为稳定让路，凡是可能影响稳定的事情都要暂停；社会中哪怕鸡毛蒜皮的冲突和矛盾都要上升到稳定和安定团结的高度；在党和政府工作中，影响稳定成了无法担当的政治责任。"在这种维稳理念的影响下，许多基层党政干部不能以"平常心"来看待社会冲突，更不能认识到社会冲突具有缓解社会政治压力的减压阀作用，而是将稳定视为一切，为了稳定可以牺牲经济发展，可以侵犯公民权利，可以采取任何措施，其根本目的就是要保证在自己的任期内绝对不能出问题。一旦不小心出了问题也要想尽一切办法摆平，尽量减少影响。这些异化的维稳理念的存在是农村基层政权出现"维稳"之乱的意识形态原因。

其三，维稳方式异化。一般来说，农村发生矛盾纠纷之后，处理的基本程序是双方当事人先进行协商，或者是在第三方主持下进行调解。在多数情况下，基层干部作为公共权力的掌握者，应该作为主持调解的第三方，扮演维护社会规则的仲裁者角色。但农民对基层干部的信任度不高，认为他们不能公平、公正地处理问题，而走司法程序也会面临着费用高、耗时长、司法地方化等问题。这样，在协商调解和司法程序不能解决问题时，人们就只能采取被视为权利救济最后的救命稻草的信访。在实践中，本应作为正常司法程序补充的信访却成为人们解决纠纷和实现权利救济的主要方式，而且人们往往把信访看成了优于其他行政救济甚至国家司法救济的一种特殊权利。这就造成了现实中人们遇到矛盾纠纷时首先会考虑上访，而且会选择到北京去，从而导致信访量激增的"信访潮"。为了应对大量上访民众拥进北京的"信访潮"，中央政府提出要把矛盾纠纷化解在基层，强调信访事项的"属地管理"原则，并对各地进京的信访量进行统计排名，对排名靠前的地方主要领导实行责任追究和"一票否决"。由此，本是为了落实宪法赋予人民群众批评建议权、申诉控告检举权的信访却成了地方党政干部眼中的"不稳定因素"。这样，对于群体上访、越级上访，基层干部更是不惜代价地采取一切措施保证其不能发生。于是，为了实现"零进京、零上省、零到市、群体性事件零发生"的"四零"维稳目标，基层党政干部开始采取异化的维稳方式，如"花钱买稳定"、采取强力控制等。需要指出的是，这些异化的维稳方式还包括不同类型的具体形式，如"花钱买稳定"包括：一是给"不稳定制造者"物质利益，以对其进行"收买"；二是给国家信访部门工作人员物质利益，让其撤销信访登记量，即对其进行"贿买"；三是加大维稳经费的投入力度，把大量公共财政资金投入到维稳工作中。

三、"与民争利"

基层政权作为国家权力体系的重要组成部分，意味着它在基层治理中应以辖区内的民众利益为旨归，以提升公众的福祉与谋求公共利益的最大化为目标。但在现实中，部分基层政权的运作特性表现出极强的自利性。

首先，一些基层政权在治理中"与民争利"的现象普遍化，造成了日益严重的利益矛盾和社会冲突。税费改革后，尽管基层政权直接从农村获取的资源有所减少，但它依然沿袭了传统政治的运行模式，其汲取性特征通过"土地财政"的运作更加明晰地展现出来。基层政府作为具有独立利益的经济实体，由于缺乏足够的财政支撑其运作，其行为表现出严重经济化特征，而其社会公共服务职能严重缺位。在实践中，基层政府通过土地的征用与商业开发来获取巨额利润。当前土地产权的不明晰，导致各个社会集团都可以运用自己的权力、资源和能力去获取未能得到完全界定和保护的有价值资源的产权。在土地问题的利益博弈中，基层政府与农民的力量并不均等，农民不但缺乏赢得博弈的实体化手段，而且缺乏他们本应知晓的关于土地补偿的相关信息。在信息不对称的基础上，基层政府可以通过对土地征用补偿款与国家惠农资源的掌握而决定分配多少、如何分配、何时分配等问题，从而变相地占用一定数量的资源而获利。由于政治体系运作过程的封闭，民众很难实际参与政治过程，因而对于一些与其切身利益紧密相关的议题无法有效表达自己的诉求和意见，其权益维护也无法得到保障。政府强制性的"与民争利"的行为时有发生，导致基层政权与民众的关系相当紧张，甚至在某些地方演变为严重的暴力冲突。

其次，某些基层政权的行为具有较强的暴力性特征，导致政府公信力的丧失。当前，某些利欲熏心的基层党政负责人利用手中掌握的权力野蛮拆迁居民住房，还把国家司法作为私人工具，对付那些对其提出批评和建议的民众和媒体，甚至对上访民众采取截访、罚款、劳教、连坐等手段进行压制迫害。这主要是因为基层政权缺乏妥协、协商的治理思维。在地方，有些基层政权具有黑恶化的特征，导致部分干部垄断中央和上级下放的经济政治权力，并将其异化为自己谋利的工具，成为名副其实的地方的"土皇帝"。基层民众受到基层政权行为潜移默化的影响，在实践中往往倾向于以非法的、暴力的手段获取财富，并以极端暴力的方式对抗基层政权，有的地方甚至演变为蔑视法律的"打砸烧抢"行为。因此，为泄一己之愤而将合法的利益表达与权利维护转变为暴力行动，体现出这个社会最大的无理性。

再次，基层政治生态的持续恶化，导致基层社会潜伏着巨大的政治风险。当前，基层干部的腐败问题严重。在权力高度集中的体制下，权力屡遭滥用，买官卖官盛行，收贿受贿猖獗，低级趣味充斥，政治与道德伦理沦丧。在此种情势下，干部群体自身抵制腐败的能力正在丧失，导致个体的腐败行为屡见不鲜，集体性的腐败日益猖獗；经济腐败尚未根治，政治腐败更加肆虐。有些地方甚至通过地方利益关系网的构筑建立起"一荣俱荣、一损俱损"的控制体系，以达到在腐败问题上的"利益一致"性。正因为腐败现象的群体性，某个干部的腐败案件一旦发生，随之可能就会牵扯出更加复杂的利益关系和更深层次的腐败行为，从而引发当地政治体系的崩坍。基层政治生态的恶化导致了政府权威的丧失，为基层民众怨恨的井喷式爆发埋下了祸根。这一问题尽管在常规状态下保持一种隐秘的状态，从而难以体现其巨大的政治能量，但在条件成熟的情况下，它可能会成为引发基层社会动荡的主要原因。

自传统社会以来，农业财政的虚弱导致国家一直把汲取资源视为权力下沉的主要目的。在这一过程中，基层政权要完成国家的任务，但同时国家没有提供完成任务所需的资源，这导致基层政权以国家的名义为自己的生存掠取社会资源，这在近代导致了国家政权内卷化的现象。因此，基层政权对权力的欲望一直就很强烈。自从市场秩序建立以来，资本与权力的结合进一步激发了地方政府的权力欲望。在集体化时代，国家可以通过频繁的政治运动来控制权力所带来的不良后果。但在改革开放后的权力下放过程中，中央仍无法通过制度化的方式规约地方权力的运作，因此基层政权在权力运作中存在着过度使用权力的现象。这导致基层政权在实践中行"恶政"的能力无法受到有效遏制，而图"善治"的能力却捉襟见肘，造成了日益紧张的干群冲突。

四、简单结论

基层政权在运作中呈现出的困境表明，"探索一个世纪之久的基层政权之现代性改造，仍然是一个未完成的课题"。基层政权建设的任务仍任重道远。当前，在利用现有的制度设置与组织框架的基础上，应明确基层政权的政治定位，确立党委、人大、政府之间的明晰关系，尤其是充分发挥基层人大对政府权力的约束与规制功能。同时，通过国家对社会资源的权威性分配过程，达到对资源的合理和高效配置；强化国家的监督与控制能力，以有效规制基层权力的运作。基层政权应转变资源汲取者的角色，将主要职能转向公共服务的提供。在社会力量与组织的培育方面，应大力培育社会组织，形成国家与社会的双向授权与合作关系，促进国家监控能力与社会自治能力的双向演进。此外，强化民众对政府管理的参与，以遏制权力的滥用行为。

（原载《行政管理改革》2013 年第 9 期）

当代中国网络思想动态及其反思

清华大学人文社会科学学院院长　李强
清华大学社会学系在站博士后　胡宝荣

　　互联网作为一种新媒介，自 20 世纪 60 年代诞生伊始，便以自身独有的功能和优势不断带给世人惊喜，并迅速在全世界普及。如今，互联网给世界带来的变化，已远远超出了人们的判断和预期。可以毫不夸张地说，互联网正改变着世界，也改变着中国。

一、互联网与自媒体：从 WEB1.0 时代到 WEB2.0 时代

　　与一些发达国家相比，互联网在中国的起步要稍晚一些，但其发展速度极快。从 1989 年中国开始建设互联网以来，仅在短短的 20 多年时间里，中国的互联网已发展为世界第一大网，拥有网民人数最多，覆盖区域最广。中国互联网络信息中心（CNNIC）发布的《第 30 次中国互联网络发展状况统计报告》显示：截至 2012 年 6 月，中国的网民数量已达 5.38 亿，互联网普及率为 39.9%，比 2011 年 6 月的 36.2% 增长了3.7%，比世界同期平均水平 34.3% 高出了 5.6 个百分点。

　　互联网对人们生活方式和行为方式的影响是我们有目共睹的，越来越多的人开始使用互联网，并且也更加依赖互联网。古人语，秀才不

出门，尽知天下事。如今，在互联网时代，"不出门"不仅能"知天下事"，而且能"办天下事"。在互联网上，人们可以完成办公、聊天、购物、休闲、娱乐等几乎一切社会活动。可以说，互联网正影响和改变着人们的生活方式和行为方式。

特别是近些年来，随着网络技术的不断改进，互联网从 WEB1.0 时代向 WEB2.0 时代转变，给社会带来的影响更为深刻。相比之下，WEB2.0 更加注重用户的交互作用。从 WEB1.0 到 WEB2.0 的转变，实际上意味着互联网开始从原先的用户单纯"读取"时代向现在的"读写"时代发展。在 WEB2.0 时代，每个用户既是网络信息的浏览者，又是网络信息的制作者；既是网络信息的受传者，又是网络信息的传播者；既是网络信息的消费者，又是网络信息的生产者。根据互联网数据中心（DCCI）发布的最新数据，2010 年 6 月，中国的互联网发展出现了历史性的拐点，用户产生的内容流量超过网站专业制作的内容流量，前者占互联网总量的 50.7%，后者占 47.32%。这也标志着中国正式步入 WEB2.0 时代。

WEB2.0 时代的到来，从根本上打破了传统媒介的信息传播中心化结构，模糊了传统意义上"传播者"和"受传者"的界限，构建起一种"去中心"的扁平式的信息传播模式，从而进入一个全民信息生产时代。每个用户都是网络主体，可以决定网络的内容，共同参与网络的建设。在互联网上，网民可以自由表达思想、发表观点、诉求利益。

可见，WEB2.0 的出现让互联网成为每个人的自媒体（We Media）。自媒体又称个人媒体，是以现代化、电子化、数字化的手段，向不特定的大多数人或者特定的单个人传递规范性及非规范性信息的新媒体的总称。自媒体的概念最早是由美国 IT 专栏作家丹·吉摩尔（Dan Gillmor）于 2002 年提出的。他在《草根媒体》（*We the Media*）一书中这样写道："在过去的 150 年中，我们在本质上有两种确定的传播方式：一对多（书、报纸、广播和电视等）和一对一（信件、电报和电话等）。而互联网则首次实现了多对多、少对少（many-to-many and few-to-few）的传播，由此对先前定义的受众与新闻制作者产生巨大的影响，使两者之间的界线变得更加模糊。"这一切改变主要源自互联网技术的革新。互联网从 WEB1.0 向 WEB2.0 的转变让媒体仿佛一夜之间"飞入寻常百姓家"，人人皆为媒体，个个都是记者。媒体从此披上了平民化的外衣。

尤其是近年来，微博的快速兴起，智能手机的普及，更让互联网作为自媒体的功能发挥到了极致，让自媒体朝着一个更加开放、更加自由的方向发展。微博等自媒体的兴起，让原本"沉默的大多数人"找到了自己的话语舞台，让公众的话语权得到了极大释放，从传统媒介中抢走了部分话语权。也正因为如此，传统话语权的格局开始渐渐发生变革。

二、话语权的变革与公共性的产生

话语权，本质上应当是"说话权利"和"说话权力"的统一。所谓说话权利，就是有资格说话、有机会说话，这是话语权得以实现的前提。如果一个人连说话的资格和机会都没有，那么话语权也就无从谈起。说话权力则指的是说话的权威性、说话的影响力，即说话的主体对受众产生影响的能力。这是话语权得以实现的关键，因为只有当话说出来，能对受众产生影响，得到认同，形成共鸣，话语权才可以真正实现。

话语权在社会结构中的分布与资源占有情况、信息传播方式息息相关。在传统媒介时代，媒体大多数都是在社会上层的掌控之下运行，接受社会上层的监督和审查，成为社会上层表达和行使话语权的主要载体，所以话语权被垄断。社会下层则因缺乏表达自身话语的媒介和渠道，更多的时候是在扮演一种"沉默者"的角色。

可是，随着互联网的发展、自媒体的出现，这一切似乎正在改变。自媒体使社会上层长期垄断的话语权格局被打破。在自媒体时代，媒介向所有的人群和阶层开放，每个人都可以在自媒体上发表观点、表达思想、诉求利益，不仅拥有了说话权利，而且掌握了一定的说话权力。可见，话语权已不再是社会上层的专利，而是开始逐渐"去中心化"，并朝着扁平化、平民化的方向发展。可以说，自媒体的兴起实际上开启了一个话语权平民化的时代，造成传统话语权格局的根本变革。

话语权平民化带来的一个直接结果就是公共性的产生。公共是与私人相对的一个概念，即与私人相比较而呈现的一种公共的边际范围。公共性也是在与私人性相比较时，才能获得它的规定性。在某种意义上，没有私人性，也就没有公共性；反之亦然。哈贝马斯在《公共领域的结构转型》一书中指出，"在高度发达的希腊城邦里，自由民所共有的公共领域（koine）和每个人所特有的私人领域（idia）之间泾渭分明"，"如果说生的欲望和生活必需品的获得发生在私人领域（Oikos）范围内，那么，公共领域（Polis）则为个性提供了广阔的表现空间"。当然，虽说公共性与私人性之间有着明显的界别，但它们之间也非截然对立，而是相对的存在，国家与社会之间正是借助于公共性而相连。

公共性究竟是如何产生的呢？笔者认为，公共性的产生首先必须要有一个公开化、互动性的公共交往平台或公共空间。这也正是哈贝马斯所说的"公共领域"（public sphere）。哈贝马斯所说的公共领域并不是存在于社会场域中的一个实际场所，而是存在于商谈会话中的一种公共空间。在哈贝马斯看来，正是在这种公共领域中，公共性通过公众持续地商谈交往过程而形成的公共舆论表现出来。所以说，公共领域或公共空间应是公共性得以产生的前提。如果没有这种公共领域或公共空间，公众没有商谈交往的平台，公共舆论就无法形成，公共性也就不可能产生。

事实上，中国社会的公共性之所以不足，很大程度上就是因为我们缺乏这样的公共领域或公共空间。众所周知，传统中国是一个家本位的社会，是一个完全建立在家庭或家族之上的社会。是家庭或家族而不是个人，构成了传统中国社会的最小也是最基本的单位。个人几乎完全消解在家庭或家族之中。费正清认为，"中国家庭是自成一体的小天地，是个微型的邦国。从前，社会的单元是家庭而不是个人"。梁启超也说，"吾中国社会之组织，以家族为单位，不以个人为单位，所谓家齐而后国治是也"。张东荪则说，"中国的社会组织是一个大家庭而套着多层的无数小家庭，可以说是一个'家庭的层系'"。而费孝通则认为，中国社会是"差序格局"，西方社会是团体格局。这里的"差序格局"实际上就是以家庭或家族为本位，以亲属关系为主轴形成的社会圈子，每一个家庭或家族就是一个小社会圈子。正因为如此，"家"在中国人心目中有着举足轻重的地位，也将中国人囿于其中，从而使中国人缺乏公共生活，公共性也得不到很好的发育。正如有的学者所说，"差序格局"的社会构造不可能成为公共性发育和成长的沃土。所以在历史上，中国人的家国观念很强，而社会观念或公共观念则相对较弱。

近代以后，中国的一些有识之士开始对公共性建设进行探索。比如民国时期在推进公共性建设方面的一个重要表现，就是各种报刊的繁荣发展，政党报刊、商业报刊和同人报刊等都具备一定的公共性。有学者认为，"报纸和学会是近代中国公共领域的核心组成部分，中国近代公共领域形成的重要标志，就是政论性报刊的出现"。然而，当时的公共性主要局限于一些士大夫阶层和知识分子阶层，而且很多都带有明显的党派色彩和商业利益因素，不具有普遍的代表性。

新中国成立之初，新生的政权在公共性建设方面也有过一些尝试。比如计划经济时期成立合作社，就是要建立人民群众自我组织、自我管理的公共平台，充分调动广大人民群众的积极性，使他们参与到国家和社会中，这体现了一定的公共性。然而，历史证明，运动式的、街头式的公共性建设似乎并不适合中国，它不仅没有在社会中建立起健康有序的公共空间，也没有在人民生活中形成成熟理性的公共观念。

可见，公共性不足的问题乃是中国社会的沉疴，也是当前中国社会建设亟待解决的一个核心问题。社会建设实际上也是公共性建设，构建公共商谈平台，让公众广泛参与到社会建设中来。

当下互联网的快速发展无疑为公共性建设提供了一个优质的平台，也是一个比较理想的平台。互联网给了公众以平等的权利，每个人都可以对自己关心的问题发表观点、提出见解、进行商谈。正如有的学者所说，"互联网作为一个新媒介，不仅改变了以往的新闻和信息传播格局，而且为公众提供了一个前所未有的自由讨论公共事务、参与政治的活动空间"。互联网的发展确实改变了传统的自上而下的舆论生成逻辑，建立起多维度的、上下互动的舆论形成机制，使舆论主体呈现出异质、多元和互为主体的特征，为公共性的产生提供了可能，搭建了平台。互联网公共性的产生，无疑会给中国的社会进步带来极大的推动作用，从而加速社会进步的步伐。

然而，有了公共空间或公共领域，并不意味着就必然带来公共性。因为公共性除了要有开放的公共空间或公共领域之外，还需要有理性的交往和沟通。也就是说，公共性应当是由具有独立人格的社会成员经过广泛的、理性的自由辩论和平等商谈而形成的，并为广大社会成员所承认。如果没有理性的交往和沟通精神，公共领域只是空的躯壳，公共价值无法得到完整呈现，公共性也不可能从根本上形成。理性的交往和沟通应当说是公共性的生命线。

从这个意义上说，当前我国互联网所呈现的公共性仍然存在一定的不成熟性。其中最直接的原因就是，互联网自身带有一定的匿名性。在网络世界，网民通常是以某种虚拟的形象和身份与他人进行交往和沟通，交往行动也不再像现实中的社会行动那样依附于特定的物理空间和社会空间。互联网的这种匿名性无疑给网络舆论及公共性的形成带来了直接的伤害。如前所述，公共性的前提在于它的公开性和呈现性。当网民在公共议题的商谈互动中处于匿名状态时，无形之中就为其不负责任的言论和行为提供了掩护，网民可以尽情做自己想做的事而不考虑后果。网民可以肆意发表言论，享受言论自由的快感，从而使个人以自由的名义伤害他人的自由成为现实，使网络在一定程度上成为侵害他人的工具和自我发泄的场所。例如，一些网民散布谣言、披露隐私、发泄情绪、进行偏激的谩骂和人身攻击等，不仅给他人带来了极大的伤害，也给社会造成了严重的负面影响。

三、网络思想动态及其社会成因

互联网公共性的不成熟性和非理性化集中表现在网络思想中。网络思想的不成熟性和非理性化，大体上主要表现在以下几个方面。

第一，泡沫化。泡沫化可以说是当前网络思想面临的最为严峻的问题，也是当下网络思想"繁而未荣"的关键所在。网络思想泡沫化主要体现在两个方面。一方面，数量的急剧膨胀。随着 WEB2.0 时代的到来，每个网民都是网络思想的提供者，也是网络思想的传播者，这导致了网络思想数量的急剧增加。现在的问题已不再是过去的思想匮乏，而是思想过剩。这又带来了另外一个烦恼，即如何从纷繁复杂的网络思想中选择真正有价值的思想。另一方面，质量的持续下降。由于网民身份的匿名性和思想表达的随意性，网络思想的质量或价值开始明显下降，大量毫无任何价值的言论充斥网络，既有一些哗众取宠、人云亦云的只言片语，又有一些侮辱谩骂、恶意攻击的低俗言论。

思想的价值贵在创新，贵在积极向上，贵在能够指导实践。如果网络思想仅仅只是一些简单的重复或情绪的宣泄，既不经过理性提升，又不解决实际问题，那么这种思想是毫无价值的，只是一种"思想的泡沫"。

第二，民粹化。互联网的发展让网络民粹主义随之盛行。网络民粹主义是一种以网络为载体的新型民粹主义。"与传统民粹主义不同的是，网络民粹主义具有明显的非核心性——信息的开放式传播使得每个传播者既可能是'人民'，也可能是'领导者'"。正因为如此，网络民粹主义并没有形成自己完整而又系统的思想体系，有的只是一些特定的、分散的口号和诉求，常常表现为破而无立。

网络民粹主义抢占话语权的一个主要策略就是在舆论中利用话语标签或口号，将人民与官员、富豪简单地对立起来，以图"将事情闹大"。对民粹主义而言，人民与官员、富豪都是一些抽象的概念，人民是善良、正义的代表，而官员和富豪则是邪恶、不公的代表。于是，仇官和仇富也就成了网络民粹主义的核心口号，以赢得道德上的制高点。所以，在众多的网络事件中，"贪官""富豪""官二代""富二代"等成了网络舆论中最常见的字眼。

第三，情绪化。可以毫不夸张地说，当前网络思想正被一种负性情绪所笼罩。互联网已逐渐成为部分网民宣泄不满情绪的场所，这其中虽然有众多社会现实的原因，但也与网民自身心智的不够成熟有关。

《第 30 次中国互联网络发展状况统计报告》显示，青少年和中青年在我国仍然是网民的主力军。截至 2012 年 6 月，我国 40 岁以下的网民占总网民的 82.3%，其中 10 ~ 19 岁为 25.4%，20 ~ 29 岁为 30.2%，30 ~ 39 岁为 25.5%。青少年正处在"心理断乳期"，心理还不成熟，往往具有一定的叛逆心理，而且经常容易激动和盲从。他们倡导个性，追求自我，敢于挑战权威，敢于批判现实，但其中不乏一些极端化、偏激化的思想言论，最为典型的表现就是"愤青"。实际上，互联网中的很多负面情绪都是由少数愤青式网民挑起的，然后接踵而至的网络"哄客"开始口诛笔伐，引来众多网络"看客"的围观，从而变成互联网上"众人的狂欢"。他们肆意宣泄情绪，矛头直指权威，试图解构权威，并且容不下不同的声音。有人如果发表相反的意见，可能会立即招来众多网民的围攻，结果不是被"板砖"拍死，就是被"口水"淹没；相反，若有相同观点出现，则很容易在网民中形成共识，从而抬高基调。由此形成的网络思想不免带有一定的非理性、情绪化甚至暴力化色彩。比如2012 年，曾出现了多起微博"约架"事件，多因网民彼此之间意见不合而起，于是他们便试图通过"约架"或"应架"的暴力方式解决。

第四，碎片化。微博的兴起已对先前的论坛 /BBS 的网络思想霸主地位构成挑战。特别是当微博与智能手机结合在一起以后，微博的优势则更加明显。它使网民在很大程度上摆脱了工具的限制，可以随时随地记录生活、表达思想、分享快乐、珍藏记忆，从而构建一个范围广、人数多、沟通便捷的话语平台。于是，原先论坛 /BBS 和博客中的一些"意见领袖"开始大量流失，纷纷转战微博，使得包括天涯社区在内的一些资深论坛的帖文水平下降。微博开始逐渐取代论坛/BBS，成为网络事件的重要发源地和网络思想的集散地。

可是，由于微博信息在篇幅上比博文或论坛帖文要小很多，文本字符限定在140个字符以内，所以它在思想的广度和深度上会欠缺很多。微博往往表达的主要是一些思想碎片，或者说是一些碎片化的思想。

综上所述，我们有理由认为，当前我国正面临着网络思想危机，这种危机在一定程度上影响着整个网络生态，甚至社会生态。网络思想危机的出现与公共性的不成熟性和非理性化表达有着直接关系。但是，我们也必须认识到，网络思想危机的出现也有一定的社会根源。

思想源于现实。网络思想之所以出现一些新动态和新变化，很大程度上是因为社会现实中出现了一些新形势和新情况。当前我国正处在社会转型的特殊时期，社会转型给中国社会带来的变化无疑是根本性的变革。社会转型中遇到的各种新的深层次问题势必都会在网络思想中得以体现和发酵，比如社会公平、公众参与、权力腐败等无不是网络事件的引爆点，也是网络思想的催化剂。

首先，社会公平迎来大考，社会建设任重道远。改革开放30多年来，我国的各项事业都取得了显著成就。可是，相比经济建设而言，我国的社会建设相对落后，出现了"一条腿长、一条腿短"的尴尬局面。有社会学家甚至认为，目前我国的社会结构至少落后于经济结构15年。经济建设和社会建设是一个国家最基本、最重要的两个方面，两者互为基础、相互支撑。经济建设不能孤军奋进，社会建设可稍后于经济建设，但应有一个合理的限度。

目前我国正处于社会建设的关键时期。社会建设的实质在于促进社会公正，改善社会民生。孔子说，"丘也闻有国有家者，不患寡而患不均"（《论语·季氏》）。社会严重不公，贫富差距过大，势必会引发社会底层民众的强烈不满，使其出现心理失衡，导致仇富、仇官心理情绪蔓延。这种不满情绪和心理失衡延伸到网络中，就表现为各种非理性的谩骂诋毁、情绪宣泄和网络暴力。互联网中的这些不和谐的声音，是社会转型过程中必然要遇到的。要想消除这种声音，只能通过促进社会公平来实现。所以说，当前我国已经到了亟须加快社会建设的时候了。

其次，利益表达机制欠缺，社会不满情绪积压。目前，我国现有的利益表达机制仍然存在种种缺陷，尚未建立起有效的、自下而上的社会利益表达机制，公众的利益诉求得不到有效表达，不满情绪得不到有效释放，他们长期扮演"沉默者"的角色，处于边缘化的地位。这样，社会不满情绪势必大量积压，迫切需要发泄的出口，而互联网正好就是这样一个出口。

然而，底层网民由于在互联网上没有庞大的粉丝群和很高的关注度，因此在表达利益诉求时采取的一个经常性策略就是抢占道德制高点，将自己置于弱者的地位，以期博得大众同情，引发网民关注。道德化的抗争、情绪化的宣泄，成了底层网民诉求利益的基本途径。因此，互联网中经常充斥着各种对于权威的质疑声音、对于现实的批判情绪，使网络思想带有明显的情绪化色彩和非理性因素。很多网络事件都是在骂声中形成，在骂声中发酵，体现了网民极大的愤慨和不满情绪。

再次，权力腐败严重，公众渴望政治参与。由于公权力长期得不到有效的约束，不仅对政府的公信力造成严重影响，也对社会的和谐稳定构成极大威胁。在许多公众的心目中，几乎是无官不贪。这虽属偏激之言，但流传甚广，导致政务信任严重流失，甚至出现"政府辟谣、越辟越谣"的现象。国无信不立，政无信不稳。胡锦涛在党的十八大报告中明确指出："反对腐败、建设廉洁政治，是党一贯坚持的鲜明政治立场，是人民关注的重大政治问题。这个问题解决不好，就会对党造成致命伤害，甚至亡党亡国。反腐倡廉必须常抓不懈，拒腐防变必须警钟长鸣。"

所以，网民对腐败问题也表现出更高的关注，仇官心理不断蔓延。正义网发布的《2012年中舆情报告》显示，"选任腐败"成了网民最为关注的主题。很多网络事件之所以热，是因为里面都含有"官员""权力""腐败"等元素。与此同时，民众的反腐情绪也日益高涨。公众渴望政治参与，进行舆论监督，但憾于缺乏渠道。互联网的发展无疑让网络反腐成为一种新的力量。

四、网络思想危机及其化解

网络虽属虚拟社会，但与现实社会并非完全割裂，而是现实社会的扩展和延伸。因此，网络思想危机的化解不仅要做好虚拟社会管理，而且要做好现实社会管理。

（一）优化资源配置，促进社会公平

上文已述，网络思想中的一些不和谐的声音在很大程度上源自现实中存在的各种社会不公平。所以，网络思想危机的化解首先应当从优化资源配置、促进社会公平入手。

公平并不等于绝对平均或平等，因为绝对平均或平等看似公平，其实在本质上造成了另外一种不公平或不平等，即对能者或贤者的"剥削"，从而严重影响社会成员的积极性和创造性，乃至影响整个社会的生产效率。公平实质上是一种"合理的差别"。"差别的原则"就是"对社会和经济不平等的安排应能使这种不平等不但可以合理地指望符合每一个人的利益，而且与向所有人开放的地位和职务联系在一起"。换句话说，一个公平的社会应当是社会上的每个人都能尽可能地从社会经济不平等中获得收益，让社会上层永不松懈，让社会中层永不满足，让社会下层永不绝望。只有这样，才能从根本上化解网络思想危机，谱写社会和谐之声。

（二）推进网络问政，增进官民互动

公众政治参与不足，官民沟通渠道不畅，应当说是目前政务信任下降、仇官心理蔓延的主因。长期以来，政府已习惯于自上而下的社会管理模式和话语传播模式。而公众则因缺乏参与社会管理的有效渠道，其声音经常被权威声音所淹没，利益诉求无法得到有效表达，不满情绪无法得到及时排解。久而久之，公众长期压抑的不满情绪就会成为最不稳定的社会因素。

因此，政府除了需要不断规范自身行为，还应增强自身信心，推进

网络问政，鼓励公众参与，增进官民互动。网络问政应当说是公众进行政治参与的一条便捷渠道，同时也是政府"打捞底层声音"的一个有效途径。通过网络问政，政府与公众之间进行持续互动，不仅使政府的行为得到了监督，让权力在阳光下运行，而且使公众的声音得到了表达，从而可以有效增进官民之间的理解和信任。政务微博应是未来网络问政发展的一个新思路。微博作为一种自媒体，政府也可以把它变成一种与公众互动的公媒体。微博的及时性、便捷性是任何传统媒体都不能企及的。政府办好政务微博，及时播报政务信息，不仅可以方便民众办事，接受民众监督，树立良好的政府形象，而且可以快速抢占舆论先机，及时澄清一些事实，避免谣言的形成和传播。

（三）加强舆论引导，净化网络环境

随着 WEB2.0 时代的到来，"众声喧哗"势必会成为未来网络发展的一个不可逆转的趋势，也将成为未来网络生态的一种常态。"众声"之中经常会夹杂着一些不和谐的声音，如谣言、谩骂等，这是难免的。事实上，当不和谐的声音还没有出现时，并不代表它不存在。如果不和谐的声音过强，甚至盖过主流的声音，那么势必会对网络生态乃至社会生态构成极大威胁。所以，化解网络思想危机的一个关键环节就是加强舆论引导，净化网络环境，让不和谐的声音尽可能地降到最低。

我们一是要做好网络舆情的监管，及时把握网络热点事件，准确掌握网民的思想动态，了解网民的兴趣点、关注度，从而有的放矢制定舆论引导策略，进行舆论引导。二是要充分发挥传统主流媒体的导向作用。传统主流媒体在长时间的发展过程中已经建立了牢固的公众基础，能够得到公众更多的信赖。所以，传统主流媒体可与现代网络媒体有机结合，利用自身牢固的公众基础，发挥舆论导向作用。三是要重视"意见领袖"的引导作用。目前，"意见领袖"一般拥有庞大的粉丝群，享有很高的关注度，所以他们对网络思想舆论的影响甚至超过广大媒体。因此，加强网络舆论引导，应高度重视"意见领袖"的作用。一方面，要引导既有"意见领袖"，使其更多地发挥"正能量"；另一方面，要

培养更多的新的"意见领袖"，强化主流声音。

（四）强化法制管理，进行网络立法

俗话说，没有规矩，不成方圆，虚拟社会也离不开"现实规则"。网络上之所以充斥着各种谣言、诋毁、谩骂等现象，其中一个很重要的原因就是目前互联网还没有建立起切实有效的规则，没有网络立法。在互联网上，网民可以任意行事，不受现实规则的约束，不对自己的行为负责。这也是网络思想非理性化和不成熟的一个直接原因。

所以，网络管理离不开网络立法。网络立法是网络行为规范化的准则，也是网络管理法制化的基础。只有进行合理的网络立法，建立现实的网络规则，让网络走上法制化的轨道，网民的权利才能真正得到保障。因为法律所达之处，权利才能容身。

总而言之，网络思想危机的化解、网络舆论生态的维护，应当是网上网下齐抓共管、彼此协调、相互合作，从而共同推进网络思想朝着更加健康、更加和谐的方向发展。网下，加强社会建设，化解社会矛盾，从源头上化解网络思想危机；网上，加强舆情监管，进行舆论引导，从终端上化解网络思想危机，从而促进互联网公共性朝着更加理性、更加成熟的方向发展。

（原载《毛泽东邓小平理论研究》2013 年第 1 期）

第三章
克强经济学：转型之路

"克强经济学"猜想

中欧陆家嘴国际金融研究院执行副院长　刘胜军

"克强经济学"（Likonomics）这个名词一经问世，便迅速成为全球媒体的热点。其原因大概有如下几点。

其一，李克强总理拥有经济学博士的背景，赋予政策创新的想象空间。早在 2010 年，英国著名杂志《经济学人》就推出了"克强指数"，用于评估中国 GDP 增长量的指标，主要包括耗电量、铁路货运量和贷款发放量。

其二，经历了 30 多年高速增长的中国经济，在迎来政府换届的同时也迎来了关键转型期。李克强及其团队如何引领经济实现这一惊险跨越，全球屏息关注。

其三，以世界第二的 GDP 规模、7% 左右的经济增速，中国已然成为左右世界经济格局的重大变量。中国经济能否转型成功，是未来数年全球经济和金融领域的大事件。

给定中国复杂的政治经济情势，"克强经济学"还只是一个内涵不断丰富的概念，其准确内涵到底是什么，需要不断试验，即使李克强总理本人亦不可能事先拥有一个完美方案。因此，所有对"克强经济学"的分析都属于猜想，本文亦不例外。还应明确，"克强经济学"其实是新一届中央领导集体的经济工作方针、政策、思想的概括与结晶。政府经济工作的突破与进展，离不开其他领域的大力配合。

猜想 1：去杠杆化

本世纪以来，中国货币超发现象明显。中国 GDP 不到美国的一半，但 M2 存量按汇率折算已超过美国 M2 存量。在 2008 年金融危机后全球新增的 M2 中，中国占 50％左右。货币超发势必带来通胀威胁，虽然 2011 年下半年之后连续 12 次提高银行存款准备金率，遏制了通胀水平，却导致了经济增速持续下滑。

因此，中国经济已经陷入了两难：继续财政货币刺激，会加剧货币超发，引发更大规模的通胀和资产价格泡沫风险；停止财政货币刺激，有可能导致经济硬着陆。对此李克强总理清醒地认识到，"在存量货币较大的情况下，广义货币供应量增速较高。要实现今年发展的预期目标，靠刺激政策、政府直接投资，空间已不大，还必须依靠市场机制"，"要通过激活货币信贷存量支持实体经济发展"。可以预见，去杠杆化，至少避免进一步的杠杆化，将是本届政府的"中长期任务"。

虽然去杠杆化势在必行，但绝不能操之过急。从国际经验来看，去杠杆化很容易引爆金融危机，不久前的"钱荒潮"即为警示。去杠杆化对经济增速的负面影响，必须通过体制改革释放的增长空间来"对冲"。由于体制改革及其效果的显现需要相当长时间，去杠杆化也只能渐进地推进。

猜想 2：如何"保下限"

2011 年下半年以来的经济增速持续下滑，已经导致市场普遍忧虑；实体经济低迷，存货和应收账款增加，债务风险浮出水面。就短期而言，应首先稳住经济，为接下来的三中全会启动改革营造宽松的宏观经济环境。因此，李克强总理提出了"经济增长率不滑出下限"。稳增长容易，但还要考虑用什么方法去稳增长及其可能付出的代价，毕竟

"四万亿"殷鉴不远。

阻止经济下滑的方法有三。（1）财政货币刺激，这是老路子，见效快但副作用大。（2）通过体制改革释放红利。此乃根本之策，但体制改革需要精心设计、稳步推进，且其效应也存在一定时滞，难挽短期经济颓势。（3）放松过于僵化的房地产调控。给定货币超发的现实，房价下跌是几乎不可能的任务。加之土地出让金和房地产相关税收对地方财政收入的贡献达50%，过度打压房地产后果难料。

房地产吸纳了大量货币，对中国经济具有积极的作用。考虑到房地产对GDP增长高达20%左右的贡献率，适当放宽前些年不合理的房地产调控政策，是保下限的次优选择。

猜想3：如何释放改革红利

李克强总理甫一上任就提出"改革是中国经济最大的红利"，颇具战略视野。虽然过去十年被一些学者批评为"改革失去的十年"，但这反而为本届政府积累了较大的改革势能。可以说，十八届三中全会出台什么样的改革方案，这是考验"克强经济学"的关键。

如果不能启动实质性的体制改革，经济政策仍将疲于短期化的左支右绌。这次改革是攸关中国未来十年国运的关键战役。但我们丝毫没有理由乐观，因为改革最大的阻力是政府官员不愿放弃手中的权力，而官员又是改革方案的操刀者。要打破这种改革的悖论，一要靠政治家的清醒头脑和敢于触动利益的魄力，二要靠民众特别是社会精英的积极参与，形成改革的强大合力。

猜想4：如何推进城镇化

欧美经济彻底摆脱危机需要一个漫长的调整和复苏过程，中国投资率已接近50%的历史高位，且地方政府债务不可持续。有鉴于此，中国经济必须寻找新的增长点。李克强总理提出的城镇化的确是一大亮点。

经过学界的积极探讨，中央已经明确要推动"以人为核心的新型城镇化"。强调这一点，是为了避免地方政府官员在政绩和寻租动机的驱使下掀起轰轰烈烈的造城运动，营造更多的"鄂尔多斯鬼城"，留下巨额政府债务。

笔者以为，推进新型城镇化，关键是逐步打破户籍制度的屏障，同时为新来的人群提供合理的社会保障。对于一些学者质疑的"城镇化需要天量资金投入医疗、教育等领域"的问题，完全不必担忧。因为现在无数民间资本非常渴望进入医疗和教育领域，政府所需要做的只是降低进入门槛，并提供公平的制度环境，切实保护民间资本。

猜想 5：中国经济如何升级

旧版的中国经济，其主要特征是政府主导、投资驱动、依靠资源投入的粗放式增长。笔者以为，中国经济的升级版应该具有以下特征：市场主导、消费驱动、创新发展。

要从投资驱动过渡到消费驱动，就必须大幅度推进收入分配体制改革，改变居民收入占 GDP 比重不断下滑的局面；要创新发展，就必须营造法治、公平的市场环境，激发企业家的精神，扭转企业家结交权力的局面。

显然，打造经济升级版的关键，就是李克强总理所言：把错装在政府身上的手换成市场的手。

猜想 6：学习"里根经济学"

美国前总统里根在 1981—1989 年执政期间推行"里根经济学"（Reaganomics），造就了美国上世纪 80 年代后的经济持续繁荣，影响深远。

里根上台前的上世纪 70 年代，美国经济陷入了"滞胀"：高通胀与高失业并存。如何走出凯恩斯主义难以克服的困境？里根采纳了"供给学派"的政策主张，其核心是"拉弗曲线"：通过减税刺激经济，不仅使企业和个人受益，而且带来税基的扩大，进而使得政府财政收入可持续地增长。

里根在 1981 年 2 月向国会提出的经济复兴计划的主要内容是：（1）削减财政开支，减少财政赤字，至 1984 年实现预算收支平衡；（2）大规模减税，三年内减少个人所得税，对企业实施加快成本回收制度等税收优惠；（3）放松政府对企业规章制度的限制，减少国家对企业的干预；（4）严格控制货币供应量的增长，实行稳定的货币政策以抑制通货膨胀。

中国经济目前虽然没有陷入"滞胀"，但其两难处境与美国颇为类似：压通胀则经济下滑，刺激经济则通胀加剧。可以说，"里根经济学"是"克强经济学"的宝贵教材。

以行为本

综上所述，"克强经济学"目前还只是个内涵不断丰富的概念，需要在实践中不断试错、修正。就笔者的期望而言，"克强经济学"的核心是"去杠杆化"和"打造中国经济升级版"。为降低去杠杆化引发金融危机的风险，必须以新的增长动力来对冲：适度放宽房地产调控、推进新型城镇化。但是，"克强经济学"的真正看点在于如何通过体制改革释放经济增长红利，要做到这一点，有必要借鉴以减税和放权为核心的"里根经济学"。

管理大师德鲁克有句名言：管理的本质不在于知，而在于行。对"克强经济学"而言，这句话同样值得观察家们铭记于心。

（原载财新《中国改革》2013 年第 9 期）

如何理解资本项目可兑换

中国人民银行行长　周小川

党的十八大报告中有一段关于金融体制改革的论述，这段论述里的每一句话我们如何理解、如何设计、如何执行，具体展开来讲都可以写成一本书。从顶层设计一直到最后的落实，涉及具体的执行、配套、路线图和时间表等很多的内容。中国人民银行现在已经开始就每个有关的专题做出一些具体的阐述和解释。本文就十八大报告中提出的逐步实现人民币资本项目可兑换，讲一讲什么是资本项目可兑换。

资本项目可兑换的概念

关于资本项目可兑换，有些人可能觉得这个概念是很明确的。但是实际上，要想真正弄清楚这个概念并不容易。当我们离资本项目可兑换比较远的时候，这个概念是很清楚的；比较近的时候，它反而有些模糊了，因为我们面临多种选择和多种不同的说法，再加上概念上还有一些动态的演变，所以要搞清楚这个问题就不容易了。

举个例子来说，假如你开车从北京到海南，刚出发时你只要记住往南走就行了，至于走哪条路影响并不大。但等到走近的时候，你反而需要选择，因为要确定在哪个地方可以摆渡，到底要去哪个城市等。你会发现，越离得近，越觉得概念不是那么简单，需要真正搞清楚。

与经常项目可兑换不同，资本项目可兑换没有一个明确的国际定义。《国际货币基金协定》里的第八条款明确了经常项目可兑换的标准，必须做到哪些才叫经常项目可兑换。要实现经常项目可兑换，就要承诺第八条款规定的各项义务，中国于 1996 年承诺了第八条款，变成了第八条款承诺国，正式宣布了经常项目可兑换。因此，经常项目可兑换需要承诺的内容、需要达到的目标是很清楚的，另外，它还有磋商机制、检查机制等。但是，没有哪个权威机构给资本项目可兑换下过非常明确的定义或制定过明确的标准。

由于资本项目可兑换没有一个明确的定义，所以实际上它是一个有一定模糊性的概念，中间还有若干选项。关于资本项目可兑换，国际货币基金组织（IMF）有一张表，包括七大类 40 项内容，这是一份对照单，可以对照着打钩，但是每个项目的重要程度不一样，是从技术角度来分项的，有些小项没有做到也关系不大。所以，这张表是不分重点的，是否实现了资本项目可兑换，是看这七大类 40 项里是不是大多数重点项目都做到了，如果做到了，就算是资本项目可兑换了。没有哪个国家宣布百分之百地做到了所有项目，这里面有各种各样的原因。

在资本项目可兑换没有明确定义的情况下，出现了一些误解，其中比较有影响力的一种误解就是所谓的"四位一体"，即把汇率完全自由浮动、全面解除对跨境资本流动的各项管制、各金融市场货币之间的自由交易和本币国际化这四件事混在一起看待资本项目可兑换。

第一，汇率完全自由浮动。有人认为实现可兑换，汇率就是完全自由浮动的。实际上这两件事虽然有联系，但还是应该适当分开，比如香港实行和美元挂钩的联系汇率，不是自由浮动汇率，但港币是全球自由兑换程度最高的货币之一，可见这两个问题不等价。

第二，跨境资金转移是不是完全自由。可兑换是不是意味着跨境资金转移完全自由？现在这个世界，特别是重要大国，什么时候完全自由过？目前，世界上绝大多数国家都有反洗钱和反恐融资管理，伦敦 G20

金融峰会又启动了对避税天堂的管理，虽然不一定要反避税天堂，但是对避税行为管得很紧。美国还对一些国家采取了金融方面的制裁。如果资本流动全部自由，那么这些管理以至制裁就没有必要了。因此，跨境资本流动也不是完全自由的。

第三，用于资本交易的各种不同货币（主要是硬通货）之间可否互相买卖，包括自由度、市场深度、差价等便利性。不少国家对非居民开立银行账户有管理、有监督，对跨境资金转移（无论何种货币）有一定的要求，而对已入境的资金则有较高的兑换买卖的自由度。

第四，货币可兑换也不意味着就实现了本币的国际化，因为本币国际化也不是跟自由兑换完全联系的。世界上多数开放型的小国，其货币虽然实现了可兑换，但它们的货币并没有成为一种国际货币（瑞士法郎除外）。相反，中国还没有实现资本项目可兑换，但人民币国际化已迈出一步，很多人很欢迎。

所以，不能完全把上述四个概念捆在一起，因为这四个概念完全捆在一起就会加大推进的难度，设计上也并不需要同步去实现。

资本项目可兑换不排除必要管理

资本项目可兑换很少做到百分之百的自由，而是大量的活动都是自由的，少量的还有管理，不是说不让兑换，而是说要按照规矩去办事。至少从账户开立和国际收支统计的要求而言，需要说明资金的性质和用途等。现在已经实现资本项目可兑换的多数国家，对资本流动仍有若干的管理，IMF也认为新兴市场国家对资本流动可以有一定的管理。

首先，最起码要保留反恐融资、反洗钱方面的管理。其次，也要考虑避税天堂这样的行为。美国前一段时间对海外美国人的避税问题采取了一轮新的做法。对中国而言，也需要研究对跨境避税行为的管理。再次，由于此次危机中广泛出现量化宽松货币政策，国际上过多的流动性对于新兴市场冲击比较大，因此在两年前，IMF有一篇工作论文，讲的就是新兴市场国家对短期投机性资本流动是需要管理的。比如巴西当时对部分的资本流入采取了"托宾税"的做法，IMF 实际上是认可的。最近，IMF 总裁拉加德也说，在资本异常流动的情况下，新兴市场国家有必要对部分资本流动实行管理。另外，在 IMF 的正式文件中，还允许实现资本项目可兑换的国家在出现危机时采取临时性的资本流动管理措施，例如在亚洲金融风暴中，马来西亚对资本流动采取了临时性的管理，事后又再度放宽政策。

上面所说的这几个方面都建立在一个基础之上，就是要有监测，如果没有监测，可能根本就不会发现哪个地方、哪个环节会有洗钱等问题。但是，对中国而言，过去的监测与今后的监测不大一样。今后的监测要做到既能提供便利化，就是相关监测并没有给多数经济活动造成太多的麻烦，又能掌握资金流入流出和兑换的信息，以便出了问题能及时处理。

依据 IMF 资本项目可兑换七大类 40 项的内容，可以评估一国的可兑换程度。这个列表主要按照居民和非居民、金融工具的买卖和发行四个属性来划分。具体到金融工具，比较主要的包括股票、债券、货币市场工具、基金、衍生产品、信贷等六类，4 乘 6 等于 24，这就至少占了24 项。但实际管理上不一定这样去区分，比如，如果允许中国有资质的投资者开展海外投资，究竟是投股票、债券、基金、衍生品还是其他产品，区分的可行性和必要性不大。因此，仔细梳理这七大类 40 项内容，会发现中国的可兑换程度已经较高了，我们距离目标并不是很远。

中国资本账户可兑换明细

相关交易	不可兑换	部分可兑换	基本可兑换	完全可兑换	合计
资本和货币市场工具交易	2	10	4	——	16
衍生品及其他工具交易	2	2	——	——	4
信贷工具交易	——	1	5	——	6
直接投资	——	1	1	——	2
直接投资清盘	——	——	1	——	1
房地产交易	——	2	1	——	3
个人资本交易	——	6	2	——	8
小计	4	22	14	——	40

注："可兑换现状"包括不可兑换、部分可兑换、基本可兑换、完全可兑换，其中部分可兑换指存在严格准入限制或额度控制；基本可兑换指有所限制，但限制较为宽松，经登记或核准即可完成兑换

资料来源：中国人民银行调查统计司《我国加快资本账户开放的条件基本成熟》报告，根据《2011年IMF汇兑安排与汇兑限制》英文版整理

下一步工作如何推进主要取决于利弊比较。每个人、每个地区、每个行业看问题的角度都不太一样。总体来说，中国要搞开放型的社会主义市场经济，市场应在资源配置中起基础性作用。中国参与全球化，人民币走出去，都要抓住机遇推进开放型市场经济。在这种背景下，资本项目可兑换的利弊比较越来越向着利大于弊或者利明显大于弊的方向转换。而且，随着我们的风险防范体系的建立和完善，可以保留一定的有效手段抑制资本项目开放带来的弊端。

第一，应保留一些监测项目，对一些敏感项目也可以加强控制。比如实行反洗钱和反恐融资管理，防止过度使用避税天堂等。

第二，完善宏观审慎管理。在亚洲金融危机中，泰国之所以出现问题，部分原因是私人部门大量举借美元外债，而实际使用的却是泰铢，出现了严重的货币错配，并且泰国又实行固定汇率，当国际收支压力增大时，汇率很难维持，本币贬值又增大外币偿债压力，由此形成恶性循环。

欧洲主权债务危机表明，公共部门借太多外债也不是好事。因此，要防止出现大的外债和货币错配，实行宏观审慎管理。

第三，加强对短期资本流动的管理。中国目前已经在这么做了，比如在开放股票和债券市场时采取了 QFII（合格的境外机构投资者）的形式，要求外国居民来投资要通过机构来进行。QFII 主要是欢迎中长期投资者，而对某些对冲基金的短期、投机性投资，我们并不欢迎。

外资急剧撤走对新兴市场往往有明显的冲击，所以我们要求外资撤离也要有序。这其实都是在一定程度上针对短期投机性资金。

最后，如果发生了金融危机或经济危机，可以按照 IMF 的规定对资本流动采取临时性管理措施。

需要推动的具体事项

关于未来的工作，仍然有大量的具体事项需要推动，我想以下几个方面是比较重要的。

首先，要推动思维转变，这涉及一些认识和设计的问题，就像前面讲的资本项目可兑换的概念、利弊比较等。

其次，在几个关键项目上，包括股票市场国际板、"熊猫债"和QDII2（合格的境内个人投资者），需要建立相关制度，实现有管理的可兑换。

再次，要进行法规修订。对现有外汇管理、跨境投资等方面的法律法规进行清理，修改一些不合理的规则，这需要花费比较多的时间。同时，监管方面也要改变方式，更多地运用现代手段，减少行政审批，提高监测效率。

最后，加强跨部门协调。资本项目可兑换具体政策的落实可能涉及不同的主管部门，这就需要加强协调。金融是为实体经济服务的，资本项目开放也要体现好为实体经济服务的精神。比如，在人民币跨境使用的起步阶段，金融管理和出口退税之间就进行了有效的协调，方便了企业。

总之，资本项目可兑换还有一些具体的事项需要稳步向前推进。我们特别是要和经济金融界沟通好，也希望经济金融界与社会公众沟通好，国际与国内也需要沟通好。这实际上是走向更高层次的对外开放，更大程度地在全球化进程中抓住机遇，更好地和全球共同发展。同时，这也涉及多项改革，是让市场在资源配置中起更大的基础性作用。

实现资本项目可兑换会给多项经济活动提供更大的便利，这符合十八大所提出的方向和任务，也是刚刚结束的中央经济工作会议关于推动改革开放、加速发展的内容之一。

（2013 三亚财经国际论坛发言实录）

摆脱投资依赖症

中国社会科学院学部委员　余永定

　　中国目前正处在经济结构调整和增长方式转变的关键时期。当前国内外经济学界的广泛共识是：虽然中国经济增长的传统模式——投资驱动和出口驱动——在过去 30 年里取得了重大成功，但现在已经难以为继。中国应该降低固定资产投资增长速度，从而使投资率降低到一个可持续的合理水平；同时，中国还必须减少对外部市场的依赖，努力提高内需。

　　在这种情况下，为了保证经济增长维持在必要的水平上，提高消费增长速度就成为逻辑的选择。退一步讲，生产的最终目的就是提高人民群众的生活水平，提高消费增长速度的合理性完全可以从特定时期人民群众的需要得出，而并不一定要与未来经济增长目标或现实经济增长速度相联系。

　　当前，学界对于中国是否应该降低投资增长速度、降低投资率产生了一些分歧。对这些分歧进行认真讨论是十分必要的。

　　在讨论"投资—驱动"问题之前，必须区分有关投资的三个概念和两个作用，否则某种逻辑的混乱就难免发生。

　　三个不同的概念是资本存量、投资和投资增长速度，它们所对应是水平、速度和加速度三个不同"阶"的概念。应该明确：目前需要讨论的不是中国资本存量（或人均资本存量）大小的问题，甚至也不是中国资本存量增长速度快慢，即投资量大小的问题，而是投资的增长速度（即资本存量增长速度的增长速度，或资本存量的二阶导数）以及投资增长速度相对 GDP 增长速度的问题。

资本存量增长须适度

作为一个发展中国家，中国人均资本存量与西方国家相比还有很大差距。为了提高人均收入水平，中国还必须持续不断地进行投资，逐步缩小与西方国家人均资本存量之间的差距。但是，人均资本存量（水平）低并不能证明中国当前投资（速度）不大，更不能证明投资增长速度（加速度）不高，无须调整。

讨论"投资—驱动"问题时还必须区分投资在长期（供给）和短期（需求）的不同作用。与仅仅代表需求的消费不同，投资具有双重属性：在短期代表需求，在长期（未来）代表供给能力的变动。从长期来看，投资代表资本存量的增量。投资量越大，意味着资本存量的增量越大，（在其他因素给定的条件下）未来产出的增量越大。从动态来看，投资增长速度越高，实际 GDP 的增长速度就越高。从短期来看，投资代表总需求的一部分，与消费需求和其他需求一样，在不充分就业（产能利用不足）和其他需求给定的条件下，投资量越大，实际 GDP 就越大，产能过剩就越少。

实际 GDP 体量，最终受制于由历史上各项投入累积所形成的资本、人力资本和技术能力所决定的潜在经济增长速度。如果作为需求一部分的投资增长速度过高，以至于导致需求增长速度超过潜在经济增长速度，通货膨胀就会发生。

在 200 多年前，古典经济学家就提出资本积累是财富增长的基本源泉。上世纪 60 年代前后，经济学家认识到，除了资本和劳动力两个因素之外，技术进步也是经济增长的重要推动力。经济增长理论中的技术进步是所谓的"余值"，即经济增长中无法用资本积累和劳动力投入增加所解释的部分。

对于发展中国家来说，在特定时期，例如，当可以假定劳动供给无限和技术进步主要体现在资本品之中时，资本积累就是经济增长的决定性因素。资本的快速积累无疑是中国经济能维持较高增长速度的主要原因之一。

但是，在相当多的时期内，中国经济增长的大部分是不能用资本积累增长解释的。例如，在某些时期，经济增长主要是体制改革的结果，是所谓的"改革红利"。如果我们进一步引入"人力资本"的概念，考虑教育程度、健康水平等通常被纳入消费范畴的因素对经济增长的贡献，资本积累对经济增长的贡献还有可能会被进一步压缩。

总之在中国，除了资本积累，其他因素，如劳动力投入、人力资本积累（人力资本投资不属于通常理解的投资范畴）、技术进步等都对中国经济增长做出了重要贡献。至于哪种因素的贡献更多，则是经验问题。因此，尽管强调资本积累（投资）对经济增长的重要性是正确的，但说"真正的增长来自于资本形成"至少是不全面的。

即便从长期来看，在其他因素给定的条件下，在规模收益递减规律的作用下，资本存量增加并不一定导致产出的相应增加。投资必须考虑经济的吸收能力。不仅如此，对于给定的资源，过多资源配置于投资，意味着资本存量以外的其他生产要素存量（如人力资本）增速的下降，这也会对经济增长造成不利影响。总之，资本存量的增长有一个"度"的问题，资本存量的增长必须适度。

尽快降低投资增速

衡量投资增长速度相对 GDP 增长速度是否过快或投资率是否过高，简单的尺度是增量资本产出率（ICOR）。由于投资增长速度长期高于 GDP 增长速度，中国的投资率已经接近或达到 50%。世界上没有一个国家像中国这样，在如此长的时间内维持如此高的投资增长速度和投资率（新加坡这类的城市国家与中国没有可比性）。

以50%的投资率获得7.5%～8%的经济增长速度这一事实，足以说明中国的资本生产率已经处于相当低的水平。更何况一些经验研究说明，中国的资本生产率正在下降。如果考虑到中国式投资带来的环境污染、资源枯竭等产生的黑色GDP，中国的资本生产率还应该打更大的折扣。凡此种种，都说明中国的投资增长速度过快，适度降低投资增长速度是合理的。

从短期宏观经济管理的角度来看，中国投资的高速增长也是不可维持的。目前，中国的投资率接近50%，而且还有上升趋势。投资率不能超过100%，必然会在低于100%的某个数值上稳定下来或开始下降。中国经济学家的共识是，中国的GDP在未来相当一段时间内大概只能维持在7.5%左右的水平（尽管目前的投资率极高）。这就意味着，在某一个时点上，投资增长速度必须降到7.5%左右的水平。目前，中国固定资产投资名义增长速度为20%左右，实际增长速度大概会在15%左右。如果2013年中国的投资率是50%，2014年中国的投资增长速度下降到7.5%（从而使投资率不超过50%），那么中国的经济增长速度就将下跌3.5个百分点。

显然，这不会是政府的选择，投资增速只能逐渐减下来，在相当一段时间内，投资增长速度还会高于GDP增长速度。这样，中国的投资率就还会进一步上升。在GDP增长速度给定的条件下，投资增长速度下调的时间越长，经济增长对投资增长速度变动的敏感性就越大，投资增速下降造成硬着陆的可能性就越高。因此，中国的投资速度不仅应该下调，而且应该尽快下调。

经济学的基本问题是资源配置。从宏观经济学的角度来看，资源配置问题主要体现在消费与投资之间的资源配置，即在资源（资本存量、劳动力和土地）总量给定的条件下，决定分配用于生产消费品和资本品的资源。尽管在长期，投资和消费的关系并非此消彼长，但在短期、在同一时期，在其他因素给定的条件下，两者的关系就是此消彼长。

在计划经济条件下，苏联和中国都强调生产资料生产的优先发展。而生产资料生产的优先发展，则被进一步引申为重工业的优先发展。苏联经济学家费尔德曼证明，为使消费品的增长速度在未来（他并未指明"未来"是多少年后的未来）达到尽可能高的水平，不但必须把尽可能多的资源配置给资本品生产部门，而且必须把这些资源尽可能多地配置给生产"生产资本品"的资本品部门。在这种资源配置方式下，消费品产出在短期内增长缓慢。但是，随着时间的推移，由于用于生产消费品的资本品的增长，消费品产出的增长速度将大大高于在经济增长初期把较少资源用于生产资本品、较多资源用于生产消费品情况下的消费品产出的增长速度。

这种增长模式可以称为"先苦后甜"模式：为了将来更多地消费，现在尽量少消费。但苏联和改革开放前中国的经验证明，尽管在一定的时间和条件下可以取得较好的增长表现，但这种资源配置方式或增长模式是低效和不可持续的。

总之，中国应该加快经济增长方式的调整，减少经济增长对投资和外需的依赖。但是也应该看到，"消费驱动"的提法确有不妥之处。政府在创造条件鼓励消费的同时，应该提倡理性消费，并尽可能使消费的增长转变为人力资本的积累。唯有如此，中国的经济结构调整和增长方式转变才不会使中国经济陷入另一种不平衡，而且可能是更为危险的不平衡。

（原载财新《新世纪》周刊 2013 年第 51 期）

大部制改革的理想与现实

国家行政学院教授、中国行政体制改革研究会副会长　汪玉凯

2013 年 3 月 14 日，《国务院机构改革和职能转变方案》的公布在社会上产生了广泛影响。如何认识本轮行政体制改革的特征，从价值层面确立大部制改革的正确理念，防范风险，研究制定改革的推进策略，都对本轮乃至未来我国的行政体制改革的成败具有重要影响。李克强总理在记者会上谈到机构改革时说，"凡事想要做成的话，总是要在理想和现实之间做出可能的选择"。我们可以从这个角度，把握本轮行政体制改革的特征和内涵，预测改革的趋势。

本轮行政体制改革的主要特征

作为改革开放以来第七次大的行政体制改革，本轮改革方案给人们最突出的印象就是淡化机构合并，突出职能转变。尽管从形式上看，国务院的组成部门只减少了两个，不像人们原先想象的那样大撤大并，但如果冷静观察，就会发现这个改革方案是有很深刻的内涵的，其显著特征有四。

一是突出了问题导向。国务院在行政管理活动中面临的一些突出问题，成为改革的优先选项和切入点。如食品药品安全、公众健康以及大

众出行等民生问题，就成为本次改革的重点。从政府管理和服务的视角来看，在这些领域，我们确实存在着一些长期没有解决好的老大难问题。比如在食品药品监管方面，长期存在着监管分散、多头执法、各自为政、部门利益作祟等问题，几乎成为顽疾，以至于食品药品领域出现了三聚氰胺等震惊中外的安全事件，引起了社会的强烈不满。

因此，敢不敢动真格的，从政府的监管源头上进行整合，抑制部门利益，构建无缝隙的监管体系，提供一个合理的监管框架，是对改革本身的很大考验。显然，本轮行政体制改革方案，不管是在食品药品和海上执法这两个老大难领域，还是在大交通体系的构建方面，都迈出了实质性步伐。

二是突出了转变政府职能这个核心。从 1988 年中国在第二次行政体制改革中提出转变政府职能的改革目标后，至今已经经历了 25 年。在此期间，转变政府职能几乎成为每次改革的重点，但时至今日，政府仍然管了许多不该管、管不了和管不好的问题，直接影响了市场、社会、企业以及公民个人在经济社会活动中应有作用的发挥。

本次行政体制改革的一个重要突破，就是制定了一系列简政放权和深化行政审批制度改革的重大举措，包括政府向市场放权，政府向社会放权，以及政府向企业、公民个人放权等。与此同时，确立了凡是公民个人、法人等能够自主决定的事项，凡是市场机制可以调节的事项，以及社会组织可以替代的事项，都不应设立行政许可和行政审批的原则，这在一定意义上为下一步深化行政审批制度改革指明了方向。在注重政府对外放权的同时，还强调了行政体系内部中央向地方放权，上级向下级放权，减少中央部门对地方过多、过细的管理，包括减少专项资金转移支付。这些改革绝不仅仅涉及被整合的机构和部门，对所有政府部门都具有普遍的改革指导意义。

三是突出了构建政府管理的基础性制度。构建政府管理的一系列基础性制度，建立科学规范的政府职责体系，是政府履行好自身职能的重要前提。以往的行政体制改革虽然在这方面也做出过一些努力，但由于政府部门设置不合理，机构多，管理分散，因此有些重要制度一直没有建立起来。本次行政体制改革方案的一个突出特征，就是在这方面取得了实质性进展。比如，为了更好地落实宪法保护私人财产以及物权法的相关规定，将在全国建立统一的不动产登记制度，以此保障不动产交易安全，保护不动产权利人的合法财产权。再比如，将以公民身份证号码和企事业单位组织机构代码为基础，在全国建立统一的社会信用代码制度，完善信息网络、金融账户等实名登记制度和现金管理制度。

可以设想，这些基于信息网络技术构建的基础性制度一旦建立起来，对提高政府管理水平，提升公共治理能力，都将产生深远影响。

四是突出了整合。行政体制改革是一项巨大的社会系统工程。如何最大限度地减少改革阻力，构建一个职能科学、结构优化、廉洁高效、人民满意的服务型政府是十分关键的。

显然，本次行政体制改革的一个重要特征就是突出了整合。一方面通过机构整合，使政府的部门设置更加科学合理，比如铁道部的行政管理职能并入交通运输部、人口和计划生育委员会和卫生部合并，就是国务院组成部委之间的整合；新闻出版总署和广播电影电视总局合并，就是直属机构之间的整合。

另一方面通过政府各个不同部门的职能整合，解决职能交叉、职能重叠、政出多门、多头管理的政府管理痼疾。比如，这次改革方案除了前面提到的长期困扰我们的食品药品管理和海上执法的多头管理、多头执法问题，通过职能整合，理顺食品药品管理和海上执法的关系外，还整合了城镇职工基本医疗保险、城镇居民基本医疗保险、新型农村合作医疗的职责，整合了房屋登记、林地登记、草原登记、土地登记的职责，建立统一规范的公共资源交易平台、信用信息平台，推动资源共享，提高效能。

这些改革不仅有望从根本上规范一些重要领域的执法和管理活动，也为后续的改革奠定了基础。

部门边界与三个"前提"

基于上面的分析，本轮行政体制改革如果从理论上给予概括，可以简单地概括为"以大部制为外在形式、以转变政府职能为本质内涵的政府公共治理变革"。这实际上就提出了两个关键性的理论问题：一是实行大部制治理结构，究竟一个部门大小的边界在哪里？二是实行大部制组织结构的前提条件是什么？如果这两个核心问题不解决，就会增加改革的盲目性，甚至加大改革的风险。

就大部制的边界来看，我们必须破除两个认识误区：即大部制绝不是部门越大越好，更不是政府机构设置越少越好。一个国家的政府架构及其数量，从根本上说是与一个国家的政府在经济社会中扮演的角色及其发挥的功能相联系的。一般来说，在政府功能相对比较强大的国家，政府机构的数量要多一些；反之则会少一些。世界各国都在追求小政府、大社会的治理模式，但绝不是说政府机构设置越少越好，而是政府规模要与其承担的管理服务事务相适应。

至于一个大部门的边界，从目前世界一些大国实行大部门制的情况来看，其原则是：将职能相近、业务雷同的事项尽量归到同一部门管理，避免出现职能交叉重叠等弊端，然后通过决策、执行、监督的相对分离，实行对公权力运行的监督。即使如此，在大部制的部门设置中，也绝不是部门越大越好。对现代政府治理来说，政府部门之间的有效协作是一个永恒的主题，因为科学的分工协作是科学管理的基础，也是公共治理必须遵循的准则。难以想象，一个不设部门的政府，其管理将是一种什么样的混乱状态。

就中国的实际状况看，作为一个后发国家，一个政府主导型的市场经济大国，政府部门的设置要避免计划经济体制下的部门林立、机构臃肿、人浮于事的现象，绝不是机构越少越好，部门越大越好。从这个意义上说，十八大提出的"职能科学、结构优化、廉洁高效、人民满意"的服务型政府建设的理念和内涵，是与国际社会公共治理基本价值取向相一致的，国务院本次出台的行政体制改革与职能转变的方案，也体现了这样的理念。

从未来发展的视角来看，大部制改革需要确立三个"前提"。一是顶层权力结构的合理配置。这实际上是党委、政府、人大、政协四种权力结构如何科学配置的问题，特别是执政党、政府、人大之间的权力关系问题。如果这三者之间的权力边界不合理，导致顶层权力格局有缺陷，那么光靠政府的大部门制管理模式是解决不了根本性问题的，即使频繁地进行机构调整、裁减、合并、重组，也很难理顺大的权力关系格局。很显然，在这方面，我们是有很大改革空间的。广东顺德的大部制改革经验之所以引起社会的关注，是因为其作为一种国家纵向权力结构的下层，在整体权力结构运行的有效性方面和党政统筹方面做了大胆的探索。

二是政府对市场、社会的不必要干预。这个问题的严重性在于，中国的市场经济体制已经基本建立起来了，但市场配置资源的基础性作用常常受到过多的行政干预，特别是在国有企业的设置、经营等方面尤为突出；同时，随着经济社会的发展，中国的社会组织也初具规模，但政府在公共治理中并没有发挥社会自身的管理功能，而是一味地在强化政府的管理功能。过度强化政府权力的结果，就是政府管了很多不该管、管不了和管不好的事情。因此，如果不削减政府的权力，不简政放权，那么大部制改革就几乎没有多少实质性意义。所以，理清政府与市场、社会的权力边界，就成为行政体制改革的一种重要前提。

三是对政府过大权力的实质性削减和下放。大部制改革必须以转变职能、大力推进审批制度改革为前提。这与上面所说的政府权力的边界息息相关。只有把转变政府职能放在突出位置，理顺部门内部的权责关系，大刀阔斧地改革、取消不必要的行政许可和行政审批，从根本上约束政府过多、过大的对经济社会事务的管理权限，转变政府职能才有基础，实行大部制改革才有意义，否则一轮又一轮的政府机构调整和改革真的可能变为劳民伤财的折腾和不断重复的过场。

按照上述三个前提，这次出台的《国务院机构改革和职能转变》方案至少在后两个前提方面出了重拳，推出了一系列重大举措，体现了内涵式改革的思路。

注重改革的推进策略

在改革的推进策略方面，本轮大部制改革体现出稳步推进、循序渐进的策略。

之所以如此，在笔者看来，这是不得已的办法，因为从目前的政治经济形势以及改革的整体局面来看，大规模推进大部制改革的时机并不成熟。

首先，中国正处在十年大换届的过程中，虽然十八大后党的权力实现了新老交替，但是国家层面的权力交替还没有完成。在如此短的时间内，要想对国务院的组织架构进行大规模的调整，实际上是很困难的。即使勉强调整了，问题也会很多。因此，目前只能对政府管理面临的一些突出的体制机制问题进行适当调整，尽量减少由于政府组织结构不合理而对公共治理造成的负面影响。显然，本轮行政体制改革和职能转变方案的实施，距国务院组织结构优化的定型目标尚有较大距离，也就是说，这只能是一个阶段性目标。

其次，相对定型的国务院大部制的科学结构需要有一个好的顶层设计，以及各方面的共识。如果没有这样一些条件，就会加大改革的盲目性。显然，无论是顶层设计，还是形成广泛共识，都需要时间。没有深入的调查研究和充分的酝酿讨论，很难达成这样的共识。从这个意义上说，大部制改革不应该是神秘的改革，而是要相对透明和公开，广泛征求各方意见，才能避免走弯路，少付成本。

再次，最可能成功的改革策略是，在国家十年换届完成之后，再经过几年的实践，在认真总结经验的基础上，比较集中地调整一次，对作为政府组成部门的大部门实施幅度较大的调整，并和直属机构、办事机构等的调整整体考虑，然后使之逐步法定化，相对稳定。

同时，还要对今后调整政府组成部门的权限严格限制，设立相应的程序，这样不仅可以保持政府核心组织架构的连续性和稳定性，还可以避免领导人个人的随意性。而对于政府的直属机构、办事机构和议事协调机构，要进行必要的功能调整，可以考虑把直属机构更多地改造为执行机构，实现决策和执行的相对分离，并给予政府首脑较大的选择和调整权限。至于国务院的组成部门相对定型的理想数量，笔者认为以 20 个左右为宜。与此同时，在对大部门主要领导人的选拔上，尽量引入竞争机制，实行竞争性任命。至于地方的大部门制，应当给地方政府更大的自主权，可以有比较大的灵活性，从根本上打破中国长期形成的机构上下必须对口的传统思维。

（原载财新《中国改革》2013 年第 4 期）

从国务院常务会议看政府施政思路

上海金融与法律研究院研究员　聂日明

中国新一届政府上任半年多以来，面对经济周期的波动，做出了一系列政策调整，改革力度更大，包括约束信贷、不出台新的经济刺激措施、强调市场在经济活动中的地位、着力削减行政审批等。

基于对新一届政府新政策的梳理，黄益平教授领衔的巴克莱资本研究团队总结其内涵为：无大规模刺激计划、去杠杆化、结构性改革，并以"克强经济学"来指代这一经济政策施政纲领。这一名词的提出，契合了公众对新一届政府施政内容的评价，引起了社会的广泛反响，增强了社会对改革将进一步深入的心理预期。

做了什么

在公开报道中，本届政府向公众释放了强烈的信号，要以简政放权、转变政府职能作为新一轮改革的突破口，激发经济的活力。在近期风靡一时的"总理经济公开课"（在中国工会第十六次全国代表大会上的经济形势报告）上，李克强明确表示，未来中国要继续稳增长、保就业，同时要坚持不扩大赤字、不放松银根。以扩大赤字、放松银根作为稳定经济增长的手段，亦即积极的财政政策和稳健的货币政策（实际上是宽松的货币政策），在近 15 年以来的政府工作中出镜率很高。典型案例就是上届政府在 2008 年推出的"四万亿"经济刺激政策。政府当时强调的是，在经济危机来临之时，无论是货币还是财政，政府都有充足的力量去应对危机。

时移事异，新一届政府有着自己的新思路。在"总理经济公开课"上，李克强总理提出，"这种短期刺激政策难以持续"，不仅赤字率已经接近警戒线，而且"池子"里的货币也足够多了，再多发货币，就有可能导致通货膨胀。李克强开出的新药方是"稳住政策、推进改革、激发市场活力"，用结构性改革替代经济刺激和杠杆化，因此要花大力气减少行政审批、简政放权、降低中小企业税负，鼓励大家就业、创业，以此带动经济增长。这一药方短期的味道虽然不佳（例如"钱荒"），但避免了抱薪救火式的经济调控，经济增长更具可持续性。

进一步分析新一届政府的政策实施内容，可以从公开的国务院常务会议纪要中窥豹一斑。自 2013 年两会结束至 2013 年 11 月 15 日，国务院常务会议共召开 29 次，其中有三次会议是落实两会、三中全会的决议，有两次会议是周期性的工作回顾与安排。在第一次国务院常务会议中，关于分解《国务院机构改革和职能转变方案》，会议纪要中列出了九条任务，除了第九条要求整合土地管理和社保管理以外，其余的八条都是减少、下放或取消行政审批、行政许可、评比、行政收费、财政转移支付等。

在其余的 24 次会议中，有五次会议是决定"取消和下放一批行政审批事项、评比，废止、修改行政法规，推进政府职能转变"，累计取消和下放 200 余项审批事项；同时严格控制新设行政许可，防止审批事项边减边增、明减暗增。有四次会议是决定"简化公司注册流程，公平税负，降低创业成本，推进政府向社会力量购买公共服务，落实民间投资政策，激发社会投资活力"。会议要求，坚决打破各种对民间投资制造隐形障碍的"玻璃门""弹簧门"，全面清理和修订有关民间投资的法规、规章，为民间投资参与市场竞争"松绑开路"。

国务院常务会议还有两次会议讨论"建立上海自贸区"，希望通过设立上海自贸区，探索政府经贸和投资管理模式创新，使之成为推进改革和提高开放型经济水平的"试验田"，形成可复制、可推广的经验，发挥示范带动、服务全国的积极作用。

从各次会议精神来看，以减少行政审批作为政府职能转变的突破口，大幅减少和下放行政审批事项，真正向市场放权，发挥社会力量的作用，减少对微观事务的干预，激发经济社会发展活力，是本届政府今年（2013 年）施政的核心内容。因此，到目前为止，虽然"克强经济学"的成果还有待时间检验，但其施政初衷无疑令人欢欣鼓舞，并获得了学界与业界的普遍肯定，认为走在"对"的路上。

做对了什么

从宏观上看，中国经济陷入长期增长乏力的阶段，主要表现为经济结构不平衡、区域经济不协调、增长模式不可持续；微观表现为过度依赖投资、人口红利消失、收入分配差距持续扩大、资源与环境濒临崩溃、金融系统性风险上升等。自 2002 年中共十六大以来，政府开始正视这些问题，提出了科学发展观、和谐社会的施政理念，政府频频介入经济活动，采取加大行政管制、使用财政补贴、干预要素价格等手段，试图缓解或解决经济增长的不平衡、不协调和不可持续。出台这些政策，在当时不无现实依据，但是这些手段未能有效化解危机，甚至促生了新的问题，比如房价高涨与"鬼城"并存、"影子银行"盛行、需求增长放缓等。在这种情况下，经济体变得很脆弱，稍有风吹草动，就有可能出现系统性风险，今年 6 月末的"钱荒"即是明证。

所有这一切问题的根源，在于资源配置机制出现了问题：资金价格被低估，导致过度投资；劳动力价格被低估，导致收入分配差距拉大；劳动力与资金在区域间流动受限或被政府干预，使得区域增长不协调；环保与居民健康需求被刻意压抑，导致环保与资源的危机；长期坚持的计划生育干预了人口的正常生育行为，导致人口老龄化提前到来。

于是，经济运行效率不彰，重复建设与环境污染频现，经济增长的潜力被透支。经济活动的公平性被破坏，大而不能倒、国有而不能倒的"僵尸企业"比比皆是，劣币驱逐良币现象存在于各个行业，经济主体根本没有动力去创新。

梳理本届政府做对的事情，首当其冲的就是找对了机制：让市场在资源配置中起决定性作用。这一思路在最近的中共十八届三中全会中被再次明确。所谓的不刺激、放松管制、简政放权、降低税负等一系列政策，究其本质，都是围绕着市场化在做文章。可见，这一机制已经成为新一届领导集体的普遍共识。

仅仅明确对的机制还远远不够，市场要发挥作用，就必须要让市场机制落地。现在回头看十年前通过的党的十六届三中全会的《决定》，有相当一部分内容放在今天仍不落伍，例如如下一些条款。

国家只审批关系经济安全、影响环境资源、涉及整体布局的重大项目和政府投资项目及限制类项目，其他项目由审批制改为备案制，由投资主体自行决策。对垄断行业要放宽市场准入，引入竞争机制。有条件的企业要积极推行投资主体多元化。放宽市场准入，允许非公有制资本进入法律法规未禁入的基础设施、公用事业及其他行业和领域。

大力推进市场对内对外开放，加快要素价格市场化……促进商品和各种要素在全国范围自由流动和充分竞争。征地时必须符合土地利用总体规划和用途管制，及时给予农民合理补偿。在城市有稳定职业和住所的农业人口，可按当地规定在就业地或居住地登记户籍，并依法享有当地居民应有的权利，承担应尽的义务。改进个人所得税，实行综合和分类相结合的个人所得税制。

鼓励社会资金参与中小金融机构的重组改造。在加强监管和保持资本金充足的前提下，稳步发展各种所有制金融企业。

但是，十年前就力推的改革内容，在今天依然步履艰难，有些问题不仅没有解决，而且有加剧的趋势。因此，明确方向只是万里长征的第一步。退一步讲，即便将改革意图落实到法律层面，并且改革措施极具可操作性，我们依然不宜盲目乐观。例如，今年国务院严令要坚持依法设定行政许可，做到"三个严格"：严格设定标准、严格设定程序、严格设定和实施行政许可的监督。能通过技术标准、规范等其他管理手段或措施解决的，不符合相关法律法规的，不得设定行政许可；定期评估行政许可，及时提出修改或废止建议。所有这些内容，在 2003 年 8 月 27 日通过的《中华人民共和国行政许可法》中都有明确，并且法律的可操作性非常强。但是，现实执行效果却很差。十年以来，政府大量的行政法规、部门规章和规范性文件更是频频突破其上位法——《中华人民共和国行政许可法》，如调控房价的限购令、治理道路拥堵的车牌拍卖或摇号政策。

改革的方向既明，改革成败的关键就在于策略与决心。所谓策略，是指制定政策时的政治约束。一个成功的改革策略必须满足两个条件：一是改革前有足够的动力去消除决策阻碍，二是改革后形成的局面不可逆转。过去 30 多年的改革，有三次大的改革同时满足了这两个条件。

1978 年，"文革"虽然结束，但经济困顿的局面没有改观，农民生活困苦，多数人吃不饱。安徽小岗村秘密试行包产到户的时候，包产到户尚是一个碰不得的禁区。小岗村试验成功了，1980 年邓小平公开肯定了小岗村，1982 年"包产到户"被写入中央一号文件，1986 年《中华人民共和国土地管理法》更是明确了农地的使用权问题，至此，家庭联产承包责任制成为中国农业耕作的主要形态。

上世纪 90 年代初，中国经济陷入停滞。为推动改革，邓小平先后赴武昌、深圳、珠海和上海视察，明确经济建设是工作重心，不改革开放、不发展经济，只能是死路一条。以邓小平的"南方谈话"为标志，社会各界不断凝聚改革共识，至 1993 年十四届三中全会召开，市场经济的基础地位全面树立起来。在此基础上，《中华人民共和国公司法》《中华人民共和国担保法》《中华人民共和国票据法》《中华人民共和国商业银行法》《中华人民共和国行政处罚法》等一系列保障市场经济运行的法律才逐步建立，构成了市场经济的基础制度。

2001 年，中国终于加入世贸，这是最近一次最重要的改革。入世承诺重塑了中国的市场经济运行体制，《中华人民共和国立法法》《中华人民共和国行政许可法》《中华人民共和国政府信息公开条例》的出台以及数以万计的法律、法规清理，让市场在资源配置中发挥了更重要的作用，以此保持了经济增长持续处于高位，造就了入世后的十年黄金期。

观察前两次改革，改革之初，阻力重重，改革的动力来自国内危机的背景和改革共识的凝聚。底层突破禁忌带来了爆发性收益，高层呼吁形成了舆论导向，消除了改革进程上的障碍，改革本身又争取了最大多数人的支持，让改革之势不可逆转。

加入世贸，源于内忧（亚洲金融危机带来的经济衰退），也源于外患（中国长期徘徊于世界贸易大门之外，长此以往就有被开除"球籍"的危机），入世之后的政策不可逆则是源于外部压力。

未来之路如何走

未来中国应该选择何种改革策略？从逻辑上看，改革的动力无非内生和外生两种。来自内部的改革动力一直都存在，并且越来越强，收入分配差距拉大、环保压力等危机透支了社会稳定性，20 年前邓小平的"不改革开放，只有死路一条"，在今天依然掷地有声。但是，内生性的动力要想推进改革，需要有足够强的危机感，此时的改革前景不确定性太高，往往"不成功，便成仁"。这种改革策略危险性很高，几乎是在走钢丝。

退一步讲，人们现在还处于相对幸福的状态，大家虽然抗议房价高，但也没有露宿街头；环保是个问题，但人们更怕贫穷，在很多城市，环保的危机还敌不过贫穷；食品安全很重要，但深究人们的偏好，他们对生命的估价未必有那么高，路边摊该吃还在吃，食品安全系数提高所带来的物价上升并不是人们所期待的。

关键的问题是，我们是不是一定要置改革的最佳时机于不顾，一直等到危机一触即发的时候才被迫启动改革？我们必须要等内部出现严重危机时才能凝聚起共识吗？再细究过去的数次改革，虽然内部危机很严重，但改革的深刻原因仍然是来自外部，上世纪80年代初中国恐惧被开除"球籍"，90年代初中国则致力于打破国际封锁。国际上怎么看中国，是否接纳中国并与中国做生意，始终是政治上的第一考量。以外部压力为动力，着力推动内部改革，顺应国际潮流，是改革开放得以成功的一个原因。

今天，我们依然应该以开放推动改革。目前，国际发达国家正在酝酿新一轮的自由贸易协定，包括美国推动的跨太平洋伙伴关系协定（TPP）等在内的高标准自由贸易协定有可能成为下一轮的国际贸易准则。加入世贸是中国走出的一步好棋，理顺了国内市场经济的运行机制，也成就了十年辉煌的经济增长。事实表明，徘徊于国际新贸易体系之外就意味着落后与失败。以俄罗斯为例，俄罗斯入世比中国晚11年，这期间，国际经济格局已然逆转，中国成为全球第二大经济体、第一大出口国，是区域经济增长的核心动力，而俄罗斯在国际经济事务上的角色已完全被边缘化。中国怎能错过新一轮自贸协定的历史机遇呢？

这就是上海自贸区的意义。据财新《新世纪》周刊披露，在中美投资协定谈判（BIT）中，双方的分歧集中在三个方面：一是市场准入，即准入前国民待遇和负面清单问题；二是公平竞争问题，主要涉及中国国有企业与竞争中性问题；三是权益保障，主要涉及金融服务、税收优惠以及征收补偿标准等问题，TPP也与之类似。这些问题都是中国目前亟须改革的内容，其中，上海自贸区已经在第一方面开始了尝试，并且逐步启动各项相关改革。一旦成功，其经验可以立即向全国推广，国家可以此为基础，开始与美国等国家举行TPP谈判，融入全新的国际贸易规则中。

策略既定，决心就成为决定因素。十八届三中全会的《决定》已经展现了全面深化改革的决心。但是，这必然会有阵痛。例如，在中美BIT谈判中，如果中国全部实施美国标准，国有企业在没有财税优惠、低成本融资、土地优惠以及特许经营权等方面的优势以后，有些企业可能会陷入经营困境，甚至破产清算。改革后的金融市场，市场在资源配置中起到决定性作用，那么，绩劣金融企业倒闭、债券违约等局部性风险不可避免，银行破产将在中国发生。这对当前刚性兑付遍及几乎所有银行、信托的形势是一个严重挑战。

改革开放 30 多年以来的实践表明，在正确的方向上，决策者改革的决心有多强，改革就会走多远。但是，仅有决心还远远不够，决心是否坚决，需要用行动来检验，需要用行动来鼓励更多的改革支持者。可以说，没有比让绩劣金融企业破产更能证明"市场在资源配置机制中发挥了决定性作用"。这也是检验市场是否发挥决定性作用的试金石。同时，也没有比用法律束住政府干预之手更能让人信服政府转变职能的决心，这才是让市场相信政府真正有决心全面清理行政审批。而这些都需要以法律形式确立政府的行为边界，非法律明确即为违法，同时让政府违法行为可诉、可追究、可处罚。由此，改革才能得以全面深化。

（原载财新《中国改革》2013 年第 12 期）

走向新的增长模式

北京大学国家发展研究院教授、
巴克莱资本亚洲市场首席经济分析师　黄益平

中国经济正在经历一个新的重大转折，增长减速仅仅是一个方面的变化，更重要的但没有得到普遍承认的变化则是经济结构的再平衡：外部再平衡已经基本完成，收入分配已经开始改善，而消费比重也正逐步提高。这些变化结合起来，其实是中国的增长模式已经发生改变，逐步走出过去"高增长、高失衡"的模式，转向可持续增长，当然，这个改变才刚刚开始。

经济增长"新常态"的形成

2013年第一季度 GDP 增速已经低于去年（2012年）第四季度，第二季度的增速则进一步下滑。从最近的经济数据看，2013年年中经济态势还在下行，出口不再增长，PMI 指数已经落到荣枯分水线50以下，通胀却略有抬头。我们预计下半年 GDP 增速应该处在 7% ~ 7.5% 之间。因此，"前高"没有出现，"后低"的可能性却非常大。为什么经济疲软超过预期？有人说是因为出口的原因，有人则怪金融投机不支持实体经济，等等。在我们看来，最重要的其实是两个因素：一是增长潜力已经下降，过去我们的增长潜力一直保持在 10% 左右，现在很可能已经落到 6% ～ 8% 之间；二是政府开始容忍相对较低的增速，政府能够容忍的增长下限其实也在不断下移，去年年初是 8%，最近已经变成了 7%，相信未来几年这条下限还会往下走。

到目前为止，这种转变主要是由劳动力市场的变化，尤其是刘易斯转折点的到来所引起的，比如工资高速上涨挤压了企业利润，增加了居民收入，并改善了经济结构。被称为"克强经济学"（Likonomics）的新政府的政策意向如能落实，应该能够促进经济模式转型，支持可持续增长。

可以说，这个我们刚刚开始经历，并且将在未来几年继续经历的经济模式转变具有历史性的意义，我们曾经把它称为从经济奇迹到常规发展的转型。未来，我们的经济会变得越来越像其他高速增长的新兴市场经济。在这个转型过程中，我们将观察到下面一些根本性的变化：增长速度放慢、通胀压力上升、收入分配改善、经济结构平衡、产业升级加速和经济周期变得更加动荡。其实，这些变化已经开始出现，它们不仅将影响国内的经济活动，还将会对国际经济产生重大影响。比如中国过去是全球通胀的稳定力量，以后则可能成为推动通胀上涨的因素之一；比如过去我们只是集中生产劳动密集型制造业产品，未来随着国内产业快速升级，将强制国际劳动再分工；再比如过去中国是全球大宗商品市场超级周期的主要促成因素，未来则可能成为全球最为活跃的消费品市场。

我们将过去的增长模式的形成以及最近的转变归因为生产要素市场的变化。我们认为，过去三十几年中国经济改革政策的实质是不对称的市场化策略，即一方面产品市场基本完全放开，另一方面要素市场扭曲普遍而严重，涉及劳动力、资本、土地、能源和水等。在大多数情况下，投入品的价格被人为压低，当然，劳动力成本低更主要是因为供给过剩。普遍压低的生产成本相当于向企业提供变相的补贴，而向家户征收变相的税赋，这些做法类似于不断地将收入从家户再分配到企业，人为地提高了生产利润、增加了投资回报、增强了出口产品的国际竞争力。这是过去几十年增长速度很快，但结构失衡很严重的根本原因。而最近几年我们所看到的增长模式的改善，主要也是得益于要素成本，尤其是劳动力成本的大幅提高，逆转了过去的税赋与补贴，只不过这个变化才刚刚开始。

首先让我们考察增长减速。GDP 增速下降其实从 2011 年就已经开始了，最初的减速在一定程度上源于政府的紧缩政策，包括"四万亿"刺激政策的退出以及货币政策紧缩等。不过到了 2012 年 3 月，政府则开始担心增长减速过于迅速，第一季度 GDP 增长 8.1%，但显然第二季度的增长率会低于 8%。因此，政府采取了一系列措施以稳定增长，包括对银行实施窗口指导，鼓励它们积极支持正在进行的水利、电力和交通运输等领域的基础设施项目。但是 GDP 增长率仍然一路下跌，第三季度只有 7.4%。增长减速再度引起了国际投资者对中国经济硬着陆的担忧。许多金融市场参与者声称决策者"远远跟不上形势"，一再呼吁采取积极的政策以支持经济增长。其次，对目前经济增长潜力的估计大致都落在 6% ~ 8% 这样一个区间。据世界银行估计，中国的经济增长潜力在 2011—2015 年为 8.6%，在 2016—2020 年为 7%；据蔡昉和陆旸 2012 年估计，中国的经济增长潜力在 2010—2015 年平均为 7.2%，在 2016—2020 年平均为 6.1%。再次，尽管 GDP 增长减缓至低于 8% 的水平，就业和通胀等指标仍显示没有必要采取积极的宽松政策。我们判断决策者不再热衷于保 8% 以上的增长速度。这主要是因为随着经济发展水平的提高和劳动力市场状况的趋紧，在东亚金融危机期间，政府首次提出"保八"的政策目标时，适龄劳动人口年增 800 万，而到了 2012年，适龄劳动人口已经下降了 350 万。如果实现充分就业是保增长政策的主要动机，而且 15 年前 8% 是一个合适的增长目标，那么今天我们应该能够接受远远低于 8% 的增长速度。这是我们认为 6% ~ 8% 的增长速度可能已经成为中国经济增长的新常态的主要理由。我们所观察到的谨慎的宏观经济政策，可以看作一种策略，以允许经济增速逐步稳定到新的增长潜力附近。当然，未来如果失业率意外上升，政府也可能再次采取更积极的政策以支持经济增长。

经济再平衡的初步证据

近年来，经济结构失衡的问题已经在逐步缓解。不过需要指出的是，这些变化尚未得到学者和官员的普遍承认。我们在此提供三个方面的证据来支持我们的基本观点。

第一个证据是经常项目盈余已经明显下降。过去我们担心经济结构失衡的一个问题就是经常项目盈余庞大，这意味着我们的经济增长在很大程度上依赖外部需求，可持续性有问题。同时，经常项目盈余表明我国是一个净资本输出国，作为一个本应该资本短缺的发展中国家，这也颇不寻常。另外，其他国家的一些政客也以经常项目盈余为证据指责人民币被明显低估，迫使我国加快货币升值的步伐。

第二个证据是收入分配已经得到改善，这个变化体现在地区差别的缩小，更反映在居民收入分配趋向平等。2003 年以来，城乡居民收入差距日益扩大，但这个状况在 2009 年之后发生了逆转。城乡居民收入差距缩小可能有多方面的原因，包括农业获得更强的政策支持、农产品价格更快上涨以及农村生产力稳步提升，其背后的因素可能也包括大量的农民进城就业，减少了实际留在农村务农的人数，从而大大提高了农村的劳动生产率。

第三个证据是消费占比可能已经开始回升。官方关于消费的统计数据有许多可疑之处。比如，有国际经济机构估计中国人在海外购买的奢侈品占全国奢侈品总消费的三分之一到一半，但这一部分没有得到很好的统计。张军和朱天更进一步认为，由于对居住消费的低估、部分消费被算作机构（企业）支出以及居民调查方法中的技术问题，中国的消费比重被严重低估。

我们的上述分析在最初发表之后遭到了普遍的质疑。一大批媒体，如英国《金融时报》网站和《南华早报》等都刊登了评论文章，大多对我们的观点持怀疑态度。英国《经济学人》杂志在 2012 年 5 月刊登了一篇相对比较肯定的文章。后来李稻葵及其合作者采用不同的方法得出了类似的结论。他们的研究考察的不是总消费而是家庭消费，他们的估计方法是逐项重新估算家庭消费的总量，包括社会零售、自产消费品、服务品消费以及其他一些项目，包括住宅开支等。他们的结论是家庭消费的比重从 2007 年的 36% 反弹至 2011 年的 38.5%。

对新政府经济政策的期待

全球危机以来，学界和政界展开了对"四万亿"刺激措施的反思。而通常的看法是，"四万亿"的刺激政策虽然保住了增长，但同时导致了一系列的风险问题，比如个别基础设施领域出现了产能过剩的问题，地方政府无节制地举债大大提高了财政风险，银行信贷快速扩张则可能诱发通胀压力、资产泡沫和不良贷款等。

学界根据新政府的政策动向和意向总结了"克强经济学"。当然，这个概念究竟是否存在以及如何定义，都存在较大的争议。通常的看法是这个概念大致包括三个方面的政策支柱。第一，不再实施大规模的刺激措施。去年以来，经济增长不断减速，但政府保持相对平静的态度，李克强总理多次表示，再次实施 2008 年那样的刺激政策的空间已经非常小，而且政府主导的投资其实也很难持续。第二，去杠杆降低金融风险。最近，央行开始改变过去无限量供应流动性的做法，用李克强总理的话说，就是要"用好增量、盘活存量"，把流动性从投机领域逼回到实体经济领域。第三，实施全面的结构改革。自去年年底以来，李克强总理一再指出，改革是中国经济最大的红利。最近，各部门都在紧锣密鼓地准备各个领域的改革方案，我们也许会在三中全会期间看到一个综合性的方案，重启延缓了将近十年的改革进程。

我们认为"不刺激、去杠杆、搞改革"三个方面比较清楚地概括了自去年年底以来李克强总理和其他决策者一再传递的政策意向。需要指出的是，"不刺激"是指政府不太会再实施大规模的投资，以支持过高的经济增长，但这并不意味着政府不再实施宏观稳定政策。相反，经济下行时政府采取财政与货币政策扩张，而经济上行时政府采取政策紧缩，这都是再正常不过的事情。比如2012年第四季度，政府实际上是大幅增加了铁路投资。不过，宏观稳定与刺激政策有一个根本性的区别，前者是减少波动，但不人为地支持过高的增长速度，而且政策措施应该比较严格地限定在财政与货币政策的范围内，而不是以举国体制（包括动员银行、国企及各级政府）来支持增长。因此，"不刺激"与最近李克强总理提出的经济增长的上限、下限并不矛盾，上限是不让经济过热，这是由通货膨胀界定的；下限是不让经济过冷，这是由产能过剩和失业界定的。执行上限和下限的实质就是让经济增长稳定在增长潜力附近，不过这个增长潜力已经缓步下行。

如果说"不刺激"的目标就是不采取过激的措施以支持增长，并逐步接受日益走低的增长潜力，那么"去杠杆"的含义和手段就更加复杂一些。一个重要的背景是从2008年到2012年，信贷与GDP之比已经从75%提高到200%。从全球范围来比较，200%并非一个特别突出的数字，但过去五年的快速增长是举世罕见的。罗格夫和莱因哈特在《这一次不一样》一书中考察了过去800年来的金融危机，他们发现任何一个国家在经历了一段快速信贷扩张之后，都不得不面对或大或小的痛苦的调整。更重要的是，最近一段时间，融资增长与经济增长严重偏离，这意味着许多金融交易投机性比较强，没有直接支持实体经济活动。当然，所谓的"去杠杆"并非表示全面降低举债率。实际上，未来几年家户的杠杆率存在大幅上升的空间，可以支持消费增长。即便对企业部门来说，也并不一定要减少金融中介，一方面是遏制投机性的金融活动，另一方面是增加直接融资的比重，更好地发挥资本市场的功能。当然，要真正实现"去杠杆"和将流动性从投机性活动逼回到实体经济活动，总量措施（如流动性和利率）必须与监管措施（如对"影子银行"的监管等）相结合。

"克强经济学"最终能否成功地让中国的经济模式转型，关键要看结构改革的成效，但结构改革也正是上述三大政策支柱中最难落实的一个。结构改革的重要性起码体现在三个方面。第一，一些结构改革措施可以帮助化解已经形成的一些经济风险。比如银行已经形成了不少潜在的不良资产，现在可以通过金融改革甚至财政注资，降低甚至化解这一风险。当然，这些改革需要一个前提，就是有可以化解问题的存量，但必须切断流量，不然容易造成新的道德风险。第二，有些改革可以帮助增强未来经济的稳健性和增长的可持续性。比如通过财政和其他改革充实养老金、改善医保，这些增加的开支在短期内也许使投资减少，从而影响经济增长，但从长期来看对经济和社会稳定十分必要。第三，还有一些改革可能会提高中国经济的增长潜力。比如利率市场化也许会影响国有重工业的生产，但对于过去一直被排挤在正规信贷体系之外的非国有部门则十分有利。再比如破除垄断、减少行政审批，这些也都能极大地改善总体经济的效益。

眼下政策讨论所涉及的改革领域非常广泛，包括金融体系、财政政策、国有企业垄断、土地使用、要素价格、行政审批、收入分配和户口制度等。这些改革都非常重要，不过从促成经济模式转型和实现可持续增长的角度考虑，我们认为下面三个方面的改革最为核心。

一是金融体系市场化。利率和汇率市场化其实是生产要素价格改革最重要的部分，我们以前的分析发现资本是生产成本扭曲的最重要源泉，同时还发现过去的金融抑制政策有利于经济增长，但现在这个影响已经由正转负，成为遏制经济增长的因素。一个良好运转的金融体系应该是现代市场经济最重要的支持机制之一。具体说来，金融改革应该包括利率和汇率的市场化、金融机构的重组以及资本项目的开放。不过国际经验表明，金融开放既能带来效率改善，又可能导致新的风险。稳妥地推进金融改革和开放至关重要。

二是地方政府去企业化。放权曾经是中国经济改革的重要内容，各地相互竞争也是促进中国经济增长的重要因素。这一机制所导致的直接结果是地方党政首长的行为更像董事长、总经理，忙于招商引资，过度强调 GDP 增长的重要性，这是中国过去"高增长、高失衡"经济模式的重要促成因素之一。因此，下一步的改革应该进一步推进市场化进程，让地方政府去企业化，退出直接的经济活动，回归提供公共服务的角色。

三是国有企业平等化。国有企业改革的途径很多，可以通过混合制改变国有制，也可以通过建立公平的市场环境和制度平台，让国企和民企在同一个水平上竞争，优胜劣汰。核心就是两条：一是在投入品市场真正引入市场机制，比如利率市场化可以做到国企融资由市场定价；二是在产品市场打破垄断，民营企业可以和国有企业公平竞争，民营资本也可以作为投资者进入国有企业。国有企业如果真正能够接受平等待遇，其实是有利于长期发展的。

打破经济下行恐惧症

我们认为"克强经济学"的一个核心内容就是进一步走向市场经济，约束政府的行为。这就不可避免地要面对如何看待经济增长减速的问题。最近，政府表达的稳增长意向引发了各种各样的猜测，有人认为"克强经济学"难以持续，有人认为政府将走上大规模刺激支持增长的老路。我们的看法不太一样：稳增长是宏观经济政策的做法，保增长才是以举国体制强推增长速度。与此同时，我们也需要打破经济下行甚至硬着陆恐惧症：第一，所谓的硬着陆其实是个相对主观的问题，增长减速今天被看作硬着陆，明天则不一定；第二，中国的经济增长在未来几年发生周期性显著减速，从逻辑上看有其必然性；第三，增长硬着陆短期内会造成一定的困难，但这是长期走向可持续增长的必经之路。

有意思的是，虽然近年来国内各界已经就适当容忍低增长达成了一定的共识，但大多数人依然谈硬着陆色变。当然，容忍经济减速与接受增长硬着陆是两件不同的事情，但怎样才算硬着陆其实也是个很主观的问题。几年前，多数人将 GDP 增速落到 8% 以下看作硬着陆，现在低于 8% 已经成为常态。目前，不少人可能仍然将 GDP 增速滑到 7%

以下看作硬着陆，但这个看法 2014 年就可能改变。过去我们一向强调"保八"的重要性，其实是指望通过增长保障充分就业与社会稳定。但 15 年前提出"保八"的时候，中国的劳动人口每年以 800 万的数量增加，去年劳动人口已经减少了 350 万。既然如此，所谓的硬着陆，也即 GDP 增速回落到 3% 左右，究竟会造成多大的痛苦呢？

更为重要的是，未来几年中国很难避免出现经济显著减速的情形。我们把过去独特的增长模式，即高速增长与结构失衡的结合体，归因为改革期间不对称的市场化策略，这一将收入从家户转移到企业的特殊再分配机制正是促成中国经济高速增长的主要原因，同时也导致了结构失衡、效率低下和收入不均等问题。其实，中国的增长模式已经开始出现转变，GDP 增速已经从前几年的 10% 降到了目前的 7.5% 左右，经济再平衡也已经开始——经常项目的顺差大幅缩小，收入分配明显改善，甚至消费占 GDP 的比重也逐步回升。促成这些转变的主要原因，就是因劳动力短缺而出现的工资高速上涨逆转了过去由家户向企业的收入再分配。不过工资上涨仅仅是成本冲击的第一波，资金与能源价格上涨将是成本冲击的第二波。一旦资本与能源成本实现正常化，一大批杠杆化程度高但已经面临严重产能过剩压力的重工业企业将陷入财务困难。普遍的去产能过程可能导致经济快速下行。也正因为这个原因，经济增速明显下行，甚至硬着陆，很难完全避免。

然而，这样的增长减速可能是暂时的。一方面，中国经济的增长潜力起码还在 6% ~ 8% 附近，经济下行是个周期性而非永久性的现象。比如，利率市场化可能会打击杠杆率较高的国有重工业部门的生产，但非国有部门则可能由此改善融资条件，从而实现更高速的增长。总体来看，要素市场扭曲的消除应该有益于总效率的提高。换个角度看，发生临时性的经济硬着陆其实就是经济周期正常化的一个具体表现。过去政府强制将增长率波动压制在 10% 左右的狭小区间，以后进一步市场化了，中国经济会在各方面变得更像普通的新兴市场经济，而新兴市场经济的增长出现较大幅度的周期性波动，则是再正常不过的事情。

　　周期性下行还有一个好处，就是有助于提高经济的质量，这也是中国政府一直在追求的目标。通常的规律是：经济上行时，好项目、坏项目都可能上马；经济下行时，可以把那些质量不太高的投资项目挤出去，同时也能提高下一轮投资、信贷决策的质量。过去，中国的经济没有明显的上行或下行，不管是好项目还是坏项目，只要上了马都能存活下来，这实际上是显著降低了经济的平均质量。这也可能是现在经济稍有减速就听到一片哀号的主要原因。

　　总之，经济下行本身是个相对的概念，其对实际经济的冲击力也在随着增长潜力的下行而逐步减弱。改革的进一步推进也意味着增长下行很难完全避免，我们所担心的增长减速，在其他新兴市场经济中却是稀松平常的事情。更重要的是，经济增长周期性下行，既能摆脱经济对无法持续的、政府主导的投资的过度依赖，又能进一步提高经济的效率与质量。因此，我们有必要打破关于经济下行的恐惧症。过去就是因为怕增长减速，所以不敢改革，过度刺激。这些做法所造成的新问题比它们所解决的问题要多得多，也严重得多。当然，不怕减速并非意味着政府什么都不做。政府依然可以采取政策措施适当地稳定宏观经济，也可以采取措施缓解经济减速对就业市场的冲击。简单地说，生病了当然要吃药，但不能一股劲儿地打激素。

（原载《行政管理改革》2013 年第 11 期）

第四章
为未来计：远谋与深思

未来十大经济改革

春华资本集团创始人　胡祖六

中国在经过 30 余年高速发展后走临新的十字路口，中共十八大产生了新一代领导班子。众目睽睽，万首翘盼，举世都在评估。迟疑犹豫，谨小慎微，延误改革良机，是当今中国面临的最大风险。

改革千头万绪，不能头痛医头，脚痛医脚。零敲碎打的措施往往事倍功半，难以凝聚社会共识，导致错失改革时机。所谓顶层设计，关键在于确立改革的终极目标与改革的基本路径和方向。

改革进入深水区，牵涉到政治、法律、社会与文化等层面，复杂性与难度相应增加。但是，聚焦于经济体制领域最迫切的改革，能够较快地获取让绝大多数百姓得到实惠的成果，因而最有可能凝聚社会共识。因此，必须集中力量，推动和完成决定中国未来经济社会发展前景的经济领域的十大关键改革，果断攻坚闯关，争取获得突破性的成果。

一、转变政府职能

整体改革的一个当务之急就是转变政府职能，清晰地划分政府与市场之间的合理边界。

政府改革有以下三项重点。

第一，尽快退出许多政府原本不该管也证明管不好的经济社会领域与活动，调整政府集监管者、所有者与经营者于一身的多重角色，减少由此而造成的严重利益冲突与腐败，实行政企分开。

第二，迅速提升和加强政府提供公共品与公共服务的能力，尤其是在法制、安全、教育、医疗、养老与环境生态保护等领域。必须把健全的法制和司法的独立作为最重要的公共品。

第三，真正依法执政，限制政府部门与监管机构过多的、任意的行政审批权，大幅度减少五花八门的行政许可，精简政府机构，提高决策透明度，加强官员问责。

中国真正需要的是一个专业、高效、规模适度的政府。应该明确提出打造专业与高效的有限政府这一重要改革目标。一个庞大、臃肿、权力没有制约的政府，一定是官僚主义与形式主义盛行的低效率的政府，可能成为滥用职权、滋生腐败的温床。有限政府不仅是健康、有活力的市场经济之必要条件，而且是控制腐败、建设廉洁政府的最好保障。

二、推进国企改革

在从计划经济向市场经济转轨的过程中，所有制的改革是核心，因此国企改革自始至终都是一幕重头戏。遗憾的是，最近十年国企改革渐渐失去了动力，没有了新思路，裹足不前，甚至出现了国进民退等改革逆转的现象。国企改革能否进一步取得突破性进展，决定了中国能否培育有活力的民营经济，能否建立一个可靠的社会保障体系，能否打造一个现代的市场经济体系。

国企不分红，又容易获得优惠的银行贷款，尽管未来资本回报前景并不乐观，但国企仍有极大的冲动不断增加资本投入，扩大产能，重复建设，或者盲目多元化经营，包括渗透到房地产、金融等与主业不相干也无专业优势的产业。而在垄断程度高的行业，比如电信、石油、电力、铁路、航空等，市场准入门槛高不可越，对民营资本限制重重。国企低效率地控制大量资源的格局如果继续，中国的生产率增长将受到严重制约，未来经济可持续发展将面临阴影。

进一步深化国企改革应当包括以下几项主要内容。

第一，国企应从大多数纯粹以赢利为目的的竞争性行业退出；暂没退出的国企必须在同等的条件下与民企公平竞争。国有经济在整体经济中的比重与规模应当逐步缩小。

第二，改变现有的国企公司治理模式，实行政企分开、董事会负责制、市场化招聘管理团队，以及与业绩紧密挂钩的薪酬激励制度。

第三，引入一套有效的和可比的关键业绩评估指标体系，便于有关监管部门与社会公众对国企的真实经营业绩进行客观、准确的考核，有利于竞争与比较。

第四，改变国有资产管理模式，把国有资产纳入国家财政资本预算和社保体系。通过汇总统一的国有企业损益表与资产负债平衡表，监控国有资产的赢利与回报表现，跟踪国有资产的保值增值变化。

第五，制定一个国有资产收益权与处置权方案，把上市公司的国有股权划拨予全国社保基金，用于弥补中国基本养老保障体系的历史缺口与充实应对人口老龄化高峰的养老储备基金。

三、壮大民营经济

发展民营经济，首先是取消针对非国有投资者的各种歧视性限制条款，实现更自由的市场准入，打造公平竞争的营商和投资环境。

其次，健全法制，对私有财产提供更确定和更有效的保护，保证司法系统公正对待任何涉及私有财产的法律纠纷。

再次，金融体系，包括银行与资本市场，对民营企业的融资需求和融资条件与国企一视同仁，消除民企尤其是中小企业面临的融资障碍。

最后，减少产业政策与税费政策的任意变化和不确定性，从而鼓励民营企业从短期经营转向长线投资，投入更多资源进行长期性的研发与创新活动。

四、深化金融改革

尽管取得了瞩目成就，但中国的金融体系远没有成为一个成熟、发达、高效与具备全球竞争力的现代金融体系。中国的金融体系在风险控制、审慎经营方面仍然有许多薄弱之处。国有控股金融机构的公司治理尤其有待加强。银行体系与资本市场配置资本的效率还存在巨大的改善空间。

第一，发展资本市场，提高直接融资比例。中国经济长期以来依赖银行信贷融资，直接融资比重过低。为了改变融资结构失衡的局面，中国必须大力发展资本市场。由于债券与银行信贷替代性最强，因此发展债券市场是当务之急。

第二，克服中小企业融资瓶颈。政府与监管当局必须放松金融服务产业准入管制，允许符合专业资质的私人投资者开设为中小企业服务的区域银行；政府财政可以设立中小企业信用保障基金，为抵押物不足或现金流不易预测的中小企业提供承担贷款第一损失风险的服务。

第三，发展消费融资。美国的银行资产和收入中为消费者服务的零售业务平均占比 60% 以上，而中国的平均比例尚不到 20%。金融体系能够在促进私人消费上发挥积极作用。除了住房按揭贷款外，金融体系必须为中国的中产阶级消费者提供更加多样化的和具有灵活性的产品与服务，比如汽车贷款、助学贷款、分期付款服务、健康保险、抵押消费融资等。

第四，壮大创新融资。如果没有强大的市场化创新融资体系与之相辅，科技研发的投资就会事倍功半。中国如果要改变以低端技术、低附加值的制造业为主的现状，走自主创新的发展道路，就必须重视培育高质量、高水平的本土 VC/PE 行业。

第五，金融监管改革。变行政监管为审慎监管，监管机构必须超脱、专业和透明。为了加强金融系统的稳定性，应当由央行牵头，成立一个包括"一行三会加财政部"的"金融系统稳定性委员会"，以消除分业监管构架下的信息不畅与监管套利现象，统一协调全局性的金融改革、金融政策与金融风险监控。

第六，金融制度改革。应当考虑减持或退出政府在国有金融机构的股权，以加快金融机构商业化与市场化的进程，减少监管者与所有者之间的利益冲突，打造一个平等竞争的金融市场。同时，不失时机地推进利率自由化与资本账户开放的进程，为金融业制定合适的风险定价，为资产多元化创造更好的制度环境。

五、财政体系改革

上世纪 90 年代初，中国建立了以增值税为核心的新税制，为后来财政收入占 GDP 比重的大幅提升打下了稳固基础。但是，其后财政体系其他领域鲜有重大改革，问题不断累积、暴露，扭曲了资源配置与经济活动的效率，削弱了政府提供核心公共服务的能力，不利于创造机会均等的和谐社会，并严重影响了地方财政的稳健性。

首先，调整财政支出结构。长期以来，中国财政政策的一个重要目标是配合国家发展规划，支持经济建设，预算支出安排向大型固定资产投资项目倾斜，比如基础设施的公共投资超过 GDP 的 10% 以上，远远高出国际可比水平。今后，财政政策应当按照转变政府职能的需要，逐步降低经济建设性支出的比例，同时显著提高社会性（医疗、教育、社会保障）支出与环境保护支出。

其次，改革各级政府之间的财政关系。重点应当放在理顺中央政府、省级政府和省以下地方政府之间的财政关系上。改革的一个方向是适当开拓地方税源，并允许地方政府在严格约束的条件下发行市政债；同时考虑适当减免地方政府的支出责任，比如把医疗、教育、社会保障等关系全体国民福祉的公共服务职能集中在中央政府，这有利于建立统一的全国性劳动力市场，缩小地区之间、城乡之间的收入差距。

再次，优化税制。现行税制在结构、税种与税率上存在诸多缺陷。以工薪税为例，中国存在税基过窄，但个税边际税率过高（45%），养老保险缴费率偏高（社会平均工资的 28%）的问题。如果把医疗保险和住房公积金包括在内，中国的劳动征税税负更是远远高于国际可比水平，加剧了收入不均，并制约了私人消费的增长。结构性减税，降低边际税率，扩大税基，整合与简化税制结构，应是今后几年税改的重要目标。

最后，保持财政可持续性。中国财政支出占 GDP 的比例为 25.7%，大致与低中等收入国家相当，但略高于东亚在经济发展相同阶段的财政支出比例。如果把各类预算外项目、政府控制的各专项基金等统计在内，实际财政支出可能占 GDP 的 35% ~ 40%，已经达到发达国家的高位水平。如果未来把各项社会支出提高到发达国家的低端水平，意味着财政将额外支出 GDP 的 7% ~ 8%。届时如果其他支出不变，中国的财政支出总额可能达到 GDP 的 50%。因此，未来政府一方面必须转变职能，重视和增大核心公共服务的支出；另一方面必须切忌任何不切实际的政治许诺，避免形成福利依赖，有效控制政府规模的膨胀。否则，中国未来的财政状况可能逆转、恶化，并且不能持续，从而重蹈欧盟发达国家的财政覆辙。

六、健全社会保障

社会保障改革包括四个方面：养老保险、医疗保险、失业保险与保障性住房。

第一，社保改革的首要任务是建立全国统一的基本养老体系。这个体系由中央财政负责，全国统筹，覆盖全民，可以携带，确保劳工在城乡之间与地区之间的流动性。目前，按省级行政区划建立的养老体系覆盖面太小，农村人口与城镇新居民（农民工）均不在覆盖范围；养老福利不能跨地区携带转移，影响了劳动力在全国的流动性；而且，现行体系不能充分利用中国各地区人口规模与年龄结构的差异，不能达到最大程度的老龄化风险分散，并造成社会保障福利的跨地区不均等现象。

基本养老体系的目标是防止老年贫困化，目标收入替代率定为 40%的工薪收入。在此基础上，建立强制性的个人养老账户，但缴费率可以考虑从目前的高位降至工资额的 20%，雇主、雇员各出 10%；个人养老账户的当年缴费、余额及其利息投资所得均免税。最后，政府通过税收政策（递延税或免税）鼓励企业与个人建立补充养老基金，或参与类似于美国 401（K）的退休储蓄计划，从而争取在十年内建立一个拥有三大支柱（基本养老、个人账户与补充养老金）的完善的养老体系。

鉴于老龄化的加速来临与预期寿命的延长，为了缓解养老负担，中国还应当逐步提高退休年龄，比如每年提高六个月，直至达到男女一致的 65 岁。

与养老改革密切相关的一个难题是如何弥补历史缺口。中国有两个可供选择的融资方案，即增加政府长期债务和划拨国有资产，但前者可能危及中国财政的可持续稳健性，后者则是最适宜的政策选择。

第二，医疗改革。中国应当建立一个两级的医疗保险体系。初级或者基本医疗保险是由中央政府负责的覆盖全国人口的医疗保险，以保障低收入人口能够享受最基本的医疗服务为目标；在此基础上，通过税收政策激励等方式鼓励企业、家庭与个人购买商业性健康保险，作为政府基本医保的重要补充。

必须对以城市公立医院为核心的医疗服务体系与卫生行政管理体系进行根本性改革。公立医院应当摒弃赢利目标，面向低收入基层普通百姓，为其提供可承受得起的基本医疗服务。中产阶级以上的消费者更加关注质量与服务，其医疗服务可以主要由私立医院提供。医疗产业必须开放给民营资本和国际资本，鼓励竞争，改善服务，降低成本，减少浪费与腐败。

第三，失业保险。在竞争性的劳动力市场，随着宏观经济周期与企业景气的波动变化，失业风险加剧。中央政府应当建立全国性的失业保险体系，不仅覆盖国有企业工人，而且覆盖民营企业与三资企业工人，尤其是农民工。

第四，保障性住房。中国的快速城镇化与房价的显著上升，给包括农民工在内的中低收入阶层造成了实际的住房生活困难。为了实现机会均等与社会公正，政府应当每年从财政预算中安排保障性住房建设资金，为广大中低收入家庭提供负担得起的廉租房或自有自住房。

七、确保食品安全

毒奶粉、毒米、地沟油、瘦肉精……食品安全问题屡屡发生，令消费者防不胜防，民意沸腾，触发了信任危机。

第一，加强全国食品安全检查与质量验证制度，确立严格的食品安全标准与质量验证规定。对食品加工、生产、运输和批发零售全部环节进行频繁的随机抽样检查，禁止任何潜在的问题食品进入市场，对于已经进入市场的不安全食品立即强制性收回。

第二，大力加强《中华人民共和国食品安全法》的执法力度，对肇事者依法予以刑罚。

第三，充分发挥各种媒体——包括微博等社交网络——的监督功能，普及消费者教育。

第四，发展现代农业与食品加工业，鼓励收购兼并，实现食品业的规模化生产与经营，采用先进技术与工艺流程，以及高科技食品安全检测手段。

八、推动科技创新

中国虽然号称制造业大国，但其制造业大多位于技术和附加值的低端，必须跳出靠廉价劳工从事低端贸易加工和出口的模式，投资知识产权，推动科技创新。

第一，人力资本是科技创新的基础。中国首先必须实行教育改革，注重培养学生的创造能力。同时，积极吸引海外留学人才和外国科学家、企业家到中国创业，树立一个重视知识、重视人才的氛围。

第二，加大研发投资。政府负责组织大学、研究所与企业的联合协调合作，并承担基础科技研究的经费；企业和私人投资者专攻具有商业价值的研发活动。真正重视和加强知识产权的法律保护，以保护研发投入和创新的积极性。

第三，建立世界一流的专业 VC/PE 产业，为高成长企业提供创新的资本、管理和人才支持。

第四，科学技术与商业模式创新并重。必须重视政府监管松绑，给企业和个人更多的自由，营造一个宽松、自由的创新环境。

九、实现减排治污

快速工业化和城市化使得中国迅速成为全球第二大能源消费国和第一大碳排放国，并造成了严重的环境污染危机。中国亟须大力治污减排，投资清洁能源，发展绿色产业。

第一，加强环境保护立法和执法，确保中央和地方环境保护部门相对于其他政府部门（尤其是经济职能部门）的权威性与独立性，垂直领导，直接向国务院或者人大常委会负责。

第二，尽快废除所有扭曲性的能源价格管制与补贴，以反映真实的资源稀缺成本；鼓励节能，减少浪费与过度消费能源；通过征收污染税、排放税等，把污染的成本"内部化"；给企业更多的压力，促使其采取实质性减排行动。

第三，必须大规模地综合治理与修复被严重污染的湖泊河流、海湾和土壤，大大增加国土的森林与绿色植被覆盖率。

第四，中国必须反思目前普及私人汽车的模式，以发展现代化的城市公共交通系统为主，同时制订并着手实施以电动汽车替代传统化石燃料汽车的计划。中国还必须尽快采用国际领先的建筑节能标准，并以减税、补贴、碳排放信用交易等方式，鼓励全国节能与清洁技术的大规模开发和应用。

十、促进海外投资

中国是全球化的最大受益者。但是，中国的出口拉动模式以及连续20 年的经常账户顺差，加剧了中国与主要贸易伙伴国的贸易摩擦，客观上刺激了国际上的保护主义情绪。中国应当进一步减少自身贸易堡垒，更大程度地开放国内商品和服务市场，并吸取"多哈回合"流产的教训，在新一轮多边贸易谈判中发挥积极的表率和领导作用。尤其是下个十年应当采取许多实质性的改革行动，使中国从单纯的"商品出口大国"转型为"商品和资本的输出大国"。换言之，中国的宏观经济和结构趋势要求中国企业积极走出去，增加海外投资。

海外直接投资是绕开和减少贸易保护主义堡垒的有效策略。通过全球的生产和销售布局，中国企业可以获得比单纯贸易更大的市场份额，并优化成本结构，提升国际竞争力。

遗憾的是，中国目前的海外投资依靠传统国企和主权财富基金的模式，在国际市场遇到了许多有形与无形的阻力，迄今为止成效甚微。中国必须遵循国际市场的惯例，果断地采取更易为国际社会所熟悉和接受的模式，以商业化、市场化为指导原则，把私人企业和专业投资机构作为海外投资的主流平台。

（原载财新《新世纪》周刊 2012 年第 52 期）

通向未来的七个路标

腾讯公司董事会主席兼首席执行官　马化腾

四十多年前，两台相距几百公里的计算机第一次连接，此后互联网迅猛发展，越来越多的计算机连接起来，很多新现象由此诞生，我们面对的世界可谓日新月异。

现在是移动互联网的时代。移动互联网的使用时长已经超过 PC 互联网，而且这个时长还在快速上升。虽然移动互联网的商业模式在现阶段有些滞后，但其潜在的机会一定是 PC 互联网的十倍甚至更多。

移动互联网将更多的实体、个人和设备连接在一起，互联网不再只是新经济、虚拟经济，而将成为主体经济不可分割的一部分。这是一个大趋势。

现在是一个非常关键的时期。无论是纯粹的互联网公司，还是传统的各行各业，如果没有抓住机会，未来都会相当危险。企业家如果认为互联网与自己所在的行业没有关系，或者想结合互联网，但没有考虑移动互联网的特征，未来都可能在竞争中被边缘化。不过，拥抱移动互联网也不见得很难，只要适应移动互联网的产品特征和精神，思路稍加转变，就能跟上形势。

未来互联网会走向何方，会怎样发展？作为一名从业者、一位企业家，我也是摸着石头过河，其间有一些自己的朴素感受，可以整理成以下七个方面。

一、连接一切

我们的感受是，智能手机是人的器官的一个延伸，这个特征在这两年越来越明显。智能手机有摄像头、感应器，把人的器官延伸增强了，而且通过互联网连在一起，这是前所未有的。

不仅人和人之间连接，人和设备、设备和设备，甚至人和服务之间都有可能产生连接，比如微信的公众号就是人和服务连接的一个尝试。PC 互联网、无线互联网、物联网等，都是互联网在不同阶段、不同侧面的一种提法，它最终是很大的、很全面联系的一个网络实体，这也是我们谈论未来一切变化的基础。

二、"互联网 +"

互联网加的是什么？加的是传统的各行各业。过去十几年，中国互联网的发展很清楚地显示了这一点。加通信是最直接的表现；加媒体产生网络媒体，对传统媒体影响很大；加娱乐产生网络游戏，已经把以前的游戏颠覆了；加零售产生电子商务，过去大家都认为电商的份额很小，但现在电商已经不可逆转地颠覆着实体零售行业。还有，最近互联网金融非常热，引起了很多讨论，越来越多的传统企业已经不敢轻视互联网这个话题了。

互联网一定要加上每一个行业吗？传统行业不管怎么做，都永远不可能成为互联网企业吗？我的观点是，传统行业的每一个细分领域的力量仍然是无比强大的，互联网仍然只是一个工具。

我们来看过去的第一次和第二次工业革命。18 世纪的第一次工业革命发明了蒸汽机技术，19 世纪、20 世纪的第二次工业革命产生了电力技术。蒸汽机和电力几乎改造了所有的行业。有趣的是，蒸汽机发明之后，蒸汽机的应用扩大了印刷的规模，书籍大量产生，造成知识大范围传播，培养了大量有知识的人。电被利用之后，收音机、电视机、电话都有利于资讯的传播和交流。这些和互联网的传播、通信的特征很接近。

互联网是不是第三次工业革命，或者是其中很重要的一部分？这是很值得思考的问题。在没有电的时候，金融已经存在，银行可以记账，交易所通过经纪人叫价也可以成交。只不过有了电之后，这些都可以电子化了。所以，传统行业不用怕，"互联网＋"不是一个神奇的东西，而是理所当然的。我相信，互联网会衍生出很多新的机会。

三、开放的协作

杰里米·里夫金的《第三次工业革命》这本书提到，未来大企业的组织架构会走向分散合作的模式。有人说，既然中小企业变得更有效率，大企业应该不存在了吧，就像现在网购有了平台之后，很多小的电商很多事情都可以做到。我认为大企业还会存在，但是形态一定要转变，大企业本身应聚焦在核心模块上，而其他模块则可以和社会上更有效率的中小企业分享合作。

前不久，在上海复旦大学组织的"三马论坛"上，平安保险董事长马明哲提到一个观点：未来五到十年，现金和信用卡会消失一半，未来十到二十年，银行或大部分银行营业网点的前台会消失，后台也会消失，只保留中台，就是服务。服务的核心是中台，因为前后都可以外包出去，这是一个大方向。我认同这个观点。

四、消费者参与决策

互联网把传统渠道的不必要环节、损耗效率的环节拿掉了，让服务商和消费者、让生产制造商和消费者更加直接地对接在一起。厂商和服务商可以如此之近地接触消费者，这是前所未有的，消费者的喜好、反馈可以快速地通过网络来反映。

互联网的一个重要精神，是追求极致的产品体验和用户口碑，这种精神也会出现在厂商和服务商身上。市场上已经开始出现了这样的企业，比如苹果公司，还有国内的小米手机、雕爷牛腩也是好案例，它们的产品种类不多，但是很精，有大量的用户反馈，有自己的粉丝，讲究的是产品体验。这给我们带来思考，越来越多的公司意识到，消费者参与决策对提高竞争力是如此重要。

五、数据成为资源

连接产生数据，随着传感器和服务的增加，数据会大量增加。现在，搜索引擎、电子商务和社交网络都聚合了大量的数据，这些数据是企业提高竞争力和社会进一步发展的重要资源。电子商务现在非常热，电商可以转向金融，借助用户和商家的信用提供信贷，都是大数据在背后起作用。

腾讯社交网络是一个非常大的平台，我们也在研究这些数据，比如，如何把数据与用户的信用结合起来？我们设想，在不知道某个用户的情况下，可不可以设计一个算法，根据他朋友的信用来算出他的信用。

搜索引擎有一个算法叫 Page Rank，根据每一个页面的调度指向来算出这个页面的值，进而影响到它的排序。我们想象，人的社交属性是不是可以用上信用排序和算法迭代的思路？以后可能就会出现一个"人品排名"，这样就可以"拼人品"了。你交的朋友人品比较好，你的"人品排名"就高。如果你的人品不好，别人就不愿意跟你交友。这还只是我们的一个设想，需要进一步研究，我们希望能够做出一些成绩。

大数据在医疗健康领域会有很好的应用，BT+IT（即生物＋信息）会带来很多重大创新。深圳有一家公司叫华大基因，从事基因测序工作，他们用大数据技术把测出来的每个人的基因数据全部存起来，一个人的基因达到 6G 的数据量。研究人员尽量多地收集样本，随着样本的增多，他们可以更容易地比对每个人的哪个基因有什么特点和问题，一个人的长相和患某些疾病的概率，都可以通过基因看出来。这也给治病提供了一条新的思路。以后，药物可能是治基因的某一段，哪一段基因出问题，就拿相应的药物去治，这会给人类带来很多福祉。

以前测一个人的基因很贵，随着计算成本的下降和样本的增多，未来几年，每个人可能花几百元就可以知道自己的基因状况，甚至可能只要十元钱就可以了解某一种疾病关联的那一小段基因的问题。

六、顺应潮流的勇气

很多人都知道应该这么做，但事到临头往往没有做。

我们可以想起来的案例有很多。比如，柯达在胶卷市场的利润很高，它把数码相机技术雪藏起来，希望数码相机越晚问世越好。但是，当数码相机普及时，柯达却没有抓住机会，最终失去了市场。最近一两年，业内这样的案例也有不少，比如诺基亚和黑莓。一年半以前，你想象不到诺基亚为什么倒得这么快。2007年12月，诺基亚的市值曾经达到1151亿美元的峰值，2013年9月，它却以72亿美元的低价卖掉了手机业务；黑莓在2008年6月市值曾高达840亿美元，是加拿大市值最高的企业，而现在也就能卖个40亿美元左右。

这些血淋淋的案例就发生在我们身边。我们看到，"巨人"稍有不慎，没有跟上形势，就可能倒下；"巨人"倒下时，身体还是暖的。所以，有人说腾讯拿到了所谓的移动互联网"船票"，其实，谁也不能保证自己一定能走到终点。腾讯一定要深思这个行业该怎么发展。

拥抱潮流需要有很大的勇气。近年来，腾讯在内部和外部都做了不少改革，在内部进行了组织架构调整，在外部推出了开放战略，这让我们有了一个初步的基础，来适应未来的发展。我觉得，每一个企业都需要不断努力。

七、连接一切的风险

什么都连接了，又有什么弊端呢？

第一次工业革命和第二次工业革命造成了诸多问题。地球用几亿年储存的森林、煤炭、石油等资源，都在近 200 年被挖出来消耗掉，造成了环境污染、温室效应等问题，我们现在欠了空气、水、土壤等很多债，需要以后来还。高科技制造出来的假的、有毒的食物，令人真假难辨。这些都是过去的科技发展所带来的负面问题，现在我们正在承受其造成的痛苦。

互联网也有"硬币的另一面"。互联网虽然很强大，给人类带来了巨大福利，但也给坏人提供了强大的工具，比如有人利用互联网做坏事，向现有的法治体系提出了挑战。还有，我们经常看手机，眼睛变花了，颈椎不行了，健康受到了影响。甚至人际关系也是，有了社交网络，大家见面、吃饭、开会全在玩手机，互相之间反而更冷漠了。这些问题都值得我们反思。

以上七个方面是我的一些思考。未来，互联网作为一个工具，将应用于生活的方方面面，它不再是纯互联网，而是能够跟传统行业结合，跟现实结合。

和蒸汽机、电力一样，互联网为所有行业提供了升级的机会，这才是互联网的本质。

（腾讯 WE 大会演讲实录整理稿）

中国的教育问题，教育的中国问题

复旦大学教授、复旦大学图书馆馆长　葛剑雄

中国的教育问题，还是教育的中国问题，这是两个不同的概念。"中国的教育问题"是发生在中国的，单纯是教育方面的问题；"教育的中国问题"就不单纯是教育的问题，而是在中国有关教育的各种问题。

"钱学森之问"不是问大学而是问社会

中国现在的教育到底出了什么问题呢？在全国各地的媒体和我们日常的言谈中，教育是最容易受到批评的。这就出现了很奇怪的现象，一方面大家都在讲素质教育，但另一方面又觉得素质教育行不通。减负讲了多少年，甚至教育部也发了文，但是负减得了吗？

2009年，上海参加了每三年一次的国际学生评估项目测试（PISA），结果排名全球第一，引起了很多国家的震惊。这个测试不是上海自己搞的，是人家派人到上海来，而且测试的对象包括最差的学校，是一个全面的测试。我们一直在赞扬人家的教育怎么好，但奥巴马在美国说中国的教育搞得好，为什么会有这么强烈的反差？为什么我们培养的人在国内发挥不了作用，但到了外面有的很快就发展起来了？

杨振宁、李政道在西南联大读到本科，得诺贝尔奖主要归功于在美

国受的教育。同样在我们这里打好了基础，为什么在研究生阶段、工作期间得不了诺贝尔奖呢？这也要问大学吗？我不是为大学推卸责任，这绝对不是简单的大学问题。

"为什么我们的学校总是培养不出杰出人才？"这是所谓的"钱学森之问"。"钱学森之问"不是问大学，而是问社会，我想钱学森本人心里也很明白。他是上海交通大学毕业的，但一生基本上没讲过交大的好话。他很幸运，当初中美关系非常好，所以他可以进入美国最尖端的军用部门，如果是上个世纪 50 年代的麦卡锡时代，他能进吗？根本不可能。回国之后，国家也为他创造了最好的条件。"三年灾害""文化大革命"期间，他的生活都得到了保证，而同时跟他回来的国家功臣，有的被红卫兵、造反派活活打死，有的被剥夺了工作权利。教育再好，也需要社会为学生提供发展的空间。中国的问题，更多的是要问社会，而不是仅仅问大学。

教育出路应合理分流

有人说现在高考一考定终身，要多考几次才公平。大学四六级英语可以不断地考下去，但是好不好呢？也不好。有没有好好做过一个调查，每年高考究竟有多少人是正常发挥，多少人是失常发挥呢？永远都会有人认为自己没有正常发挥，你说考五次，他说为什么不能考六次？我前五次都没有发挥好。任何制度都有弊病，考试总是有局限性的，这个问题不在考试本身。从客观标准来看，我们应该改进考试方法，但是能不能保证每个人都自我感觉是正常发挥呢？最关键的问题不在具体方法上，如果这个压力本身能够通过理性的分流来解决，那就不存在这些问题了。

如果社会本身是健全的，高考的指挥棒你可以不听。你不受高考的影响总可以吧？比尔·盖茨当初辍学自己创业，请问如果你们的孩子放弃上大学要创业，你会支持吗？如果家长不将自己的意志强加给学生，指挥棒就起不了什么作用。现在东西部差距、城乡差距非常大，社会不解决，难道靠高考就可以解决吗？直接解决社会不公正不是靠学校、教育，也不是靠观念，而是要靠政府。

根据《国家中长期教育改革和发展规划纲要（2010—2020年）》，2020年大学的毛入学率应该是40%。也就是说，到2020年，理论上会有40%的学生能够进入大学，其他人就是非大学、工作或失业。如果这60%的人没有出路，或者说跟那40%的人差异很大，会出现什么情况？美国、德国也不是人人都上大学，但在上大学之前，剩下的这一部分人各得其所，当然他们的大学就不会有太大的压力。美国的义务制教育结束后，有些孩子不想念书，就直接工作了，有的人想进工厂，有的人是自由职业者。还有一部分上学的，那也不是人人都上常青藤高校，有些人知道自己的能力就只有一点，或者认为读书太苦，上一下大学然后就去工作了。总而言之，不太像我们，不管自己本人能力、家庭条件如何，都一定要上大学、上名校。

现在因为其他途径的出路越来越窄，就只有靠上大学了。农村孩子只有上了大学才有可能成为城里人，才有可能有体面的职业，否则他们永远只是农民工，即使在城里工作很多年，他们还是不行，很可能他们的孩子将来还是农民工。

城里的孩子千方百计也要上大学，因为现在做什么都讲学历。前年我们图书馆要招古籍修补人员，人事处说要本科毕业，我说要本科干什么？中专就可以了，后来我让步说大专。修补古籍难道博士修得就好吗？很多以前没有文化的，修补得也很好，现在希望他有一点文化，专科就够了嘛。现在没有大学文凭，寸步难行。我们图书馆一个干得很好的小伙子，就因为没有大学文凭不能转正。

现在如果一个人要改变自己的境遇，唯一的出路就是上大学。大学一多，就必须要名校，于是现在招工就看"985"大学、"211"大学。宪法规定了每个公民有受教育的权利，在这样的情况下，不是简单地把教育当作一种权利，而是将教育作为一种个人的出路，但这个出路又是有限的，到2020年也就只有40%的人能享有。如果这个社会的青年都已经合理分流了，最后剩下的 40% 准备上大学，而他们又很明确自己是要上应用型大学还是要继续研究等，这样继续分流，大学就没有压力了。在这样的情况下，就可以实行各种考试方法，可以自主招生，也可以全国统一招生，否则永远解决不了问题。

解决青年的出路问题，不是大学的事情，而是政府、社会的事情。社会解决好这个大的前提，使青年能够在不同的阶段找到不同的出路，才能保证各级学校是良性竞争，也才能保证各种人才的能力得到发挥，还能够使学校、老师尽心尽责地让孩子成才。一味地将社会的责任推到学校身上，这对政府来说是不负责任，对舆论来说是误导，对家长来说加重了不必要的负担，对孩子来说扼杀了个性，迫使他们走这样一座独木桥。我认为这才是中国教育的实质问题。

社会不能过度干涉教育

教学是一门人对人的艺术，是因人而异、因校而异的。世界上的一些名校都有一些奇奇怪怪的规矩，社会用不着去干涉，学校如果什么都被社会干涉，那这个学校是办不好的。现在我们校长规定学生不许带手机，马上报纸就要讨论，其实只要家长、学生签字同意，不违反法律和国家的教育方针，学校就可以做，形成自己的传统。

韩国到现在为止还允许老师体罚学生，一般是打到初中，高中就不打了。日本规定，幼儿园、小学、初中，哪怕是冬天，女孩也必须一律穿短裙，男孩穿短裤，到高中，才可以穿长裙、长裤。我看小孩子的小腿都冻得发紫，还规规矩矩地在那里，这些都是有规定的。

现在有人说研究生招生面试不公平，但不是由老师说了算，难道你说了算？如果这个学生我觉得不需要，怎么能够带好？如果你不相信我，送孩子到我这儿干什么？现在片面要求社会公正一定要由教育来体现，根本不尊重教学的规律，让教育承担不应该承担的任务，如此中国的教育是办不好的。

近年来，又加上了一些民粹化的成分。特别是一些不负责任的言论，更是起了误导的作用，比如不能让一个农村孩子因为家庭困难而上不了大学。我认为应该跟大家讲清楚，现在大学还不是义务制教育，不是免费的，所以农村孩子如果家庭经济困难，可以考虑先工作，今后有条件再上学；或者你的表现特别好，争取拿到奖学金；还可以劝他选择上免费的或者少交学费的学校，比如师范。

一度很多人批评大学圈地借钱，圈地其实是地方政府利用大学达到它的目的，名义上是给大学圈地，趁机旁边留一块地建房子。复旦大学现在有一个江湾校区，近3000亩地，原来是飞机场，现在报废了，地方政府一定要给复旦，果然不久我就看到房地产兴起了，打的广告就是"与名校为邻、与书香结伴"，这里的房价就带动起来了。借钱则是一些领导出的主意，说银行那么多钱贷不出去，那么就贷给大学，这是优质资产，大学借了钱就搞建设，招生之后收学费还钱，这是赖不掉的，实在不行政府会帮助他们埋单。当初报纸上骂吉林大学负债三四十亿元，我就写了一篇评论说请政府派人查一下，这中间有没有贪污腐败、渎职和挥霍浪费，有的话就要处理。如果这些都没有的话，这就是为政府分担困难，那政府不埋单谁埋单？等到真借了钱招生之后，大家骂学费交不起，所以就限制学费，钱就还不了了。大学如果想圈地借钱，地方政府、国有银行不同意怎么可能呢？怎么都变成了大学的事情了呢？

再比如学术腐败。所谓的学术腐败是利用权力、金钱、社会地位去谋取自己的学术成果、学术地位和学术声誉。今天研究生抄袭别人的文章，老师为了职称将别人的文章改一改，其实都不是学术腐败。国家开发银行原副行长王益被抓后我写过一篇文章，王益原来是北京大学历史系硕士，他做了国家证监会副主席后，在两年之内拿到西南财经大学的经济学博士学位。人在北京，学位在西南，从历史学转为经济学，而且比一般人快两年。他为什么有那么大的能量呢？这才叫学术腐败！多少高官都是异地拿学位，而且有的根本就跟自己的专业没有关系。刚才说的老师、学生的行为是学术不端，也是应该纠正的，但这跟利用职权谋私还是有区别的，而且应该明白其中有一部分还是制度造成的。现在规定硕士生一定要发表多少文章，而且必须是在核心刊物甚至权威刊物上发表。中国有多少核心刊物、权威刊物？全部给硕士生发表都不够，何况还有老师要发表文章评职称？这样的情况，根子是在学校吗？光靠学校是解决不了的。

义务教育需"在同一条起跑线上"

学校的公正首先要靠政府，义务制教育是强制的。孩子到了规定的年龄，家长或者监护人就必须送孩子上学。在美国，如果孩子不上学是要申请的。对政府也是强制的，政府必须保证孩子有这样的机会，比如这个孩子家离学校很远，那么就要提供交通工具或者住宿。

教育部早就宣布"普九"了，我说应该公布国家义务教育的最低标准，多少孩子要配一个老师，餐厅要达到什么样的标准。像美国、日本，穷乡僻壤的学校和城市的没有多大的差别，虽然并没有我们想象得那么好，但是基本设施都是有的。

我们说要办世界一流大学，这可以说是梦想，但是如果说要办成世界一流的义务制教育，这绝对可以做到。如果我们的义务制教育是一流的，那么绝大多数家庭就是在同一条起跑线上，今后能不能上大学就靠你自己了。

任何大学对国民素质的提高，第一位的基础都是家庭。根据我个人的体会，很多规矩、规范以及涉及信仰的某种行为，最关键的是从小的灌输，习惯成自然，到了大学甚至是高中再来培养根本来不及。现在很多家庭的教育出现了那么多的问题，为什么？根子就是他们的父母甚至是祖父母从小就没有受到很好的教育，将一些全人类普遍认为的美德当作工具和手段。

第二个基础是小学或者学前教学。义务教育在同一条起跑线上，就能纠正家庭教育的一些问题。现在强调不输在起跑线上，不是将责任交给每一个家庭，因为家庭做不到，但是至少进入学校后，孩子们要在同一起跑线上。输在起跑线上，往往就在义务制教育阶段，所以大家拼命地往名校挤。国家要做的最基本的事情，不是创造一个个所谓的教育奇迹。我很奇怪有些领导为什么要跑到名校去，为什么不能到一般的学校或者比较贫苦的学校去看看？难道还要花更多的钱制造一个个远远脱离中国实际的超级学校吗？如果一个国家从基础教育开始，不是通过政府做到教育资源的相对均衡，不是使孩子从小就得到良好的教育，那么我们怎么保证今后这个国家会稳定地发展？

这些不是中国的教育问题，而是教育的中国问题。面对这样的情况，教育不能推卸自己的责任，但是如果不引起全社会的关注，政府不全面来解决这个问题，那么单独要求中国的教育办好，是不可能的。

（原载《南方都市报》，2013 年 11 月 17 日）

破解《旧制度与大革命》之问

全国政协常委　胡德平

　　近两年，不少朋友阅读了法国历史学家托克维尔写的《旧制度与大革命》一书，各种评论很多。这些评论大多和我国的改革挂钩，因而引起了我的兴趣。在这里我谈点儿学习心得，希望听到批评意见，以提高对当前我国改革事业的认识。

革命是否是不识好歹

　　托克维尔在书中经常反问自己，为何"革命是在那些人民对此（压迫）感受最轻的地方爆发"，"何以繁荣反而造成大革命的到来"，"何以减轻负担反而激怒了人民"。难道革命真是不识好歹吗？人民真是得寸进尺吗？是否一味高压就可以阻止一场轰轰烈烈的法国大革命？

　　首先，让我们看一看法国大革命前的经济和社会思潮背景。法国自 13 世纪以来，封建领主的土地制度逐渐瓦解，土地所有者、小农慢慢替代了昔日的大小领主。这一过程延续了 500 年左右，直至 18 世纪。中国历史上也有类似现象，不同的是，这一过程发生在我国的春秋战国时期，是公元前 8 世纪到公元前 3 世纪这 500 年之间的事情。在 500 年的时间里，中法两国都在自给自足的农业经济的基础上发展起了新兴的工商经济。这是吕振羽先生关于中国古代史的研究成果。他认为，退出历史舞台的各诸侯国封建领主把持山野川泽的禁令逐渐放宽废弛了，各种矿产、山林、盐铁、水产、运输等资源可以由百姓开发利用，因此私人工商业就获得了迅速发展的机会。经济发展的同时，也是贫富分化的开始。大地主、大工商业者的出现是必然发生的现象，富可敌国的大豪强和可与诸侯分庭抗礼的大商人层出不穷。尤其是在秦汉时期，自耕农、工商经济的发展都带有划时代的特点。中国古代商人出身的权臣桑弘羊也是这时露头的。

法国的中世纪也是自给自足的领主经济，但13世纪以后，多数农奴已摆脱了领主的统治成为自耕农。同时，其工商经济亦如中国一样获得了发展。法国的大小领主如不退出山野川泽资源，18世纪的法国何以有大规模的采矿、冶炼、运输业的出现，其规模或是大至千人分散的手工工场，或是集中劳动的百人规模的手工工场。18世纪初期，英法两国在冶铁业方面未见明确的统计数字，但世纪之末，英国铸铁产量为6.3万吨，法国则为13万多吨。法国在煤炭、非金属、纺织、造船方面比英国逊色，但在丝绸、冶铁、酒类奢侈品方面则胜于英国。法国还集中了欧洲一半以上的货币，并出现了近代重商主义的权臣柯尔贝尔。

与中国秦汉时期的不同之处是，法国的工商经济市场规模比那时中国的更加扩大，而且遍及欧洲诸国及美洲。法国贵族的传统意识是权力和荣誉来源于封建领地和领地上的人口，而纯动产则意味着地位卑下，所以贵族视工商业为贱业。正如托克维尔所言，到中世纪末期，"贵族阶级的财产很快就成了其他阶级力图攫取的共同猎物。每个人都会利用贵族的无知、冲动与弱点，争先恐后地拼命将贵族拥有的大量非生产性财产纳入普遍的商业活动中。"（《旧制度与大革命》，商务印书馆2012年版，第291页）

中法两国的不同之处更在于，封建领主制度结束以后，中国文化学术上出现的百家争鸣被后来强大的秦汉专制皇权封杀了；而法国却在封建领主制度的瓦解中迎来了欧洲的文艺复兴、宗教改革、启蒙运动。即便是路易十六，口头上也讲"自然法""劳动权""人权"。法国经济、政治、文化存量的聚积都有了数百年的历史。

其次，让我们思考一下，为什么大革命的主体只能是第三等级。法国当时不少地方仍然存在着中世纪的残余制度，那里的人民多为农奴。农奴没有发展先进生产力的渴求，当然也不会提出资产阶级革命的要求。提出资产阶级革命要求的阶级只能是法国的第三等级，即为数众多的工商业者、知识分子和广大自耕农。他们的物质利益得不到保证，政治上无地位，资本主义工商业的发展在封建专制制度下受到严重阻碍。第一等级、第二等级虽然多已失去领地，但不交税，又有特权，享有年金。封建专制国家把沉重的财政负担统统转移给第三等级。第三等级要交的租税，据托克维尔统计就有军役税、人头税、念一税、年贡、劳役、附加税、注册税等，法国成为一个主要靠穷人纳税的国家。国王税收不足，就大举借债，比如路易十三在位的 15 年，法国的国家债务增加了三倍，达 45 亿利弗尔。这些债务负担只凭农业人口的税收远远不够，压榨的对象也只能是交纳工商税的资产阶级和小资产阶级——第三等级的市民了。

这种革命在落后的农奴地区是无法产生的，只有在生产发展、社会进步，但又遇到强大阻碍时，革命的暴风雨才能形成。正如托克维尔所言，"这场革命主要发源地的法国那些部分，恰恰正是进步最明显的地方"，"相反，没有什么地方的旧制度像卢瓦河流域及河口处、普瓦图沼泽和布列塔尼荒原那些地方保存得更完整了。恰恰是在那里点燃并滋养了内战战火。"（《旧制度与大革命》，商务印书馆 2012 年版，第 214 ~ 215 页）

我们万不可被所谓繁荣了，压迫轻了，负担少了，为何革命却发生了的假象所迷惑。托克维尔自己已经回答了这个问题，那就是法国资产阶级革命只能在交纳工商税的资产阶级有足够发展的区域开展，而不可能在落后的农奴地区开展。

再次，让我们想一想法国大革命要解决的根本矛盾是什么。法国农村多有公社组织——这是我们研究法国历史必须要理解的地方——这在托克维尔、马克思的著作里都提过。公社有大量公地，"1710 年至 1789 年许多省份地主便夺取了三分之一的公共土地"。(《世界通史》，人民出版社 1997 年版，第 190 页）

法国大革命时期的英国经济学家阿瑟·扬在革命爆发前十分惊异地发现，大量土地已被原来的农奴，现已变为农民的人占有。他估计这种情形占了法国土地面积的一半。所以，托克维尔认为法国大革命"是另一场革命，它与使农民变为土地所有者的那场革命一样伟大"。

用今天的话来说，法国大革命就是一场所有制变革，是资产阶级希望占据统治地位的革命。农民占有了土地，但没有所有权；工商业者有了自己的产业，但也未得到明确的所有权，因而才与当时的国家制度、生产资料所有制产生了严重的对抗性矛盾。路易十四在一项敕令中的理论是，"王国所有土地原本均依国家的条件被特许出让的，国家才是唯一真正的所有者，而所有其他人只不过是身份尚有争议、权利并不完全的占有者而已。"(《世界通史》，人民出版社 1997 年版，第 227 页）第三等级没有完全的土地所有权，却要为产权不完整的土地缴纳越来越多的税收，此社会矛盾未除，新危机又出。那时为了应对财政困难，还要加税、举债，又一次触动了第三等级的所有权问题。这才是法国大革命的根本矛盾所在。

路易十六为摆脱政府的财政危机，不得不召开全国三级会议，但在代表名额、全能法院、国民会议、制宪会议等方面，均与第三等级在这一根本矛盾上产生了激烈冲突，就连特权阶级的米拉波伯爵、西哀士神父都转向革命。矛盾由弱到强，由小到大，革命终于在 1789 年 7 月 14 日顺势而发，巴黎群众攻下巴士底狱。

不能认为革命不识好歹，群众得寸进尺。革命的每一步都包含着百年的历史积怨和愤懑，革命群众没有退缩，而政府却没有根本对策，最后只能是全盘崩溃。"8 月 4 日之夜"，法国的制宪会议在亢奋激昂的气氛下通过了大革命后的第一部新宪法。现节选有关条款如下。

第一条：议会声明封建制度从此废除。这包括"现存关于封建制度的不动产所有权，以及一切来源或代表农奴制度的收费都应马上废除而不受保护"。

第九条：财政上的免税权力已被永久废除，税款将会通过相同形式向全体公民收取，新的税款征收方式正在制定中。

第十一条：所有公民，无论其等级及出身，均有任职政府机构及军队的资格。

以上新宪法的若干条款正体现了激进的资产阶级的力量，更体现了封建专制政府和法国人民大众的矛盾。所以，托克维尔认为法国大革命"无疑是个无经验的时代，但它襟怀开阔，热情洋溢，充满雄劲和宏伟；一个永世难忘的时代，当目睹这个时代的那些人和我们自己消失以后，人类一定会长久地以赞美的目光仰望这个时代"。(《旧制度与大革命》，商务印书馆 2012 年版，第 244 页)

法国大革命前，朗格多克省是一个例外。该省是一个经济繁荣、压迫减轻、居民负担较少的省份，由市民阶级治理。他们向法国君主买下了所有的征税权、官位权，而国王则以保留该省的三级会议为代价。这里不但未爆发革命，而且在革命中还持保皇的立场。所以，托克维尔不无遗憾地说："倘若当初那些君王不是仅仅考虑坐稳江山，他们只要把用于取消和歪曲省三级会议的一部分的顽固劲头和气力拿出来，就足以使省三级会议依照朗格多克方式臻于完善，并使之全部适合现代文明的需要。"(《旧制度与大革命》，商务印书馆 2012 年版，第 279 页)

虽然托克维尔认为革命群众有着复杂的心理和企望——贪欲、嫉妒、仇恨和独特的残忍，但他还是摆脱了他的贵族立场，尽情歌颂了它。绝不要相信法国人在最大的痛苦中经常表现出来的轻松愉快、自寻开心。他认为："给这些人打开一条出路吧，让他们摆脱他们似乎不介意的苦难，他们立即会朝那个方向飞快地跑去，势头暴烈，要是你挡住他们的道，他们连看都不看你一眼，就从你的身上踏将过去。"(《旧制度与大革命》，商务印书馆 2012 年版，第 172 ~ 173 页)这话是多么熟悉，让我想起毛泽东的《湖南农民运动考察报告》。托克维尔的这种态度、语言充分肯定了法国大革命的正当性和合理性，而他对法国高度集权的官僚专制制度的嘲笑、仇恨也是一目了然的。

今天中国又有人重读此书，我觉得这也是对那种"告别革命"思潮的一种反省和考问。"一切都会过去，一切都不会过去"，一个中学生以此为题写了一篇作文，直击我心。中国人民在大革命、土地革命、抗日战争、解放战争中的革命和牺牲无法令人忘怀，中国的"革命"二字在历史上是怎么写出来的？是用多少人民的热血、生命写出来的？在内战中死亡的敌方官兵也是共和国成立的一种代价。我国的革命在1949年已告结束，但我们绝不可忘记过去的革命。记忆加创造等于社会变革，为了不再发生革命，我们要以前辈的勇气、决心和智慧，参加今日中国的改革。

旧制度给大革命留下的唯一遗产是什么

在托克维尔看来，法国大革命有如山呼海啸，毫不犹豫地摧毁了法国的君主王权制度、法律制度和经济基础，改变了法国社会的风尚民俗，并且越出国界，在欧洲境内"打碎一顶顶王冠，蹂躏一个个民族"，"似乎最终要清算上帝本身"，"而且要使世界焕然一新，可以说要创造一种新人类"。（《旧制度与大革命》，商务印书馆2012年版，第43～44页）

托克维尔认为，法国大革命和旧制度没有完全断裂，但遗产十分有限，唯一保留下来的遗产就是旧君主制下的中央集权，"我承认中央集权制是一大成就。我同意欧洲羡慕我们，但是我坚持认为这并非大革命的成就。相反，这是旧制度的产物……这是旧制度在大革命后仍保存下来的政治体制的唯一部分。"（《旧制度与大革命》，商务印书馆2012年版，第75页）这种羡慕并非褒义，而是对欧洲君主的揶揄。

这里说的王权或中央集权，实质上都是国家政权中的行政权，而立法权、司法权虽然名义上也有，但都是"仆役""婢女"，可能还是封建领主时代的遗留风俗。托克维尔说，只有当王国民情鼎沸时，中央政权才让他们抛头露面，"暂时理事，允许他们热闹一番"，"社会飞跃发展，每时每刻都产生新的需求，而每一种新的需求对中央政府来说都是一个新的权力源泉，因为只有中央政府才能满足这些需求"。(《旧制度与大革命》，商务印书馆 2012 年版，第 100 ~ 101 页）这就是经济学中"寻租"现象产生的制度环境。因为司法缺乏灵活性，其活动范围是固定不变的，新的案件层出不穷，立法又无例可循。

法国君主的王权、中央集权是怎样形成的呢？伴随着大小领主势力的沉沦，王权开始发展和膨胀起来。就像中国的秦汉两朝一样，封建领主成为衣食采邑的食利阶层，就不再是领地的主人了，即使领主们手中还有一些领地中可怜的司法权力，只要能兑换成金钱，他们也不吝交换。这样，隶属中央的地方行政权力就乘势建立了起来。大革命前的法国划分为 34 个总督管辖区，各管辖区都由国王委派总督，各县则由总督的代理人管理，总督代理人的手下则有税务员、行会理事和警察承担政府的行政职权。省属的各教区的一切事务都由政府的官吏把持，教区实行的法律不再是过去的领主法律，而是君主专制国家的法律。

随着中世纪领主陆续失去土地，他们不再拥有转发国王敕令、征集民兵、征收捐税的公共权力，也不再直接统治地方。大的贵族住到巴黎靠年金过活，中小领主则生活在农村、乡镇。"领主事实上只不过是一个居民而已，与其他居民不同的只是享有免税权和特权；他拥有不同的地位，而非不同的权力。总督们在写给他们的下属的信中特意说道，领主只不过是第一居民。"(《旧制度与大革命》，商务印书馆 2012 年版，第 70 页）

王权的形成在路易十四时期达到顶峰，"朕即国家"即是王权形成的权威名言。据托克维尔所说，围绕着王权形成了一个拥有特殊权力的行政机构，这就是御前会议。它集中了法国国家所有的权力，充分显示着王权的意志。御前会议既是最高法院，又是高级行政法庭，掌管一切特别管辖权；并且还是政府的核心组织——最高行政委员会，对政府官员具有指导作用，决定重大政务，监督下属政权；同时还具有立法权，制定法律和分派捐税。其实，在立法权、行政权、司法权的幕后，国王才是一切的主导和灵魂。这就是托克维尔说的旧制度中的王权，中央集权的国家机器。因此，法国当时没有真正握有立法权和司法权的相应组织机构。

国王路易十六高度集权，但其行为并不检点，他处理国事昏昏欲睡，打猎、参加舞会时却兴致盎然，结果大权落在王后身上。中央设有总监，下面六个大臣各自为政，办事效率极差；各级机构臃肿陈腐，冗官闲职或一团和气不办事，或相互掣肘、拆台；官僚军事警察机构每年的花销空前，仅支持北美独立战争就开支军费 20 亿利弗尔。法国支持北美独立战争，并非法国国王支持北美人民的正义斗争，而是英法为争夺殖民地而进行的七年战争的延续，结果使法国陷入更深的经济危机，直接导致了三级会议的重新召开和革命的爆发。

在高度中央集权的国家政体下，法国的官本位在托克维尔笔下也被描写得非常精彩："那时的职位更多，较小职位的数量简直没有穷尽，仅仅自 1693 年至 1709 年所设职位就达 4 万之多"，"一个人略识文墨，生活优裕，若是弄不到一官半职，那就死不瞑目"。(《旧制度与大革命》，商务印书馆 2012 年版，第 132 ～ 133 页）托克维尔大笔一挥，又指向路易·波拿巴的第二帝国："当时的政府鬻卖职位，而今天政府则授予职位，要想获取职位，不用掏钱；人们的手段更高明：将自己交付出去。"新的人身依附关系出现，奴性官僚又开始形成。

政府官吏专横、贪腐、颟顸，干什么事只求痛快，根本不管百姓死活。比如修路，"桥梁公路工程指挥从那时起，就像我们后来看到的那样，爱上了直线的几何美；他们非常仔细地避免沿着现存线路，现存线路若有一点弯曲，他们宁肯穿过无数不动产，也不愿绕一个小弯。在这种情况下被破坏或被毁掉的财产总是迟迟等不到赔偿；赔偿费由政府随意规定，而且经常是分文不赔。"(《旧制度与大革命》，商务印书馆 2012 年版，第 227 页）这样践踏民众切身利益的野蛮拆迁，怎能不惹怒乡村中新的土地所有者，也就是地主和自耕农，以及城市的市民阶层，也就是新的社会阶级？托克维尔所说的中央集权政体，在帝国时期更准确的描述应是"中央集权的官僚专制政体"。

中央集权官僚专制政体成功地建立起国家从君王直到城乡最底层官

吏的纵向统治体系，但国家缺少横向的组织架构平衡。原有的地方领主机构，城市的行会组织，城乡的自治团体，教会对教区的管理，各省的三级会议几乎都被行政机关代替，没有任何社会团体、中介组织与行政系统沟通和交流信息，反馈民意。专制政府还自鸣得意，其实无形中已成孤家寡人，背上无限责任。正如托克维尔所言：城市中的一切工程都要奉照御前会议的方案办理。工程招标要在总督或代理人面前进行，甚至公众的喜庆活动也要由官员主持，由他命令何时点放灯火，何时张灯结彩。

在专制政府的统治下，法国人民变得十分怪异扭曲，托克维尔说，"他们一心关注的只是自己的个人利益，他们只考虑自己，蜷缩于狭隘的个人主义之中，公益品德完全被窒息"，"每个人都苦心焦虑，生怕地位下降，并拼命向上爬，金钱已成为区分贵贱尊卑的主要标志"。这是多么可怕的一种社会败象，但专制主义喜欢人人如此，"专制制度夺走了公民身上一切共同的感情，一切相互的需求，一切和睦相处的必要，一切共同行动的机会……人们原先就彼此凛若秋霜，专制制度现在将他们冻结成冰。"（《旧制度与大革命》，商务印书馆 2012 年版，第 35 页）这就是现代人所称的专制社会中每个人都是游离原子的原子化现象。在某种程度上，他们也需要集权的、专制的制度保证。

托克维尔认为，法国的君主制国家仍然是大土地所有者的国家。原先的领主贵族虽然大部分失去土地，但还没有像英国那样资产阶级化。也就是说，法国旧的上层建筑虽然未变，但其基础大大变化了。按照托克维尔的逻辑来讲，"作为其基础的社会一旦动摇，这座宏伟大厦顷刻之间就会全部毁灭"。（《旧制度与大革命》，商务印书馆 2012 年版，第 175 页）当旧的中央集权君主专制国家在大革命中顷刻毁灭之时，革命的领导人和刚刚获得平等的人民仍然需要政府，需要国家机器的保护。托克维尔说："当无政府状态和人民专政被挫伤而软弱无力时，当慌乱的民族摸索着寻找他的主人时，专制政府便有了重新建立的极好机会，而这些机会是那位天才轻而易举地发现的，他后来既是大革命的继续者，又是大革命的摧毁者。"（《旧制度与大革命》，商务印书馆 2012 年版，第 244 ～ 245 页）。他说的"那位天才"就是拿破仑·波拿巴，他说的"专制政府"则是拿破仑建立的法兰西第一帝国，也即旧制度中国家机器的一种新的专制形式。

如果说托克维尔对拿破仑、对第一帝国的评论还是采取了两分法的话，那么他对路易·波拿巴和法兰西第二帝国则是充满了仇恨，并且极尽嘲笑之能事。在这方面，他与马克思、恩格斯有极大的相同点。

拿破仑三世（即路易·波拿巴）在法国 1848 年 2 月和 6 月革命洪流之后当上了总统、皇帝。他也是历史的工具，为资本主义的发展起了开拓道路的作用。但他极无政治信义，好大喜功，纵容社会纸醉金迷、贪污腐化，鼓励各人自扫门前雪、只顾个人发财的市侩生活。托克维尔认为，在拿破仑三世时代，政府掌握着无穷无尽的恩典、赈济、荣誉和金钱，具有的手段既有诱惑性又有强制性，足以平息一切反抗，整个社会生活万马齐喑，巴黎上层是放荡不羁的享乐风尚，感情、思想杂乱无章。托克维尔虽然极力称赞法国大革命，但他内心始终高兴不起来，因为法国又扩大了专制的国家机器，而多数法国人又选择了倾向帝制的路易·波拿巴，回到了大革命前的君主制。

当路易·波拿巴把法兰西第二共和国又变为法兰西第二帝国时，马克思写了《路易·波拿巴的雾月十八日》一书。该书的中心思想就是当路易·波拿巴把行政权力提到皇权的极致，而立法机构又做了行政机构的奴才和帮凶的时候，路易·波拿巴才做上了皇帝。这里的"物种基因"则是从法国波旁王朝、第一帝国、第二帝国延续下来的中央集权专制政体和集权意识主导的法国人。

托克维尔是一位难得的历史学家，但他不是一位社会主义者，而且他对社会主义充满了恐惧和敌意。他只见过布朗基一次，那是在法国 1848 年"六月起义"的前夜。他说，在议会上，"一个人登上讲台，此人我只在那一天见过。然而一念及此，我就充满厌恶和反感……一副凶恶、下流的模样……人们告诉我他就是布朗基。"（《托克维尔回忆录》，人民出版社 2013 年版，第 131 页）

托克维尔的这种感觉不是偶然的偏好，在同年的"二月革命"中，作为一位睿智的历史学家，他预感到，"自2月25日起，许许多多不可思议的体制猛然从革命者的头脑中冒出来，在大众混乱的头脑中传播。"（《托克维尔回忆录》，人民出版社2013年版，第81页）"这些理论相互之间分歧极大，常常截然相反，有时甚至势不两立。但是所有这些理论，它们的目标全都不着眼于政府，而是力图触动社会本身——即政府赖以存在的基础，他们全都打着社会主义的旗帜。"（《托克维尔回忆录》，人民出版社2013年版，第82页）

在此要对托克维尔的观点做一些说明，他这里指的社会主义乃是空想社会主义，就是圣西门、傅立叶、布朗基主张的那些社会主义。至于科学社会主义理论的出世篇——《共产党宣言》是于1848年2月21日出版的，仅早于法国"二月革命"一天。马克思、恩格斯也非常关心法国大革命及巴黎公社等历史事件，现在让我们看看马克思主义早期的国家理论是如何回答法国旧制度遗产问题的。

马克思国家学说的基本内容是什么

托克维尔和马克思是同一时代的人，托克维尔比马克思年长13岁。托克维尔是否看过马克思的著作不能肯定，但马克思和恩格斯肯定看过托克维尔的著作，从他们书中谈到的美国特殊国情、欧洲顶顶王冠被打落在地的语句，都可以得出这样的判断。在国家学说方面，托克维尔对马克思的研究也有相当的帮助。对于托克维尔关于法国旧制度在大革命中唯一保留下来的中央集权官僚专制的论述，马克思也表示赞同，但在如何对待旧制度的官僚体制上，两人的观点则是完全不同的。马克思在巴黎公社的革命实践中提出了自己关于国家学说的崭新观点，其要点有以下四点。

（一）"工人阶级不能简单地掌握现成的国家机器"

法国的君主专制国家，及其后的第一帝国、复辟的波旁王朝和第二帝国，在马克思看来都是中央集权专制帝国，就是这期间的民主共和国也是中央集权的国家。尽管其统治阶级在不同时期可以分为封建统治阶级和资产阶级，但国家权力总和无产阶级无缘，不可能从根本上满足人民大众的要求，达到解放人民的目的。这就是历经大革命及其以后80多年，旧制度的国家官僚专制机器不但未消失，反而日益庞大臃肿的原因和秘密。

马克思在总结法国巴黎公社历史经验教训的《法兰西内战》一书中明确提出，"工人阶级不能简单地掌握现成的国家机器，并运用它来达到自己的目的"（《马克思恩格斯选集》第二卷，人民出版社1966年版，第460页），意即中央集权专制的国家机器再也不能"从一些人的手里，转到另一些人手里"，否则工人阶级解放的目的便不能实现。为什么呢？因为"中央集权的国家政权及其遍布各地的机关——常备军、警察、官僚、僧侣和法官是起源于君主专制时代，当时它充当了新兴资产阶级反对封建制度的有力武器"。（《马克思恩格斯选集》第二卷，人民出版社1966年版，第460页）所以，法国大革命保留了以前的中央集权专制的国家机器，而巴黎公社诞生以后，马克思认为如果人民群众要彻底解放，要实现消灭剥削阶级的国家制度，就必须打碎旧的中央集权专制的国家机器，即"工人应当打碎的已不是旧社会的那个比较不完整的政府权力形式，而是具有最后、最完备形式的这一权力本身，就是帝国。公社是帝国的直接对立物"。（《马克思恩格斯选集》第二卷，人民出版社1966年版，第522页）打碎旧的国家机器，不是要搞无政府主义，其全部的目的就是防止国家和国家的权力机关由"社会的公仆变为社会的主宰"（《马克思恩格斯选集》第二卷，人民出版社1966年版，第426页）。巴黎各区选举公社的委员，公社是议行合一的工作机构。公社任命的公职人员随时可以撤换，他们和公社委员一样只领相当于工人工资的薪金。全民皆兵，废除雇佣军。这就是马克思的国家学说中有关直接人民主权论的精粹观点。巴黎公社的政权形式虽然很多地方过于理想，脱离了实际，但它充分体现了人民主权论，历史必将对其原则予以兑现。

马克思的这种国家学说对于今天的中华人民共和国来说，仍有重大的指导意义。我国宪法的第一条即指明我国的性质是社会主义的人民共和国；第二条即说明共和国的一切权力属于人民，一切国家机关都要对人民负责，受人民监督。这其实就是人民主权论。

从现实情况看，认真执行代议的民主制度也可以，即我国现在的全国人民代表大会制度。自新中国成立以来，我国发起了不少运动，开展了若干重大的批判斗争，其实都不如批判官僚主义的针对性强，但因为未把官僚主义提高到体制上来认识，所以造成一些死官僚，他们不知手中之权从何而来，以至于出现大量的"权力寻租"现象。只要共和国主权在民，官员是人民公仆，共产党是全心全意为人民服务的政党，那么中华人民共和国尽管有着各种矛盾，也是一个充满活力的、无人可以战胜的新型国家。

（二）帝国和民主共和国

马克思在《法兰西内战》一书中说的打碎旧的国家机器，指的应是法兰西帝国，是法兰西帝国官僚制度的国家机器。扩大而言，可以包括当时整个欧洲大陆的国家，从法国直到俄国，但英美的资产阶级民主制的国家机器并不包括在内。虽然马克思承认美国这样的国家没有国王，没有贵族，没有领取年金的官僚，就是常备军也仅限于监视印第安人的一小群士兵，而且还实行了三权分立的国家制度，但他仍然把资产阶级的两种政权组织形式做了严格区分，他和恩格斯在晚年又对英美的资产阶级民主制做了新的解释和预测。进行这两种区分不是一件小事，有其特殊意义。

比如，"文革"结束以后，邓小平同志在《党和国家领导制度的改革》的讲话中痛定思痛地说道："我们今天再不健全社会主义制度，人们就会说，为什么资本主义制度所能解决的一些问题，社会主义反而不能解决呢？……斯大林严重破坏社会主义法制，毛泽东同志就说过，这样的事件在英、法、美这样的西方国家不可能发生。"为什么英、法、美国家不会发生？原因当然很复杂，他的讲话中多次讲到，我国政治体制中的"封建专制主义的影响""各国（共产）党的工作中领导者个人高度集权"，新中国成立后"官僚主义""权力过分集中""家长制""干部终身"等无疑是最重要的原因。这些严重的弊端仍需通过改革清理。我认为这是我们今天学习托克维尔著作和马克思国家学说最需要结合实际之处。

（三）三权分立和无产阶级专政

法国巴黎公社起义成功以后，政权组织应该如何确立呢？是首先分设这个政权的立法权、行政权和司法权的职权，还是向凡尔赛的帝国旧势力、梯也尔之流进攻，镇压反革命，没收法国最大的法兰西银行，解决普鲁士兵临城下的问题？毫无疑问，应着手处理后一类问题。如果这么做，那公社就是履行了无产阶级专政的职能。可惜当时的无产阶级、社会主义事业还处在初始阶段，还不成熟。掌握公社命运的领导者大部分还是布朗基分子和蒲鲁东分子。当时巴黎实行的无产阶级专政，远远比不上凡尔赛实行的资产阶级专政的力度。与巴黎公社对敌人的宽容态度相反，梯也尔政府从内战一开始就毫不犹豫地屠杀公社的战俘，直到拉雪兹神父公墓最后的大屠杀。这是无产阶级专政不可忘却的教训。

巴黎公社将立法、行政、司法权力统筹行使，也就等于是行使了无产阶级专政。这就是马克思说的"公社不应当是议会式的，而应当是同时兼管行政和立法的工作机关"（《马克思恩格斯选集》第二卷，人民出版社 1966 年版，第 463 页）。这里说的无产阶级专政是指革命政权刚刚建立，对一切反抗革命的敌对势力实行的暴政。但这一制度是有时间性的，随着人民政权的稳固、法制的建立，立法权、行政权、司法权是否要分开呢？说三权分立不好听，关于国家政权的建设，总要有个三种权力如何设置，各自行使职权的问题吧。我们常说行政官员不能既当运动员，又当裁判员，岂不知此话的发明人还是恩格斯呢。他说："在那些确实实现了各种权力分立的国家中，司法权和行政权彼此是完全独立的。……这两种权力的混合势必导致无法解决的混乱；这种混乱的必然结果就是让人一身兼任警察局长、侦查员和审判官。"（《马克思恩格斯全集》第四十一卷，人民出版社 1982 年版，第 321 页）

那么，无产阶级专政和国家的立法权、行政权、司法权两者如何相处，才能不对立呢？1891 年，即恩格斯为马克思的《法兰西内战》发表二十年写了导言后，他又著文写道："一个新的社会制度是可能实现的，在这个制度之下，现代的阶级差别将消失；而且在这个制度之下———也许在经过了一个短暂的，有些艰苦的，但无论如何在道义上很有益的过渡时期以后———通过有计划地利用和进一步发展一切社会成员的现有的巨大生产力，在人人都必须劳动的条件下，人人也都同等地、愈益丰富地得到生活资料、享受资料、发展和表现一切体力和智力所需的资料。"（《马克思恩格斯全集》第四十一卷，人民出版社 1982 年版，第 330页）恩格斯说的"过渡时期"就是无产阶级专政时期。而且无产阶级专政还要讲"道义"，毛泽东在建国期间也提出过类似的观点。马克思、恩格斯所说的无产阶级专政绝非是从资本主义到共产主义整个历史时期都要存在的。无须引用更多的经典名句，只要看看我国的革命与建国的历史就能说明很多问题。

我党领导的武装革命有二十二年的历史，那时，在革命的名义下，革命根据地的立法权、司法权和行政权是合而为一的，即三者合一的工农专政，以后改为人民民主专政。即便是那个时期，在有条件的地区，公诉机关、法院和地区政府的职能也是尽量分开的。抗日战争之初，延安红军高级干部黄克功一大命案，八路军检察机关就有公诉人。人称"马青天"的马锡五就是陕甘宁边区高等法院院长。自 1954 年我国第一部宪法诞生以来，我认为人民民主专政的国家体制就应逐步融于并转为民主、法制的国家体制；立法权、行政权、司法权就应在宪法的体系框架下不断丰富自己的法理、职能。我国的全国人民代表大会是最高权力机关，其制定的宪法是国家的根本大法；行政权应恪守"以宪司政"的基本信条，规范公权自身，保护社会私权；司法权则应保障"以宪司法"这条不可逾越的红线，保护公民权利，以法惩处一切犯罪分子。"以宪司政""以宪司法"，这就是宪法产生的宪政，就是人民代表大会，制定其他法律时也要"以宪制律"。如果我国的国家政权建设真能向这一方向发展，何来"文革"？改革也就可以采取另一形式了。

"文革"的序幕就是以"海瑞罢官"——牺牲彭德怀同志来祭旗和发端的，当时党中央已无民主生活可言。那时宪法等于一张废纸，刘少奇虽手持宪法，但也无法拥有共和国主席的发言权。"文革"中有这样一则消息：我国最高人民检察院检察长张鼎丞就曾怒气冲冲要起诉江青。那时，"皮之不存，毛将焉附"，宪法已殁，也就没有宪政。习近平总书记说：宪法的生命全在于实施。我想，有宪法必有宪政，无宪政，宪法也不神圣。这是惨痛经验的总结，不知此判断妥当与否。

中国共产党在社会主义国家政权的建设中，其历史作用是最为关键的。一个没有用先进思想、科学理论武装起来的党，就无法光荣走完自己的历史之路。它的领导作用在马克思主义的国家学说中应有如下内容：第一，领导全国人民制定宪法，自己首先要模范遵守；第二，保障我国人民代表大会、国务院、最高人民法院、检察院的正常运转，立志建设高度文明的民主、法治国家；第三，制定党的方针政策，鼓励党员充分行使自己的权利义务；第四，发挥党员的模范作用，以团结全国各族人民；第五，发挥国际主义精神，为世界人类的进步事业而奋斗。

（四）行政集权和公民社会

"集权"这个字眼虽不好听，但试想哪个统一的国家没有行政集权？英国的君主立宪制、美国的总统联邦制、法国的民主共和制，都有程度不同的中央行政集权。托克维尔、马克思只是反对波拿巴主义的高度中央集权的官僚专制体制，并不反对当时的民主共和政体必要的中央集权。

民主共和国的立法不能过度集权，要由代议制的民主方式制定法律。民主共和国的司法也不能过度集权，司法权应交给公民社会。凡涉及民法、商法的原告与被告，都有打官司的权利和义务，法律地位是平等的，都可以请律师，还有陪审团。国家检察机关起诉的公诉案件则另当别论。只有行政是可以真正集权的，因为处理政务要讲效率，就像军事长官要处理军事问题那样。但政府的权限必须明确，法律未授权的领域，绝对不能进入，它的集权只反映在依宪行政、依法行政上。社会主义的民主共和制同样要提高效率，要大力反对官僚主义。社会主义反对官僚主义、提高效率必须有一个根本保障，就是所有的公务员都应该是人民的勤务员，应该全心全意为人民服务。如果做不到这一点，起码也要有一种强烈的意识：所有公务员都是纳税人所供养的。

立法的民主和行政的集权是否会发生矛盾呢？是经常会有矛盾的。针对当时法兰西第二共和国的情况，马克思认为，这种矛盾一旦发生，国民会议就一定要站在人民一边，敢于和行政权进行斗争，必要时要敢于发动群众推翻它。但法国的 1848 年"六月起义"吓坏了资产阶级，他们背叛了革命，国民会议不是依靠人民去抵制不断扩张的路易·波拿巴的总统行政权力，反而帮他埋葬了国民会议的立法权，从而为他恢复帝制创造了大好条件。

马克思还讲到国民会议和全体国民的关系，他说："在议会中，国民将自己的普遍意志提升成为法律，即将统治阶级的法律提升成为国民的普遍意志。在行政权力的面前，国民完全放弃了自己的意志，而服从于他人意志的指挥，服从于权威。"（《马克思恩格斯全集》第四十一卷，人民出版社 1982 年版，第 214 页）这就为国家的行政权力充分发挥作用、提高效率打开了广阔空间，只要它在立法原则框架下活动，任何公民都不能以个人的民主、自由为借口妨碍公务活动。

这种政体是建立在什么基础上的呢？我认为是建立在国家的一切权力属于人民，以及所有公民的权利和义务平等基础上的。这在民主共和制的国家中都有宪法明文规定，我国也不例外。比如我国的选举、居民委员会组织、村民委员会组织、民族区域自治等，还有众多社会团体包括商会等自治组织都是如此。只有落实了选举和自治，中国共产党才是既融入了社会，又引领了社会的进步；它在人大、政府、司法方面才算起到了缔造者的作用。

反观我国的现状，确实还有很多令人不够满意的地方。比如我国的一些行政措施、法规在实行中出了乱子，引起群众不满。究其原因，不是宪法、法律出了问题，而是行政法规、规章等出了错，甚至出台明显违宪的行政法规、规章等，专业术语叫下位法违反了上位法。又比如，公民在司法过程中的权利得不到应有的保障，本应"无罪推定""疑罪从无"的案件，往往因公检法分开办案的宪法规定没有得到贯彻而难以落实。一个统一的社会主义大国，如果广大公民有广泛的个人自由，自由的公民又非自由原子而能构建起基层的民主组织，基层又建有广泛的自治权利，那么国家的立法就是建立在民意基础上的立法，司法就可以自行消弭大量的人民内部矛盾，行政才能形成权威。

结束语

托克维尔在《旧制度与大革命》一书中，着重分析了法国自旧的王权国家直至法兰西第二帝国国家机器的演变和发展。马克思也对这一时期法国的国家政权予以极大的关注，花费了极多的时间进行研究，从而建立起他的国家学说。马克思去世以后，恩格斯又针对美国印第安人的情况，写出了他的不朽名著《家庭、私有制和国家的起源》。但他们都没有看到共产党领导的苏联和中国等社会主义国家的建立。

对于近百年的社会主义和共产主义革命而言，单单对巴黎公社政权的经验总结是远远不够的。苏联共产党建立了社会主义国家，但苏共也没有严肃认真地研究、改革自己并不完善的国家机器，这是列宁逝世以前极为忧虑的几件头等大事之一。苏联后来实施偏激和过度的无产阶级专政，严重破坏了社会主义法制，这是苏共失去政权的一个重要原因。

中共取得了国家政权以后，究竟是如何对待自己的国家机器的呢？1949年中国人民政治协商会议通过的《共同纲领》，1954年制定的"五四宪法"，改革之初中共所做的《关于建国以来党的若干历史问题的决议》，都涉及社会主义国家学说这一问题。此问题今天仍未根本解决。对此，胡锦涛同志对全党是有警示的，他说：共产党的权力是人民赋予的，共产党掌握政权不是一劳永逸的，今天掌权不等于永远掌权。改革开放的中国必须以极大的勇气、谦逊的态度，继续研究社会主义国家的国家学说及其相关知识。所以，《旧制度与大革命》这本书非常值得推荐和学习。

（原载《经济观察报》第632期）

为自由而进言

北京大学法律经济学研究中心联席主任　薛兆丰

一、自由的含义

康德曾经说过，"愿上帝保佑我们免受友人的攻击——要是攻击来自敌人，我们倒能设法自卫"。过去十多年，我写过不少具有争议的文章，这些文章有一以贯之的主线，那就是为自由而建言，建言的对象则是与我目标相同但方法迥异的朋友。有幸开辟这个小专栏，我将解释几个与自由相关的常见误解。

所谓自由（liberty），指的是这样一种状态：每个人保有私产，与别人自愿缔结合约，并承担自己的决策和行动所带来的收益和亏损，而政府提供法律和国防等公共服务——之所以要由政府来提供这些服务，只是因为若由私人来提供，成本会更高。自由主义者（libertarian）相信，只要一个社会的制度安排有助于达到上述目标，那么这个社会就更有可能存活，而其中大部分人就更有可能过上丰裕和幸福的生活。

现代社会的自由，可以追溯到 1215 年英国的《大宪章》（*Magna Carta*）。从那时起，英国皇室的权力就受到限制，并必须尊重司法过程。此后几百年是自由在英国生根发芽，并开枝散叶的过程——司法独立、言论自由、缔约自由和私产保护等基本权利在英国代代相传。随后，英国人又将自由的传统移植到美洲殖民地，而又过了170年，美国才宣布独立。

直到美国独立之时，民主仍然是个贬义词。美国国父们，包括后来担任过总统的约翰·亚当斯（John Adams）和詹姆斯·麦迪逊（James Madison）都曾经毫不掩饰地批评过民主的概念。他们要建立的是一个"共和形式的政府"（Republican Form of Government）。所谓共和，根据亚当斯的说法，就是"所有人，无论贫富、统治者和被统治者、官员和百姓、主人和奴仆，最高贵的人乃至最卑贱的人，都在法律面前平等的政府形式"。美国宪法的第四条第四款也明确"合众国保证联邦中的每一州皆为共和政体"，而在所有立国的文件里，却找不到"民主"二字。

美国的立国者们对民主的警惕，是一种深刻的智慧，与今天国内许多公共知识分子把民主与自由混为一谈，颠倒民主与自由之间的关系，并把民主看作解决社会问题的万灵药的做法，形成了鲜明的对照。英美的历史表明，他们先有了根深蒂固、世代相传的自由和法治传统，才开始在20世纪前后逐步向黑人、妇女和青年放开普选权；而如果混淆了这一关系，在缺乏自由和法治保护的社会里大规模地让民主先行，那将会造成重大的祸害。在纳粹德国，这一点得到了令人痛心的印证。

然而，知其然，未必知其所以然。直到半个世纪前，一批具有开拓精神的经济学家，以詹姆斯·布坎南（James Buchanan）和戈登·塔洛克（Gordon Tullock）等人为首，从经济学的视角剖析了民主制度，才为那些美国立国者们早年的担忧找到了更清晰、更有力的解释：在公共决策过程中，人们不仅经常言行不一，而且他们的言论和观点也会对社会产生外部作用；当一套公共决策机制是在鼓励而非抑制人们各自发布不负责任的言论时，基于这些言论而形成的政策就会反过来伤害每个人的福祉。

以政客向民众派发的免费福利为例。每一项免费福利的主张，对每个表示支持的选民而言，它带来的金钱负担很小，但带来的荣誉感很强；而对政客而言，它则是确保其可以当选和连任的关键。这样，在民主制度下，尤其是在缺乏对私有财富强有力的法律保护的民主制度下，转移支付在国民收入中的占比必定连年上升，而整个国家最终会陷入不可自拔的巨额债务之中，以"自我承担"为根本的社会基础就会被蚕食。这便是我们为何必须研究市场与民主之间的边界，在诸多公共事务中，分清楚哪些是市场和独立的司法可以解决的，哪些是不得不交给民主解决的原因，若混淆了这二者，自由就会遭到破坏。

二、选择与歧视

人类始终面临的约束之一是资源稀缺。所谓资源稀缺，不仅指矿产、森林和能源等有形资产的匮乏，而且指空气、美貌、天资、时间和注意力等无形资产的不足。要高效利用资源，人们就不得不做选择，而只要有选择，就必然有歧视。换言之，选择和歧视是两个共生共栖的概念。

有选择就有歧视。选择一张王菲的唱片，就歧视了所有男歌星和绝大部分女歌星，也歧视了中国京剧和西洋歌剧。一个男人娶一个女人为妻，他就歧视了所有男人以及绝大部分女人。即使这个男人希望不带歧视地对待每个女人，法律也不容许。

有人反驳："你是在偷换概念，歧视指的是那些'不道德'和'不必要'的区别对待。"是的，人们的脑海里有许多根深蒂固的"区别对待"的观念，比如看不惯外地人或外国人，或把全体异性作为取笑的对象等。这种现象有两个原因：一，由于信息不对称，要具体了解一个人并不容易，人们便简单地以对群体的笼统印象代入其中，只求做粗略的判断；二，贬低他人可改善自我感觉，人们难免会追求廉价的快感。

问题是，歧视者必须付出代价！一个活在山沟里的人，本来就没有机会与外人打交道，所以他不妨把外人贬得一钱不值。本来就没有机会，歧视就没有代价。然而，一旦他有机会进城，或有机会出国，他歧视外人的代价——因歧视而丧失的收益——就会急剧提高。输得越多，放下成见的动力就越大。多见少怪，长此以往，都市居民的胸襟往往比较开阔。

这个道理也适用于组织内部。在私营企业里，雇主关注金钱收入，所以在录用员工时，他会集中考核其劳动力资本，而对其他细枝末节，诸如肤色、户籍、党派、政见、相貌、学历等则并不关心。相反，在大型国企或政府机关里，选人是否得当几乎不影响录用者的收入，所以录用者就会变得轻视"有用之人"，转而偏爱"顺眼之人"。人们普遍的经验是，越是激烈竞争的行业，歧视越少；越是"大锅饭"的垄断或官僚机构，歧视越严重。

这就是说，虽然歧视与选择共生，但随着迁徙、交流、贸易和竞争，"不道德"和"不必要"的歧视自然会受到抑制和削弱。既然如此，那么政府颁布法令或发起政治运动，是否有助于纠正"不道德"和"不必要"的歧视呢？

我的答案是否定的。自20世纪60年代起，美国掀起了"平权运动"（affirmative action），联邦政府和州政府纷纷颁布"平权法案"，禁止基于"肤色、宗教、性别或民族出身"的歧视。然而，这项运动的实质恰恰是越俎代庖地为用人机构做了基于"肤色、宗教、性别或民族出身"的反向选择。1973年，加州大学戴维斯分校医学院根据"平权法案"为非白人硬性预留16%的学位，致使成绩更好的白人青年艾伦·贝基（Allan Bakke）不被录取。要知道，非要让成绩较差的黑人学生就读学医，今天受到歧视的就是白人学生和亚裔学生，明天受到损害的就是病人。要帮黑人是对的，但不是这样帮。

此事直到1978年美国最高法院判定加州大学的做法违宪而告一段落，而加州也在1996年推出了还学校更大招生自由的法律，从而部分纠正了"平权法案"所造成的矫枉过正的恶果。然而，许多人还没有完全理解问题的本质：选择是一种重要的自由，而选择与歧视不可分；用一刀切的"平权运动"来纠正种种歧视，并不能消灭不公，而只能转移不公；只有还个人和用人机构以充分的选择权，并让迁徙、交流、贸易和市场竞争发挥作用，从而促使人们逐渐采用更合理的选择标准，才是维护自由的正道。

三、竞争与合作

资源既然是稀缺的，那么竞争就不可避免。然而，自从 1890 年美国实施《谢尔曼法》以来，至今已经有超过 90 个国家和地区效仿，建立了类似的竞争法或竞争政策，其目的是"维护和促进竞争行为，遏制和惩罚反竞争行为"。问题是：既然竞争不可避免，为什么还要立法促进竞争？为什么"竞争"之外，还有所谓的"恶性竞争"？为什么"合作"之外，还有所谓的"勾结"？

这些奇怪的概念之所以会产生，是因为人们低估了竞争的普遍性和复杂性。首先，竞争无处不在。为了争夺一张车票，人们既可以竞价，也可以通过排队、托关系、找黄牛、购买电话追拨器、下载抢票刷屏软件等方式来竞争。推而广之，学校的学位、剧院的座位、医院的床位，任何有两个以上的人要的商品，都遵循同样的规律——任何管制都只能改变人们竞争的方式，而无法消除竞争本身。

其次，竞争仪态万千。人与人、企业与企业、组织与组织之间固然可以存在竞争，但孤军奋战式的竞争在生活中是罕见的。哪怕是个人，其背后也有亲属、同乡、学友乃至整个市场向他提供补给和支持。更常见的是，人们结成家庭、组织、企业，以一群人合作的方式来与另外一群人展开更有力的竞争。人们在企业内部开展合作，为的是在企业外部展开竞争；几个企业结盟或合并，为的是在更大范围内应付更激烈的竞争。这就是说，合作本来就是一种竞争方式。

自从罗纳德·科斯（Ronald Coase）在 1937 年撰文《企业的本质》（*The Nature of the Firm*）以来，经济学家通过大量的理论和实证研究明白了一个简单的道理：企业的内部结构和外部边界并非企业家主观决定、天然如此、固定不变的，而是企业家被动决定、为了适应生产和社会的约束条件而形成的。换言之，企业家们选择在哪里划分企业的边界，何时将企业一分为二，何时又将企业合二为一，是诸多实际的和内在的因素共同作用的结果；为合并而合并，为拆分而拆分，是不会带来利润的。

反垄断立法的深刻误会就在于：立法者和执法者貌似有本事根据企业的外在形式来判断一种商业行为究竟是促进竞争还是抑制竞争，而这往往是夜郎自大。例如，企业是因为"做得好"才"做得大"，而不是"只要做得大"就"做得好"，但反垄断法执行者会置果为因，以为"分拆企业"或"禁止合并"才能促进竞争；又例如，企业必须"分区域经营"才能发挥最大的生产潜能，但反垄断法执行者又会本末倒置，要求企业"抹杀地域或消费者群体的差异"，进行划一标准经营。

回顾美国反垄断法实施的百年历史，大量经典案例表明，那些阻止横向联合、阻止纵向联合、阻止分区域经营、阻止企业间自愿缔结的价格联盟、阻止企业自由搭售商品的判例，到后来都被证明是由于法官误解了竞争的内在逻辑，仅从对竞争和合作的朴素且自发的理解而做出的判断。科斯曾经说过，经济学家一见到自己不理解的商业行为，就会往反垄断上去想。在反垄断立法者和执法者看来，能够理解的竞争就叫"良性竞争"，否则就叫"恶性竞争"；能够理解的结盟就叫"合作"，否则就叫"勾结"。这些武断的标签和干预对市场造成的危害，往往比它们带来的好处更大。

要维护一个良好的市场竞争环境，没有什么比对商业竞争模式保持谦逊，对所谓"良性竞争"和"恶性竞争"，以及对"合作"和"勾结"这些充满偏见的概念保持警惕更重要了。要维护市场自由，反垄断戒条应该是：只有政府在行业入口设置的障碍，才是真正值得反对的垄断根源；而对于那些在市场中我们看不懂的商业行为，则应该听之任之。

四、权利与福利

在动物世界，有的只是弱肉强食的规则；而在人类社会，则既有权利，也有福利。权利和福利都是取代弱肉强食规则的制度安排，但权利与福利不仅不同，而且往往是对立的，呈此消彼长之势；只有保持两者的均衡，才能维持社会的长治久安。

首先看权利的概念。权利是得到社会认可的、大部分人主动维护的选择的自由。这就是说，任何在现实中能够行使的权利，都离不开他人的背书和支持。人们在讨论权利的时候往往喜欢加上"自然权利""天赋权利""法定权利"等形容词，但除了加重了修辞的色彩外，这些形容词并不能增加论证的力量。土地是你的，但你未必拥有采矿权；电脑是你的，但你未必拥有用它来存放或播放色情影片的权利；你和你配偶的身体都是私有的，但你们未必拥有生第二胎的权利。

有人会争辩说，上述权利都应该是毋庸置疑的权利。但是，应然不等于实然，实然的权利从来都是人赋而非天赋的。换言之，我们可以倡议某种权利，并声称它是一种"自然权利"或"天赋权利"，但除非它得到普遍的尊重和维护，否则它就只是应然而非实然的关于权利的主张而已。

拉丁文里有句漂亮的格言，叫"行使自由以不伤他人自由为界"（Sic utere tuo ut alienum non laedas），但深究下去就会发现它是空洞的——谁都可以拿它来为自己的立场辩护。例如，你可以认为抽烟者伤害了非抽烟者，但如果禁止抽烟，那非抽烟者就伤害了抽烟者。伤害也永远是双向的。不管法律如何规定，都是基于经验的权衡，而非先验的推演。

再看福利的概念。福利是得到社会认可的、大部分人主动维护的、享受特定资源配给的资格。学生免费乘坐校车，教授免费停车，雇员免费体检，户外工作者免费喝凉茶，失业者免费取得失业救济……你不需要做任何事情，不需要再进一步争取，只要你属于某个组织的成员，你就自然获得一份享受。这种资格就叫福利。

权利（选择的自由）和福利（享受的资格）是不同的。有些学者把中国三十年的经济成就归因于"低人权优势"，这反映了他们对权利和福利概念的混淆。如果"低人权"具有优势，那么最缺乏自由的国度照理说就应该成为最繁荣的国度。事实上，情况正相反。中国正是因为权利保护得到了显著改善，而那些打击生产积极性、鼓励懒惰和不负责任的福利并没有跟上，才取得了显著的经济成就。

这说明权利和福利不仅不同，而且往往是冲突的。我们经常听说，人人都应该享有就业权、就医权和就读权。这是什么意思？如果这是说人人都应该享有分得一份工作、一套医疗服务或一个学位的福利，那么我们就必须追问，谁有义务为他人提供工作机会、提供医疗服务以及提供就读条件？

从表面上看，提供福利是政府的天职。但政府是谁？政府只是"甲"和"乙"不仅商议让"丙"替"丁"做点儿什么，而且自己还顺带沾点儿好处的机构而已。揭开面纱后，我们看到的就是对个人权利的保护与对大众福利的许诺之间的冲突和权衡。这里多一点福利，那里就少一点权利。

固然，不存在只有权利而没有福利的社会，像国防、治安、司法、急性传染病防治等公共服务，由政府提供往往更加有效，所以社会上的每个成员都具有享用这些公共服务的资格。同样，在极端的计划经济年代，只有福利而没有权利的社会或许短暂地存在过，但很快就分崩离析；二战后以福利为主导的国家，经过半个多世纪的实验，现在也纷纷走向了财政深渊的边缘。我们至今尚未完成的探索，是权利和福利之间应做何种均衡，才能维护长久的自由和繁荣。

五、司法要独立

司法独立有两重含义：一是指司法不应受行政权力的干预，这一点是知易行难；二是指司法不应受公众舆论的牵制，这一点则是知难行更难。人们常说，群众的眼睛是雪亮的，若真如此，把案件交给群众公审，或拿到网上投票，国家岂不就能长治久安？答案是否定的。

人并非总是理性的。事实上，保持理性往往是吃力的，而胡闹则能图一时之快，除非决策人自己承担的代价足够大，否则他是宁愿选择马马虎虎或快意恩仇的。这就如同要平分一块面包，用手扯开就是，太较真就得不偿失；只有要平分一块金砖，才值得用上精密天平。所以，即使人们在处理自己的事情时眼睛是雪亮的，在处理别人的事情时也会不负责任地意气用事。要让司法做到准确，关键是让司法者充分承担决策的后果，否则司法就会被群众的胡闹所冲垮。

针对人性的这一特点，人们有了"事前规则"与"事后酌情"的区分。在抽象层面上，民众可以拥护完美的原则。泛泛地问大家如何看待法律面前人人平等的主张，众人很可能异口同声地赞成；但一遇到具体个案，那些掷地有声的原则就容易蜕变成空话。个人的偏见、情绪、孤陋寡闻乃至对戏剧化效果的追求，都会严重影响人们对事件的判断。

日本作家村上春树的一句"在一堵坚硬的高墙和一只撞向它的蛋之间，我会永远站在蛋这一边"，至今被知识分子们引为至理名言，这一现象就恰恰彰显了普遍存在的盲目——没有细节、环境、证据和逻辑，谁也无法分辨哪一方是墙，哪一方是蛋；而只有细节、环境、证据和逻辑，才是"法律面前人人平等"的起点。许多人根本没有意识到，昔日把"地富反坏右"视为墙，今日把"官商富强左"视为墙，两者其实一脉相承。

美国的陪审团制度属于抗辩制，值得剖析和深思。法律经济学家戈登·塔洛克教授应邀为《新帕尔格雷夫法经济学大辞典》（*The New Palgrave Dictionary of Economics and The Law*）撰写"陪审团"（Juries）条目时，阐述了他对这一制度的长期批评。他说，世界上没有谁会为了了解某个真相，或做出明智的决策，而故意跑到街上找 12 个对事由曲直肯定一无所知的人来做出判断。况且，尽管充当陪审员是公民的义务，但由于要找借口逃避并不难，因此最终选定的陪审员往往是时间成本、智力、经验以及责任心都偏低的人。

塔洛克进一步解释，当"有理先生"与"无理先生"当庭对峙时，在雇请陪审团的抗辩制下，"无理先生"有很强的积极性投入各种诉讼资源，来达到诱骗陪审员的目的（当然也为诉讼剧提供了大量精彩的素材）；而在由法官判案的纠问制下，"无理先生"的活动空间显然要小得多，被用于扰乱视听的诉讼资源的比例也就小得多。问题是，若陪审团的副作用真那么大，美国为什么不废了它？塔洛克的回答是：培训在法庭上面对普通老百姓演戏的行业，是根深蒂固的既得利益集团。

　　显然，抗辩制与纠问制的比较非三言两语可以了结。但这里的要点是：司法要独立，就是要将司法过程与"颐指气使的行政权力"和"捉摸不定的汹涌民意"隔离开来，并把它尽量交给对司法结果负有长期责任的专业群体来完成。我曾经说过，美国最高法院的首席法官现在也就拿140万左右人民币的年薪；就算我们高薪任命100位终身法官，每位年薪200万，每年开支也只是两个亿。有100名只求以其逻辑思辨和睿智博学名垂青史，而其薪俸和职位不受行政和民意影响的独立法官依法工作几十年，中国的法治状态会变成怎样，是个颇有想象空间的话题。

　　　　　　　　　　　　　　　　（原载《财经》杂志2013年）

图书在版编目（CIP）数据

中国 2014：改革升挡 / 胡舒立，张剑荆主编. — 北京：
民主与建设出版社，2014.3
ISBN 978-7-5139-0326-4

Ⅰ.①中… Ⅱ.①胡…②张… Ⅲ.①体制改革—研
究—中国—2014 Ⅳ.① D61

中国版本图书馆 CIP 数据核字（2014）第 032899 号

责任编辑	赵振兰
封面设计	江山社稷书匠
内文排版	百朗文化
出版发行	民主与建设出版社
电　　话	（010）59417745　59419770
社　　址	北京市朝阳区曙光西里甲 6 号院时间国际大厦
	H 座北楼 306 室
邮　　编	100028
印　　刷	天津兴湘印务有限公司
成品尺寸	170mm×245mm
印　　张	20
字　　数	278 千字
版　　次	2014 年 4 月第 1 版　2020 年 12 月第 2 次印刷
书　　号	ISBN 978-7-5139-0326-4
定　　价	39.80 元

注：如有印、装质量问题，请与出版社联系

财新图书
Caixin book
series

财新图书
Caixin book
series

财新图书
Caixin book
series

财新图书
Caixin book
series

财新图书
Caixin book
series

财新图书
Caixin book
series

财新图书
Caixin book
series

财新图书
Caixin book
series

财新图书
Caixin book
series

财新图书
Caixin book
series

财新图书
Caixin book
series

财新图书
Caixin book
series

财新图书
Caixin book
series